Kafkas »Urteil« und die Literaturtheorie

Kafkas »Urteil« und die Literaturtheorie

Zehn Modellanalysen

Herausgegeben von
Oliver Jahraus und Stefan Neuhaus

Reclam

Kafkas Erzählung *Das Urteil* wurde entnommen dem Band:
Franz Kafka: Das Urteil und andere Prosa. Hrsg. von Michael Müller. Stuttgart 1995
Reclams Universal-Bibliothek. 9677
Seitenzahlen in Klammern beziehen sich auf den Abdruck im vorliegenden Band

RECLAMS UNIVERSAL-BIBLIOTHEK Nr. 17636

Gesamtherstellung: Reclam, Ditzingen. Printed in Germany 2017

ISBN 978-3-15-017636-8

www.reclam.de

I *Der Text*

Franz Kafka

Das Urteil

Eine Geschichte

Für F.

Es war an einem Sonntagvormittag im schönsten Frühjahr. Georg Bendemann, ein junger Kaufmann, saß in seinem Privatzimmer im ersten Stock eines der niedrigen, leichtgebauten Häuser, die entlang des Flusses in einer langen Reihe, fast nur in der Höhe und Färbung unterschieden, sich hinzogen. Er hatte gerade einen Brief an einen sich im Ausland befindenden Jugendfreund beendet, verschloß ihn in spielerischer Langsamkeit und sah dann, den Ellbogen auf den Schreibtisch gestützt, aus dem Fenster auf den Fluß, die Brücke und die Anhöhen am anderen Ufer mit ihrem schwachen Grün.

Er dachte darüber nach, wie dieser Freund, mit seinem Fortkommen zu Hause unzufrieden, vor Jahren schon nach Rußland sich förmlich geflüchtet hatte. Nun betrieb er ein Geschäft in Petersburg, das anfangs sich sehr gut angelassen hatte, seit langem aber schon zu stocken schien, wie der Freund bei seinen immer seltener werdenden Besuchen klagte. So arbeitete er sich in der Fremde nutzlos ab, der fremdartige Vollbart verdeckte nur schlecht das seit den Kinderjahren wohlbekannte Gesicht, dessen gelbe Hautfarbe auf eine sich entwickelnde Krankheit hinzudeuten schien. Wie er erzählte, hatte er keine rechte Verbindung mit der dortigen Kolonie seiner Landsleute, aber auch fast keinen gesellschaftlichen Verkehr mit einheimischen Familien und richtete sich so für ein endgültiges Junggesellentum ein.

Was sollte man einem solchen Manne schreiben, der sich offenbar verrannt hatte, den man bedauern, dem man aber nicht helfen konnte. Sollte man ihm vielleicht raten, wieder nach Hause zu kommen, seine Existenz hierher zu verlegen, alle die alten freundschaftlichen Beziehungen wieder aufzunehmen – wofür ja kein Hindernis bestand – und im übrigen auf die Hilfe der Freunde zu vertrauen? Das bedeutete aber nichts anderes, als daß man ihm gleichzeitig, je schonender, desto kränkender, sagte, daß seine bisherigen Versuche mißlungen seien, daß er endlich von ihnen ablassen solle, daß er zurückkehren und sich als ein für immer Zurückgekehrter von allen mit großen Augen anstaunen lassen müsse, daß nur seine Freunde etwas verstünden und daß er ein altes Kind sei, das den erfolgreichen, zu Hause gebliebenen Freunden einfach zu folgen habe. Und war es dann noch sicher, daß alle die Plage, die man ihm antun müßte, einen Zweck hätte? Vielleicht gelang es nicht einmal, ihn überhaupt nach Hause zu bringen – er sagte ja selbst, daß er die Verhältnisse in der Heimat nicht mehr verstünde –, und so bliebe er dann trotz allem in seiner Fremde, verbittert durch die Ratschläge und den Freunden noch ein Stück mehr entfremdet. Folgte er aber wirklich dem Rat und würde hier – natürlich nicht mit Absicht, aber durch die Tatsachen – niedergedrückt, fände sich nicht in seinen Freunden und nicht ohne sie zurecht, litte an Beschämung, hätte jetzt wirklich keine Heimat und keine Freunde mehr, war es da nicht viel besser für ihn, er blieb in der Fremde, so wie er war? Konnte man denn bei solchen Umständen daran denken, daß er es hier tatsächlich vorwärts bringen würde?

Aus diesen Gründen konnte man ihm, wenn man noch überhaupt die briefliche Verbindung aufrecht erhalten wollte, keine eigentlichen Mitteilungen machen, wie man sie ohne Scheu auch den entferntesten Bekannten machen würde. Der Freund war nun schon über drei Jahre nicht in der Heimat gewesen und erklärte dies sehr notdürftig mit der Unsicherheit der politischen Verhältnisse in Rußland, die demnach also auch die kürzeste Abwesenheit eines kleinen Geschäftsmannes nicht zuließen, während hunderttausende Russen ruhig in der Welt herumfuhren. Im Laufe dieser drei Jahre hatte sich aber gerade für Georg vieles verändert. Von dem Todesfall von Georgs Mutter, der vor etwa zwei Jahren erfolgt war und seit welchem Georg mit seinem alten Vater in gemeinsamer Wirtschaft lebte, hatte der Freund wohl noch erfahren und sein Beileid in einem Brief mit einer Trockenheit ausgedrückt, die ihren Grund nur darin haben konnte, daß die Trauer über ein solches Ereignis in der Fremde ganz unvorstellbar wird. Nun hatte aber Georg seit jener Zeit, so wie alles andere, auch sein Geschäft mit größerer Entschlossenheit angepackt. Vielleicht hatte ihn der Vater bei Lebzeiten der Mutter dadurch, daß er im Geschäft nur seine Ansicht gelten lassen wollte, an einer wirklichen eigenen Tätigkeit gehindert, vielleicht war der Vater seit dem Tode der Mutter, trotzdem er noch immer im Geschäft arbeitete, zurückhaltender geworden, vielleicht spielten – was sogar sehr wahrscheinlich war – glückliche Zufälle eine weit wichtigere Rolle, jedenfalls aber hatte sich das Geschäft in diesen zwei Jahren ganz unerwartet entwickelt, das Personal hatte man verdoppeln müssen, der Umsatz hatte sich verfünffacht, ein weiterer Fortschritt stand zweifellos bevor.

Der Freund aber hatte keine Ahnung von dieser Veränderung. Früher, zum letztenmal vielleicht in jenem Beileidsbrief, hatte er Georg zur Auswanderung nach Rußland überreden wollen und sich über die Aussichten verbreitet, die gerade für Georgs Geschäftszweig in Petersburg bestanden. Die Ziffern waren verschwindend gegenüber dem Umfang, den Georgs Geschäft jetzt angenommen hatte. Georg aber hatte keine Lust gehabt, dem Freund von seinen geschäftlichen Erfolgen zu schreiben, und hätte er es jetzt nachträglich getan, es hätte wirklich einen merkwürdigen Anschein gehabt.

So beschränkte sich Georg darauf, dem Freund immer nur über bedeutungslose Vorfälle zu schreiben, wie sie sich, wenn man an einem ruhigen Sonntag nachdenkt, in der Erinnerung ungeordnet aufhäufen. Er wollte nichts anderes, als die Vorstellung ungestört lassen, die sich der Freund von der Heimatstadt in der langen Zwischenzeit wohl gemacht und mit welcher er sich abgefunden hatte. So geschah es Georg, daß er dem Freund die Verlobung eines gleichgültigen Menschen mit einem ebenso gleichgültigen Mädchen dreimal in ziemlich weit auseinanderliegenden Briefen anzeigte, bis sich dann allerdings der Freund, ganz gegen Georgs Absicht, für diese Merkwürdigkeit zu interessieren begann.

Georg schrieb ihm aber solche Dinge viel lieber, als daß er zugestanden hätte, daß er selbst vor einem Monat mit einem Fräulein Frieda Brandenfeld, einem Mädchen aus wohlhabender Familie, sich verlobt hatte. Oft sprach er mit seiner Braut über diesen Freund und das besondere Korrespondenzverhältnis, in welchem er zu ihm stand. »Er wird also gar nicht zu unserer Hochzeit kommen«, sagte sie, »und ich habe doch das Recht, alle deine Freunde kennen zu lernen.« »Ich will ihn nicht stören«, antwortete Georg, »verstehe mich recht, er würde wahrscheinlich kommen, wenigstens glaube ich es, aber er würde sich gezwungen und geschädigt fühlen, vielleicht mich beneiden und sicher unzufrieden und unfähig, diese Unzufriedenheit jemals zu beseitigen, allein wieder zurückfahren. Allein – weißt du, was das ist?« »Ja, kann er denn von unserer Heirat nicht auch auf andere Weise erfahren?« »Das kann ich allerdings nicht verhindern, aber es ist bei seiner Lebensweise unwahrscheinlich.« »Wenn du solche Freunde hast, Georg, hättest du dich überhaupt nicht verloben sollen.« »Ja, das ist unser beider Schuld; aber ich wollte es auch jetzt nicht anders haben.« Und wenn sie dann, rasch atmend unter seinen Küssen, noch vorbrachte: »Eigentlich kränkt es mich doch«, hielt er es wirklich für unverfänglich, dem Freund alles zu schreiben. »So bin ich und so hat er mich hinzunehmen«, sagte er sich, »ich kann nicht aus mir einen Menschen herausschneiden, der vielleicht für die Freundschaft mit ihm geeigneter wäre, als ich es bin.«

Und tatsächlich berichtete er seinem Freunde in dem langen Brief, den er an diesem Sonntagvormittag schrieb, die erfolgte Verlobung mit folgenden Worten: »Die beste Neuigkeit habe ich mir bis zum Schluß aufgespart. Ich habe mich mit einem Fräulein Frieda Brandenfeld verlobt, einem Mädchen aus einer wohlhabenden Familie, die sich hier erst lange nach Deiner Abreise angesiedelt hat, die Du also kaum kennen dürftest. Es wird sich noch Gelegenheit finden, Dir Näheres über meine Braut mitzuteilen, heute genüge Dir, daß ich recht glücklich bin und daß sich in unserem gegenseitigen Verhältnis nur insofern etwas geändert hat, als Du jetzt in mir statt eines ganz gewöhnlichen Freundes einen glücklichen Freund haben wirst. Außerdem bekommst Du in meiner Braut, die Dich herzlich grüßen läßt, und die Dir nächstens selbst schreiben wird, eine aufrichtige Freundin, was für einen Junggesellen nicht ganz ohne Bedeutung ist. Ich weiß, es hält Dich vielerlei von einem Besuche bei uns zurück, wäre aber nicht gerade meine Hochzeit die richtige Gelegenheit, einmal alle Hindernisse über den Haufen zu werfen? Aber wie dies auch sein mag, handle ohne alle Rücksicht und nur nach Deiner Wohlmeinung.«

Mit diesem Brief in der Hand war Georg lange, das Gesicht dem Fenster zugekehrt, an seinem Schreibtisch gesessen. Einem Bekannten, der ihn im Vorübergehen von der Gasse aus gegrüßt hatte, hatte er kaum mit einem abwesenden Lächeln geantwortet.

Endlich steckte er den Brief in die Tasche und ging aus seinem Zimmer quer durch einen kleinen Gang in das Zimmer seines Vaters, in dem er schon seit Monaten nicht gewesen war. Es bestand auch sonst keine Nötigung dazu, denn er verkehrte mit seinem Vater ständig im Geschäft, das Mittagessen nahmen sie gleichzeitig in einem Speisehaus ein, abends versorgte sich zwar jeder nach Belieben, doch saßen sie dann meistens, wenn nicht Georg, wie es am häufigsten geschah, mit Freunden beisammen war oder jetzt seine

Braut besuchte, noch ein Weilchen, jeder mit seiner Zeitung, im gemeinsamen Wohnzimmer.

Georg staunte darüber, wie dunkel das Zimmer des Vaters selbst an diesem sonnigen Vormittag war. Einen solchen Schatten warf also die hohe Mauer, die sich jenseits des schmalen Hofes erhob. Der Vater saß beim Fenster in einer Ecke, die mit verschiedenen Andenken an die selige Mutter ausgeschmückt war, und las die Zeitung, die er seitlich vor die Augen hielt, wodurch er irgendeine Augenschwäche auszugleichen suchte. Auf dem Tisch standen die Reste des Frühstücks, von dem nicht viel verzehrt zu sein schien.

»Ah, Georg!« sagte der Vater und ging ihm gleich entgegen. Sein schwerer Schlafrock öffnete sich im Gehen, die Enden umflatterten ihn – »mein Vater ist noch immer ein Riese«, sagte sich Georg.

»Hier ist es ja unerträglich dunkel«, sagte er dann.

»Ja, dunkel ist es schon«, antwortete der Vater.

»Das Fenster hast du auch geschlossen?«

»Ich habe es lieber so.«

»Es ist ja ganz warm draußen«, sagte Georg, wie im Nachhang zu dem Früheren, und setzte sich.

Der Vater räumte das Frühstücksgeschirr ab und stellte es auf einen Kasten.

»Ich wollte dir eigentlich nur sagen«, fuhr Georg fort, der den Bewegungen des alten Mannes ganz verloren folgte, »daß ich nun doch nach Petersburg meine Verlobung angezeigt habe.« Er zog den Brief ein wenig aus der Tasche und ließ ihn wieder zurückfallen.

»Nach Petersburg?« fragte der Vater.

»Meinem Freunde doch«, sagte Georg und suchte des Vaters Augen. – »Im Geschäft ist er doch ganz anders«, dachte er, »wie er hier breit sitzt und die Arme über der Brust kreuzt.«

»Ja. Deinem Freunde«, sagte der Vater mit Betonung.

»Du weißt doch, Vater, daß ich ihm meine Verlobung zuerst verschweigen wollte. Aus Rücksichtnahme, aus keinem anderen Grunde sonst. Du weißt selbst, er ist ein schwieriger Mensch. Ich sagte mir, von anderer Seite kann er von meiner Verlobung wohl erfahren, wenn das auch bei seiner einsamen Lebensweise kaum wahrscheinlich ist – das kann ich nicht hindern –, aber von mir selbst soll er es nun einmal nicht erfahren.«

»Und jetzt hast du es dir wieder anders überlegt?« fragte der Vater, legte die große Zeitung auf den Fensterbord und auf die Zeitung die Brille, die er mit der Hand bedeckte.

»Ja, jetzt habe ich es mir wieder überlegt. Wenn er mein guter Freund ist, sagte ich mir, dann ist meine glückliche Verlobung auch für ihn ein Glück. Und deshalb habe ich nicht mehr gezögert, es ihm anzuzeigen. Ehe ich jedoch den Brief einwarf, wollte ich es dir sagen.«

»Georg«, sagte der Vater und zog den zahnlosen Mund in die Breite, »hör' einmal! Du bist wegen dieser Sache zu mir gekommen, um dich mit mir zu beraten. Das ehrt dich ohne Zweifel. Aber es ist nichts, es ist ärger als nichts, wenn du mir jetzt nicht die volle Wahrheit sagst. Ich will nicht Dinge aufrühren, die nicht hierher gehören. Seit dem Tode unserer teueren Mutter sind gewisse unschöne Dinge vorgegangen. Vielleicht kommt auch für sie die Zeit und vielleicht kommt sie früher, als wir denken. Im Geschäft entgeht mir manches, es wird mir vielleicht nicht verborgen – ich will jetzt gar nicht die Annahme machen, daß es mir verborgen wird –, ich bin nicht mehr kräftig genug, mein Gedächtnis läßt nach, ich habe nicht mehr den Blick für alle die vielen Sachen. Das ist erstens der Ablauf der Natur, und zweitens hat mich der Tod unseres Mütterchens viel mehr niedergeschlagen als dich. – Aber weil wir gerade bei dieser Sache halten, bei diesem Brief, so bitte ich dich, Georg, täusche mich nicht. Es ist eine Kleinigkeit, es ist nicht des Atems wert, also täusche mich nicht. Hast du wirklich diesen Freund in Petersburg?«

Georg stand verlegen auf. »Lassen wir meine Freunde

sein. Tausend Freunde ersetzen mir nicht meinen Vater. Weißt du, was ich glaube? Du schonst dich nicht genug. Aber das Alter verlangt seine Rechte. Du bist mir im Geschäft unentbehrlich, das weißt du ja sehr genau, aber wenn das Geschäft deine Gesundheit bedrohen sollte, sperre ich es noch morgen für immer. Das geht nicht. Wir müssen da eine andere Lebensweise für dich einführen. Aber von Grund aus. Du sitzt hier im Dunkel, und im Wohnzimmer hättest du schönes Licht. Du nippst vom Frühstück, statt dich ordentlich zu stärken. Du sitzt bei geschlossenem Fenster, und die Luft würde dir so gut tun. Nein, mein Vater! Ich werde den Arzt holen und seinen Vorschriften werden wir folgen. Die Zimmer werden wir wechseln, du wirst ins Vorderzimmer ziehen, ich hierher. Es wird keine Veränderung für dich sein, alles wird mit übertragen werden. Aber das alles hat Zeit, jetzt lege dich noch ein wenig ins Bett, du brauchst unbedingt Ruhe. Komm, ich werde dir beim Ausziehn helfen, du wirst sehn, ich kann es. Oder willst du gleich ins Vorderzimmer gehn, dann legst du dich vorläufig in mein Bett. Das wäre übrigens sehr vernünftig.«

Georg stand knapp neben seinem Vater, der den Kopf mit dem struppigen weißen Haar auf die Brust hatte sinken lassen.

»Georg«, sagte der Vater leise, ohne Bewegung.

Georg kniete sofort neben dem Vater nieder, er sah die Pupillen in dem müden Gesicht des Vaters übergroß in den Winkeln der Augen auf sich gerichtet.

»Du hast keinen Freund in Petersburg. Du bist immer ein Spaßmacher gewesen und hast dich auch mir gegenüber nicht zurückgehalten. Wie solltest du denn gerade dort einen Freund haben! Das kann ich gar nicht glauben.«

»Denk doch noch einmal nach, Vater«, sagte Georg, hob den Vater vom Sessel und zog ihm, wie er nun doch recht schwach dastand, den Schlafrock aus, »jetzt wird es bald drei Jahre her sein, da war ja mein Freund bei uns zu Besuch. Ich erinnere mich noch, daß du ihn nicht besonders gern hattest. Wenigstens zweimal habe ich ihn vor dir verleugnet, trotzdem er gerade bei mir im Zimmer saß. Ich konnte ja deine Abneigung gegen ihn ganz gut verstehn, mein Freund hat seine Eigentümlichkeiten. Aber dann hast du dich doch auch wieder ganz gut mit ihm unterhalten. Ich war damals noch so stolz darauf, daß du ihm zuhörtest, nicktest und fragtest. Wenn du nachdenkst, mußt du dich erinnern. Er erzählte damals unglaubliche Geschichten von der russischen Revolution. Wie er z. B. auf einer Geschäftsreise in Kiew bei einem Tumult einen Geistlichen auf einem Balkon gesehen hatte, der sich ein breites Blutkreuz in die flache Hand schnitt, diese Hand erhob und die Menge anrief. Du hast ja selbst diese Geschichte hie und da wiedererzählt.«

Währenddessen war es Georg gelungen, den Vater wieder niederzusetzen und ihm die Trikothose, die er über den Leinenunterhosen trug, sowie die Socken vorsichtig auszuziehn. Beim Anblick der nicht besonders reinen Wäsche machte er sich Vorwürfe, den Vater vernachlässigt zu haben. Es wäre sicherlich auch seine Pflicht gewesen, über den Wäschewechsel seines Vaters zu wachen. Er hatte mit seiner Braut darüber, wie sie die Zukunft des Vaters einrichten wollten, noch nicht ausdrücklich gesprochen, denn sie hatten stillschweigend vorausgesetzt, daß der Vater allein in der alten Wohnung bleiben würde. Doch jetzt entschloß er sich kurz mit aller Bestimmtheit, den Vater in seinen künftigen Haushalt mitzunehmen. Es schien ja fast, wenn man genauer zusah, daß die Pflege, die dort dem Vater bereitet werden sollte, zu spät kommen könnte.

Auf seinen Armen trug er den Vater ins Bett. Ein schreckliches Gefühl hatte er, als er während der paar Schritte zum Bett hin merkte, daß an seiner Brust der Vater mit seiner Uhrkette spielte. Er konnte ihn nicht gleich ins Bett legen, so fest hielt er sich an dieser Uhrkette.

Kaum war er aber im Bett, schien alles gut. Er deckte sich selbst zu und zog dann die Bettdecke noch besonders weit über die Schulter. Er sah nicht unfreundlich zu Georg hinauf.

»Nicht wahr, du erinnerst dich schon an ihn?« fragte Georg und nickte ihm aufmunternd zu.

»Bin ich jetzt gut zugedeckt?« fragte der Vater, als könne er nicht nachschauen, ob die Füße genug bedeckt seien.

»Es gefällt dir also schon im Bett«, sagte Georg und legte das Deckzeug besser um ihn.

»Bin ich gut zugedeckt?« fragte der Vater noch einmal und schien auf die Antwort besonders aufzupassen.

»Sei nur ruhig, du bist gut zugedeckt.«

»Nein!« rief der Vater, daß die Antwort an die Frage stieß, warf die Decke zurück mit einer Kraft, daß sie einen Augenblick im Fluge sich ganz entfaltete, und stand aufrecht im Bett. Nur eine Hand hielt er leicht an den Plafond. »Du wolltest mich zudecken, das weiß ich, mein Früchtchen, aber zugedeckt bin ich noch nicht. Und ist es auch die letzte Kraft, genug für dich, zuviel für dich. Wohl kenne ich deinen Freund. Er wäre ein Sohn nach meinem Herzen. Darum hast du ihn auch betrogen die ganzen Jahre lang. Warum sonst? Glaubst du, ich habe nicht um ihn geweint? Darum doch sperrst du dich in dein Bureau, niemand soll stören, der Chef ist beschäftigt – nur damit du deine falschen Briefchen nach Rußland schreiben kannst. Aber den Vater muß glücklicherweise niemand lehren, den Sohn zu durchschauen. Wie du jetzt geglaubt hast, du hättest ihn untergekriegt, so untergekriegt, daß du dich mit deinem Hintern auf ihn setzen kannst und er rührt sich nicht, da hat sich mein Herr Sohn zum Heiraten entschlossen!«

Georg sah zum Schreckbild seines Vaters auf. Der Petersburger Freund, den der Vater plötzlich so gut kannte, ergriff ihn, wie noch nie. Verloren im weiten Rußland sah er ihn. An der Türe des leeren, ausgeraubten Geschäftes sah er ihn. Zwischen den Trümmern der Regale, den zerfetzten Waren, den fallenden Gasarmen stand er gerade noch. Warum hatte er so weit wegfahren müssen!

»Aber schau mich an!« rief der Vater, und Georg lief, fast zerstreut, zum Bett, um alles zu fassen, stockte aber in der Mitte des Weges.

»Weil sie die Röcke gehoben hat«, fing der Vater zu flöten an, »weil sie die Röcke so gehoben hat, die widerliche Gans«, und er hob, um das darzustellen, sein Hemd so hoch, daß man auf seinem Oberschenkel die Narbe aus seinen Kriegsjahren sah, »weil sie die Röcke so und so und so gehoben hat, hast du dich an sie herangemacht, und damit du an ihr ohne Störung dich befriedigen kannst, hast du unserer Mutter Andenken geschändet, den Freund verraten und deinen Vater ins Bett gesteckt, damit er sich nicht rühren kann. Aber kann er sich rühren oder nicht?«

Und er stand vollkommen frei und warf die Beine. Er strahlte vor Einsicht.

Georg stand in einem Winkel, möglichst weit vom Vater. Vor einer langen Weile hatte er sich fest entschlossen, alles vollkommen genau zu beobachten, damit er nicht irgendwie auf Umwegen, von hinten her, von oben herab überrascht werden könne. Jetzt erinnerte er sich wieder an den längst vergessenen Entschluß und vergaß ihn, wie man einen kurzen Faden durch ein Nadelöhr zieht.

»Aber der Freund ist nun doch nicht verraten!« rief der Vater, und sein hin- und herbewegter Zeigefinger bekräftigte es. »Ich war sein Vertreter hier am Ort.«

»Komödiant!« konnte sich Georg zu rufen nicht enthalten, erkannte sofort den Schaden und biß, nur zu spät, – die Augen erstarrt – in seine Zunge, daß er vor Schmerz einknickte.

»Ja, freilich habe ich Komödie gespielt! Komödie! Gutes Wort! Welcher andere Trost blieb dem alten verwitweten Vater? Sag – und für den Augenblick der Antwort sei du noch mein lebender Sohn –, was blieb mir übrig, in meinem Hinterzimmer, verfolgt vom ungetreuen Personal, alt bis in die Knochen? Und mein Sohn ging im Jubel durch die Welt, schloß Geschäfte ab, die ich vorbereitet hatte, überpurzelte sich vor Vergnügen und ging vor seinem Vater mit dem verschlossenen Gesicht eines Ehrenmannes davon! Glaubst du, ich hätte dich nicht geliebt, ich, von dem du ausgingst?«

»Jetzt wird er sich vorbeugen«, dachte Georg, »wenn er fiele und zerschmetterte!« Dieses Wort durchzischte seinen Kopf.

Der Vater beugte sich vor, fiel aber nicht. Da Georg sich nicht näherte, wie er erwartet hatte, erhob er sich wieder.

»Bleib, wo du bist, ich brauche dich nicht! Du denkst, du hast noch die Kraft, hierher zu kommen und hältst dich bloß zurück, weil du so willst. Daß du dich nicht irrst! Ich bin noch immer der viel Stärkere. Allein hätte ich vielleicht zurückweichen müssen, aber so hat mir die Mutter ihre Kraft abgegeben, mit deinem Freund habe ich mich herrlich verbunden, deine Kundschaft habe ich hier in der Tasche!«

»Sogar im Hemd hat er Taschen!« sagte sich Georg und glaubte, er könne ihn mit dieser Bemerkung in der ganzen Welt unmöglich machen. Nur einen Augenblick dachte er das, denn immerfort vergaß er alles.

»Häng dich nur in deine Braut ein und komm mir entgegen! Ich fege sie dir von der Seite weg, du weißt nicht wie!«

Georg machte Grimassen, als glaube er das nicht. Der Vater nickte bloß, die Wahrheit dessen, was er sagte, beteuernd, in Georgs Ecke hin.

»Wie hast du mich doch heute unterhalten, als du kamst und fragtest, ob du deinem Freund von der Verlobung schreiben sollst. Er weiß doch alles, dummer Junge, er weiß doch alles! Ich schrieb ihm doch, weil du vergessen hast, mir das Schreibzeug wegzunehmen. Darum kommt er schon seit Jahren nicht, er weiß ja alles hundertmal besser als du selbst, deine Briefe zerknüllt er ungelesen in der linken Hand, während er in der Rechten meine Briefe zum Lesen sich vorhält!«

Seinen Arm schwang er vor Begeisterung über dem Kopf. »Er weiß alles tausendmal besser!« rief er.

»Zehntausendmal!« sagte Georg, um den Vater zu verlachen, aber noch in seinem Munde bekam das Wort einen toternsten Klang.

»Seit Jahren passe ich schon auf, daß du mit dieser Frage kämest! Glaubst du, mich kümmert etwas anderes? Glaubst du, ich lese Zeitungen? Da!« und er warf Georg ein Zeitungsblatt, das irgendwie mit ins Bett getragen worden war, zu. Eine alte Zeitung, mit einem Georg schon ganz unbekannten Namen.

»Wie lange hast du gezögert, ehe du reif geworden bist! Die Mutter mußte sterben, sie konnte den Freudentag nicht erleben, der Freund geht zugrunde in seinem Rußland, schon vor drei Jahren war er gelb zum Wegwerfen, und ich, du siehst ja, wie es mit mir steht. Dafür hast du doch Augen!«

»Du hast mir also aufgelauert!« rief Georg.

Mitleidig sagte der Vater nebenbei: »Das wolltest du wahrscheinlich früher sagen. Jetzt paßt es ja gar nicht mehr.«

Und lauter: »Jetzt weißt du also, was es noch außer dir gab, bisher wußtest du nur von dir! Ein unschuldiges Kind warst du ja eigentlich, aber noch eigentlicher warst du ein teuflischer Mensch! – Und darum wisse: Ich verurteile dich jetzt zum Tode des Ertrinkens!«

Georg fühlte sich aus dem Zimmer gejagt, den Schlag, mit dem der Vater hinter ihm aufs Bett stürzte, trug er noch in den Ohren davon. Auf der Treppe, über deren Stufen er wie über eine schiefe Fläche eilte, überrumpelte er seine Bedienerin, die im Begriffe war heraufzugehen, um die Wohnung nach der Nacht aufzuräumen. »Jesus!« rief sie und verdeckte mit der Schürze das Gesicht, aber er war schon davon. Aus dem Tor sprang er, über die Fahrbahn zum Wasser trieb es ihn. Schon hielt er das Geländer fest, wie ein Hungriger die Nahrung. Er schwang sich über, als der ausgezeichnete Turner, der er in seinen Jugendjahren zum Stolz seiner Eltern gewesen war. Noch hielt er sich mit schwächer werdenden Händen fest, erspähte zwischen den Geländerstangen einen Autoomnibus, der mit Leichtigkeit seinen Fall übertönen würde, rief leise: »Liebe Eltern, ich habe euch doch immer geliebt«, und ließ sich hinabfallen.

In diesem Augenblick ging über die Brücke ein geradezu unendlicher Verkehr.

II *Modellinterpretationen*

Einleitung

Die Methodologie der Literaturwissenschaft und die Kafka-Interpretation

Von Oliver Jahraus / Stefan Neuhaus

Das Problem der Interpretation. Entwicklungslinien

Texte im Medium der Schrift sind nicht nur interpretationsfähig, sondern besonders interpretationsbedürftig. Dies gilt vorrangig für die Literatur, so wie sie spätestens in der zweiten Hälfte des 18. Jahrhunderts als ein autonomes System entstanden ist. Autonom war dieses System zum einen aufgrund einer eigenen ästhetischen Reflexion als Kunstsystem im Kontext einer sich ausdifferenzierenden Gesellschaft, zum anderen, weil dies System von Sinnvorgaben übergeordneter Instanzen befreit war. Autoren wie Lessing, Goethe und Schiller nutzten frühere Regelpoetiken nur noch als Steinbruch für eine neue Literatur, die ihren eigenen Gesetzen dienen sollte. Die Regelhaftigkeit von Literatur trat in der Folge immer mehr in den Hintergrund, Gattungsmerkmale beispielsweise ließen sich immer weniger festschreiben, schienen sie doch nur dafür aufgestellt worden zu sein, um gebrochen zu werden. Es entstand eine Vielfalt der Formen und Inhalte; eine Entwicklung, die bis heute noch nicht an ein Ende gekommen zu sein scheint.

Mit zeitlicher Verzögerung kam es zu einer Verwissenschaftlichung und Ausdifferenzierung der Arbeit mit literarischen Texten, die man heute allgemein als ›Methoden‹ bezeichnet. Am Anfang dieser Geschichte stand das hermeneutische Erbe (Friedrich Schleiermacher), das die Literaturwissenschaft schon in ihren Anfängen im 19. Jahrhundert aus der Theologie und Jurisprudenz übernommen, dann verstärkt und radikalisiert hatte (Wilhelm Dilthey).

Um die Jahrhundertwende verstand sich die Literaturwissenschaft immer weniger als Instanz, die positivistische Daten sammelt. Sie fing stattdessen an, ihre Aufgabe vorrangig in der Interpretation von Literatur zu sehen.

Besonders dramatisch wurde die Situation in der germanistischen Literaturwissenschaft in den späten 1960er-Jahren, als die hermeneutische Textimmanenz[1] mit ihrer als Kunst der Interpretation inszenierten Einfühlung in den Text ihre Akzeptanz zu verlieren begann. Vor dem Hintergrund eines neu erwachten politischen Bewusstseins wurde die Literaturwissenschaft unter einen doppelten Druck gesetzt: Sie sollte einerseits ihre gesellschaftliche Legitimation, andererseits ihren wissenschaftlichen Status unter Beweis stellen. Beide Ansprüche wurden und werden seither zusammen gedacht, weil die Literaturwissenschaft, so eine zu Recht verbreitete Ansicht, nur als Wissenschaft überhaupt gesellschaftlich relevant sein kann.

In dieser Zeit begann die Literaturwissenschaft, sich methodisch weiter auszudifferenzieren und stärker über sich und ihren Gegenstand methodologisch zu reflektieren. So entwickelte sich – zum Teil in Weiterentwicklung hermeneutischer und anderer Vorgängerpositionen, zum Teil in harscher Kritik und pointierter Absetzung von ihnen – eine Palette von alten und neueren literaturwissenschaftlichen Interpretationstheorien und -modellen. Von Anfang an bediente man sich dabei bei anderen Disziplinen, etwa der Philosophie, der Soziologie und der Psychologie. Nicht zuletzt waren es herausragende Vertreter solcher Disziplinen, die den neuen Modellen ihren Namen und ihre Orientierung vorgaben, wie z.B. Sigmund Freud oder Karl Marx. So entstand das, was man heute gern als ›Methodenpluralismus‹ bezeichnet.

Darüber hinaus wurde Methodologie zu einem eigenständigen Aufgabengebiet der Literaturwissenschaft. Sie

1 Beispielhaft hierfür: Kayser (1983); Staiger (1961).

sollte (zunächst noch für jedes Modell spezifisch, dann aber immer mehr im engeren oder weiteren Gesamtüberblick) Voraussetzungen, Bedingungen und Leistungsfähigkeit der Methoden klären. Es kam zu einer »Methodologisierung der Literaturwissenschaft« (Solms, 1979). Diese Literaturwissenschaft sollte im Idealfall Darstellung, Anwendung und Kritik der Methoden zusammenbringen. Sie sollte auch klären, wie man sich mit dem Methodenpluralismus einzurichten hatte. So entstand aus der Methodenvielfalt eine Methodendiskussion. Hier ließ sich ein Schema herauskristallisieren, das die Positionierung eines bestimmten Interpretationsmodells in einem Feld vornahm, dessen Koordinaten von dem vorgegeben wurden, was man unter Literatur verstand.[2] Erst wenn die grundsätzlichen Fragen des Literaturverständnisses geklärt waren, konnte man daran gehen, die Rahmenbedingungen des Interpretationsverfahrens festzulegen. Zur Auswahl standen die Koordinaten des Textes, des Zeichens und Zeichensystems, des Autors und des Lesers.

So entstand mit unterschiedlicher Schwergewichtsverlagerung, unterschiedlicher Orientierung, unterschiedlicher Kombination verschiedenster Koordinaten und mit einem jeweils verschiedenen Verständnis des Begriffs ein Spektrum, das eine Bandbreite unterschiedlichster literaturtheoretischer Fundierungen und methodischer Interpretationsverfahren abdeckte. Dabei bildeten sich zudem grundsätzliche Konfrontationen heraus, beispielsweise die zwischen Hermeneutik und Strukturalismus. Dieser Gegensatz wurde paradigmatisch für das, was man den »Streit der Interpretationen« nannte (vgl. Ricœur, 1973 und Eco, 1987). Es entwickelten sich auch ganze Familien von Positionen, so gehörten Rezeptionsästhetik und Phänomenologie zusammen. Andere Beziehungen gingen auseinander. So blieb die

2 Noch heute ein Klassiker: René Welleks und Austin Warrens *Theorie der Literatur* (1971), mit dem typischen Schicksal eines Klassikers: unvergessen, aber nicht mehr auf der Höhe der Zeit zu sein.

Rezeptionsästhetik dem Text verhaftet, wohingegen die Rezeptionsforschung sich stärker empirisch auf den Leser konzentrierte. Zum Teil gab und gibt es unklare Überschneidungen der Disziplinen. Literatursoziologie und Literaturpsychologie sind nicht immer eindeutig der Literaturwissenschaft auf der einen Seite oder aber der Soziologie und der Psychologie auf der anderen Seite zuzuordnen.

In der späteren Ausdifferenzierung wurden grundlegende Kategorien bestimmend, vor allem die Frage, ob Literaturwissenschaft überhaupt noch hermeneutisch-sinnbezogen oder stattdessen rein empirisch betrieben werden sollte, wie dies die Vertreter der Empirischen Literaturwissenschaft fordern.[3]

Weiter auseinander gefaltet wurde dieses Spektrum durch Positionen, die das hermeneutisch inspirierte, textimmanent fundierte Interpretationsverfahren gänzlich in Frage stellten. Es entstanden Modelle, deren Textinterpretation darin bestand, die Textinterpretation geradezu zu subvertieren oder zu leugnen: Das Ergebnis ist der nicht mehr interpretierbare, der unlesbare Text. Wollte sich schon die Empirische Literaturwissenschaft nicht mehr auf das Geschäft der Interpretation einlassen, sondern nur noch empirisch beschreiben, was passiert, wenn Menschen sagen, dass sie einen Text interpretieren, so hat die Dekonstruktion (Jacques Derrida, Paul de Man), auf der Basis einer poststrukturalistischen Zeichentheorie Interpretation und Sinn bislang am radikalsten in Frage gestellt. Besonders raffiniert ist diese Infragestellung deshalb, weil sie, anders als die Empirische Literaturwissenschaft, das Raster nicht wechselt, sondern, wie schon der Strukturalismus, von der Zeichenstruktur der Texte ausgeht. Gleichzeitig vertritt sie ein Zeichenkonzept, nach dem die Sinnkonstitution des Zei-

3 Zum Überblick siehe hierzu die einschlägigen Titel im Literaturverzeichnis dieser Einleitung.

chens sich jedem Versuch entzieht, sie und die Bedeutung festzuhalten.

Heutzutage wird die Methodendiskussion nicht mehr in dem Umfang wie noch ein Vierteljahrhundert zuvor geführt. Das ehemals heiße Eisen hat sich abgekühlt. Und so kann man in kritischer Distanz und im freien Überblick wenigstens drei positive Ergebnisse der Entwicklung festhalten:

1. Es kann als unstrittige Voraussetzung der Literaturwissenschaft gelten, dass literarische Texte Interpretation auf ganz besondere und geradezu paradigmatische Weise evozieren.[4] Das Spezifische von Literatur ist die Offenheit für Aktualisierungen, abhängig von der Zeit, der gewählten Perspektive u. a. Ergänzend ist festzustellen, dass die Interpretation in ihrem Bemühen, den literarischen Text zu deuten und zu verstehen, unabschließbar ist, weil der Sinn, der in diesem Verfahren aus Sinn gewonnen, konstituiert und offen gelegt werden soll, unhintergehbar und uneinholbar ist – unhintergehbar, weil man mit Sinn nicht noch einmal hinter den Sinn zurück kann, uneinholbar, weil dieser Sinnprozess selbst niemals an ein Ende gelangt. Daraus ergibt sich die Schlussfolgerung, dass es keine Meta-Methoden gibt, sondern einzelne Verfahrensweisen, die unterschiedliche Leistungen bei der Textinterpretation erbringen.

2. Textinterpretationen werden heute durchweg mit methodischer Anlehnung geschrieben, selbst wenn kein ausgeprägtes Methodenbewusstsein vorhanden ist. Es gibt eine Sensibilität für ein wissenschaftlich-argumentatives, methodisch geleitetes und abgesichertes Vorgehen bei der Interpretation.

3. Die Anleihen bei anderen Disziplinen und die Bemühungen um Verwissenschaftlichung haben zu einer Entwicklung hin zu einer interdisziplinären Wissenschaft ge-

4 Zur Literatur als paradigmatischem Interpretationsmedium siehe Jahraus (2002).

führt. Die immer noch geäußerte Forderung nach einem Aufgehen in einer Kultur- oder Medienwissenschaft ist, angesichts der Vielfalt literaturwissenschaftlicher Tätigkeit, nahezu überflüssig geworden. Die Literaturwissenschaft ist bereits durch das, was sie tut, zu einer Medien- und Kulturwissenschaft geworden.

Die Methodologisierung hat allgemein zu einem kritischen Selbstverständnis dessen geführt, was wir tun, wenn wir literarische Texte interpretieren. Es sind jedoch auch Fehlentwicklungen zu konstatieren. Die Methode, die zunächst nur dazu da war, die Interpretation anzuleiten, ist gegenüber dem Text oftmals verabsolutiert worden. Der Text wurde auf die Funktion reduziert, die Methode zu bestätigen: Er ist von der Theorie absorbiert worden und hat damit sein Recht verloren, eine eigenständige ästhetische Qualität zu repräsentieren, die unabhängig von der Interpretation besteht. Der Text wurde so zur Illustration und bestenfalls zum Beleglieferanten für die Theorie. Solchen Missverständnissen sollte in der Zukunft verstärkt gegengesteuert werden.

Warum Kafka? Zur Wahl des Textes

Die Wahl eines Kafka-Textes lässt sich mit einem Zitat von Peter von Matt rechtfertigen, der das Werk des Prager Autors »die Bibel des 20. Jahrhunderts« genannt hat. »Kein anderes Werk wird in der westlichen Welt mit solchem Ernst, solcher Hingebung gelesen, kein anderes wird so wild, so tausendfältig anders ausgelegt« (Matt, 1999, S. 305). Kafka ist der Autor, dessen literarisches Werk bis heute am deutlichsten und daher beispielgebend »Das Problem der Interpretation« (Brenner, 1998) vor Augen führen kann. Sein Werk inszeniert wie kaum ein anderes diese Dialektik von Interpretationsprovokation und Interpretationsverweigerung. Daher ist die Interpretation seines Werks und seiner Texte nicht nur paradigmatisch, sondern auch symptomatisch für die Geschichte der Literaturwissenschaft als Interpretationsheorie. Kafka kann als Exponent, Anwendungs- und Bewährungsfall der literaturwissenschaftlichen Methodik angesehen werden. Die Geschichte der Kafka-Interpretationen ist die Geschichte der literaturwissenschaftlichen Methodik in nuce.

Angesichts einer solchen Feststellung überrascht es nicht, dass die Gefahr, als Beleglieferant literaturtheoretischer Zugänge zu enden, bei Kafka bisher besonders groß gewesen ist. »Kafka, so befand schon vor geraumer Zeit die amerikanische Kritikerin Susan Sontag in ihrem berühmten Essay *Against Interpretation*, sei mittlerweile ›zum Opfer einer Massenvergewaltigung‹ geworden, einer Vergewaltigung nämlich durch eine Armee von Interpreten« (Anz, 1989, S. 7). Thomas Anz hat aber auch darauf hingewiesen, dass die Kafka-Forschung »in den letzten Jahrzehnten nicht bloß auf der Stelle getreten« ist, sondern »Zusammenhänge (oder auch Brüche) innerhalb von Kafkas Werk sowie zwischen diesem und diversen Kontexten« aufzeigen konnte, »von deren Kenntnis die Lektüre zweifellos profitieren kann« (ebd., S. 8). Die Vielfalt der Deutungsmöglichkeiten stellt einerseits eine Herausforderung dar, die präzise ermittelten Grundlagen der Textgenese und der Kontextualisierungsmöglichkeiten bilden andererseits eine sichere Basis. Dies sind günstige Voraussetzungen für das Unternehmen des vorliegenden Bandes.

Eine Vielfalt von Anknüpfungspunkten für literaturwissenschaftliche Interpretation lässt sich besonders für die Erzählung *Das Urteil* feststellen. Diese Erzählung, die Kafka in nur einer Nacht, vom 22. auf den 23. September 1912, geschrieben haben will (vgl. T 214), scheint vor allen anderen geeignet, die Verfahrensweisen literaturwissenschaftlicher Textinterpretation zu demonstrieren, denn sie steht im Zentrum zahlreicher biographischer, struktureller und thematischer Zusammenhänge. Sie kann gelesen werden als

Kafkas Versuch einer Verarbeitung der unglücklichen Verlobung mit Felice Bauer;[5] als Manifestation seines schriftstellerischen Durchbruchs, wie er es selbst empfand; als eine Darstellung und Kritik hierarchisierter Familienverhältnisse mit einem Vater-Sohn-Konflikt im Zentrum; als eine Auseinandersetzung mit Sexualität und Geschlechterverhältnissen. Die Erzählung öffnet zudem die Perspektive auf einen weitgespannten literaturtheoretischen Horizont, indem sie die Urteilsproblematik selbst zum Thema macht. Mit dieser autoreflexiven Schleife wirft sie die grundsätzlichen Fragen nach den Bezügen zum Topos der Entstehung von Literatur und den Bedingungen des Erzählens auf.

Die Ziele des vorliegenden Bandes

Der vorliegende Band verfolgt eine doppelte Strategie. Zum einen will er Beiträge zur Kafka-Forschung, zum anderen Beiträge zur Methode der Literaturinterpretation liefern. Beide Aufgaben sollen Hand in Hand gehen, ohne dass sich eine der Absichten in den Vordergrund schiebt. Versammelt werden daher Beiträge, die am Beispiel von Franz Kafkas Erzählung *Das Urteil* eine methodische Position skizzieren und ein entsprechendes Interpretationsverfahren vorführen. Ziel ist es, die Bedeutung und den Nutzen der verschiedenen literaturwissenschaftlichen Methoden für die Interpretation von Kafkas Erzählung exemplarisch deutlich werden zu lassen.

Alle Beiträge zeichnen sich durch ein hohes Methodenbewusstsein aus. Sie gehen davon aus, dass die Vorstellung, man könnte zu intersubjektiv überprüfbaren Interpretationsaussagen kommen, ohne auf eine explizite oder zumindest implizite Methode zurückzugreifen, als überholt angesehen werden muss. Es erscheint daher geradezu geboten,

5 Zum Hintergrund siehe Anz (1992), S. 93ff.

sich der methodischen Arbeitsweisen im besonderen Maße bewusst zu werden. Die Beiträge zeigen aber auch, dass es Übergänge zwischen den scheinbar so extremen Positionen gibt und man durchaus zwischen ihnen vermitteln kann, sodass es nicht zu einer Verabsolutierung entweder des Textes oder der gewählten Interpretationsmethode kommt. Auf diese Weise wird gewährleistet, dass der Text sein Recht als ästhetisches ›Kunstwerk‹ behält.

Keineswegs wird dabei einem *anything goes*, einer Methodenbeliebigkeit das Wort geredet. Die Entscheidung, welche Methoden für welche interpretatorische Aufgabe in Anschlag gebracht werden sollen, kann nur der Interpret selbst treffen. Ihm sollte dabei aber bewusst werden, dass die Methodologie kein Supermarkt ist, in dem man sich nach Belieben bedienen kann. Eine Methode ist und bleibt ein Instrument, bestimmte Aussageebenen des literarischen Textes offen zu legen. Der Rückgriff auf ein Verfahren setzt Vorentscheidungen voraus, die in zwei Fragen formuliert werden können: Welches Literaturverständnis habe ich? Welches Erkenntnisinteresse verfolge ich?

Es hat bereits ähnliche Unternehmungen gegeben. Zum einen ist das Spektrum von Kafka-Interpretationen Gegenstand gewesen,[6] zum anderen das Spektrum an Methoden, angewandt auf einen ausgewählten literarischen Text. Eine herausragende Stellung haben die »acht Modellanalysen«, die David E. Wellbery zu Kleists Erzählung *Das Erdbeben in Chili* herausgegeben hat (1987). Bei aller Ähnlichkeit der Anlage gibt es deutliche Unterschiede, die nicht zuletzt den Adressaten betreffen: Der Band von Wellbery ist ausschließlich für ein literaturwissenschaftliches Publikum geschrieben. Die zweifellos eindrucksvollen Beiträge setzen ein Grundlagenwissen voraus, das die theoretischen Vorgaben in den Vordergrund rückt, die eigentliche Methode je-

6 Bogdal (1993), Flores (1977), Heintz (1979). – Für einen Überblick siehe Els (1994).

doch eher in den Hintergrund drängt. Der vorliegende Band hingegen ist ganz bewusst als Einführung konzipiert. Er soll als Einführung in die Methodik der Literaturwissenschaft, als Einführung in die Möglichkeiten der Interpretation eines ›schwierigen‹ Textes und als Einführung in die Interpretation von Kafkas Werk gelesen werden können. Doch wie Wellbery fordern auch wir unsere Leser auf, die Beiträge parallel zu lesen und Verknüpfungen herzustellen. Seiner Einschätzung, dass nicht »die Vielfalt der Methoden« beklagt werden, sondern diese Vielfalt notwendig für eine »perspektivenreiche Wissenschaft« gesehen werden sollte (Wellberry, 1987, S. 7 und 9), ist uneingeschränkt zuzustimmen.

Bamberg, Juli 2001

Oliver Jahraus
Stefan Neuhaus

Literaturhinweise

Anz, Thomas: Franz Kafka. 2., durchges. Aufl. München 1992.
Arnold, Heinz Ludwig / Detering, Heinrich (Hrsg.): Grundzüge der Literaturwissenschaft. München 1996.
Baasner, Rainer: Methoden und Modelle der Literaturwissenschaft. Eine Einführung. Berlin 1996.
Bogdal, Klaus-Michael (Hrsg.): Neue Literaturtheorien. Eine Einführung. Opladen 1990.
– (Hrsg.): Neue Literaturtheorien in der Praxis. Textanalysen von Kafkas *Vor dem Gesetz*. Opladen 1993.
Bohn, Volker (Hrsg.): Literaturwissenschaft. Probleme ihrer theoretischen Grundlegung. Stuttgart [u.a.] 1980.
Brackert, Helmut / Stückrath, Jörn (Hrsg.): Literaturwissenschaft. Ein Grundkurs. 2 Bde. Reinbek 1981.
Brenner, Peter J.: Das Problem der Interpretation. Eine Einführung in die Grundlagen der Literaturwissenschaft. Tübingen 1998.

Eagleton, Terry: Einführung in die Literaturtheorie. Stuttgart 1988. (Sammlung Metzler. 246).
Eco, Umberto: Streit der Interpretationen. Konstanz 1987.
Els, Andringa: Wandel der Interpretation. Kafkas *Vor dem Gesetz* im Spiegel der Literaturwissenschaft. Opladen 1994.
Flores, Angel (Hrsg.): The Kafka Debate. New Perspectives for our Time. New York 1977.
Fricke, Harald: Literatur und Literaturwissenschaft. Beiträge zu Grundfragen einer verunsicherten Disziplin. Paderborn 1991.
Geier, Manfred: Methoden der Sprach- und Literaturwissenschaft. Darstellung und Kritik. München 1983.
Göttner, Heide: Terminologie. In: Reallexikon der deutschen Literaturgeschichte. Hrsg. von Klaus Kanzog und Achim Masser. 2. Aufl. Berlin / New York 1984. S. 353–366.
Hauff, Jürgen [u. a.]: Methodendiskussion. 5. Aufl. 2 Bde. Frankfurt a. M. 1985/87.
Heintz, Günter (Hrsg.): Zu Franz Kafka. Stuttgart 1979.
Hermand, Jost: Geschichte der Germanistik. Reinbek 1994.
Jahraus, Oliver: Der Diskurs der Literatur im Diskurs der Wissenschaft oder Literaturwissenschaft als Interessenkollision von Leser und Wissenschaftler. In: Wirkendes Wort (1993) H. 3. S. 645–658.
– Analyse und Interpretation. Zu Grenzen und Grenzüberschreitungen im struktural-literaturwissenschaftlichen Theorienkonzept. In: Internationales Archiv für Sozialgeschichte der deutschen Literatur 19 (1994) H. 2. S. 1–51. – Seit März 2000 in: IASL Online [http://iasl.uni-muenchen.de].
– Literatur als Medium. [Habilitationsschrift. Universität Bamberg. 2001.] In Vorb. für 2002.
Kayser, Wolfgang: Das sprachliche Kunstwerk. Eine Einführung in die Literaturwissenschaft. [1948] 19. Aufl. Bern/München 1983.
Maren-Grisebach, Manon: Methoden der Literaturwissenschaft. 9. Aufl. Tübingen 1985.
Matt, Peter von: Liebesverrat. Die Treulosen in der Literatur. 4. Aufl. München 1999.
– Verkommene Söhne, mißratene Töchter. Familiendesaster in der Literatur. 2. Aufl. München 1999.
Methoden der Interpretation. Für die Sekundarstufe hrsg. von Carsten Schlingmann. Stuttgart 1985. (Arbeitstexte für den Unterricht.)

Nemec, Friedrich / Solms, Wilhelm (Hrsg.): Literaturwissenschaft heute. München 1979.
Nünning, Ansgar (Hrsg.): Literaturwissenschaftliche Theorien, Modelle und Methoden. Eine Einführung. Trier 1995.
Ricœur, Paul: Hermeneutik und Strukturalismus. München 1973.
Schutte, Jürgen: Einführung in die Literaturinterpretation. Stuttgart 1990. (Sammlung Metzler. 217.)
Solms, Wilhelm: Die Methodologisierung der Literaturwissenschaft. In: Friedrich Nemec / W. S. (Hrsg.): Literaturwissenschaft heute. München 1979. S. 9–50.
Sontag, Susan: Gegen Interpretation [1967]. In: S. S.: Kunst und Antikunst. 24 literarische Analysen. Frankfurt a. M. 1982. S. 11–22.
Spree, Axel: Kritik der Interpretation. Analytische Untersuchungen zu interpretationskritischen Literaturtheorien. Paderborn 1995.
Staiger, Emil: Die Kunst der Interpretation. Studien zur deutschen Literaturgeschichte. Zürich 1961. München 1977.
Strelka, Joseph P.: Methodologie der Literaturwissenschaft. Tübingen 1978.
Texte zur Literaturtheorie der Gegenwart. Hrsg. und kommentiert von Dorothee Kimmich, Rolf Günter Renner und Bernd Stiegler. Stuttgart 1996.
Wägenbaur, Thomas: Methodenquerschnitt Literaturtheorie. Theoretische Ansätze, Modellanalysen. Tübingen/Basel 1995.
Wellbery, David E. (Hrsg.): Positionen der Literaturwissenschaft. Acht Modellanalysen am Beispiel von Kleists *Das Erdbeben in Chili*. 2. Aufl. München 1987.
Wellek, René / Warren, Austin: Theorie der Literatur. Frankfurt a. M. 1971. Neuaufl. 1985.
Zima, Peter V.: Literarische Ästhetik. Methoden und Modelle der Literaturwissenschaft. Tübingen 1991.

Siglenverzeichnis

Die folgenden Ausgaben der Werke Kafkas werden im Text mit Sigle und Seitenzahl zitiert.

B Briefe 1902–1942. Hrsg. von Max Brod unter Mitarb. von Klaus Wagenbach. Frankfurt a. M.: S. Fischer, 1975.

BV Brief an den Vater. Hrsg. und komm. von Michael Müller. Stuttgart: Reclam, 1995.

E Sämtliche Erzählungen. Hrsg. von Paul Raabe. Frankfurt a. M.: S. Fischer, 1975.

F Briefe an Felice und andere Korrespondenz aus der Verlobungszeit. Hrsg. von Erich Heller und Jürgen Born. Frankfurt a. M.: S. Fischer, 1976.

KKAD Drucke zu Lebzeiten. Hrsg. von Wolf Kittler, Hans-Gerd Koch und Gerhard Neumann. Frankfurt a. M.: S. Fischer, 1994.

KKAN II Kritische Ausgabe der Werke von Franz Kafka. Nachgelassene Schriften und Fragmente II. Textband. Hrsg. von Jost Schillemeit. Frankfurt a. M.: S. Fischer, 1992.

KKAT Kritische Ausgabe der Werke von Franz Kafka. Tagebücher. Textband. Hrsg. von Hans-Gerd Koch, Michael Müller und Malcolm Pasley. Frankfurt a. M.: S. Fischer, 1990.

T Tagebücher 1910–1923. Hrsg. von Max Brod, Frankfurt a. M.: S. Fischer, 1975.

U Das Urteil und andere Prosa. Hrsg. von Michael Müller. Stuttgart: Reclam, 1995.

Kafka als Hermeneutiker. *Das Urteil* im Zirkel der Interpretation

Von Rolf Selbmann

Die Dekonstruktion ist bekanntlich angetreten, um hermeneutisches Interpretieren zu verabschieden. Paradoxerweise hat sie hermeneutisches Vorgehen dadurch erneut gerechtfertigt. Denn nur wer von der Zeichenhaftigkeit der Texte ausgeht, kann anschließend ihre Sinnhaftigkeit bestreiten oder ihren Sinn subversiv auflösen wollen (vgl. dazu Frank, 1980, S. 114). Wer Kritik der Hermeneutik betreibt, der betreibt immer noch Hermeneutik (vgl. Hörisch, 1988); wer die Möglichkeit von Sinnverstehen bezweifelt, betreibt Nicht-Verstehen. Keinesfalls bedeutet also eine Kritik der Hermeneutik auch das Ende der Hermeneutik (Bossinade, 2000, S. 154), vielmehr eine Blickverschärfung auf die Kernfragen eines jeden Textverstehens.

Was leistet Hermeneutik, was leistet sie nicht?

Seit Beginn der Schriftlichkeit gibt es Versuche, Texte zu *verstehen*, ihre buchstäbliche Oberfläche zu durchstoßen, um dahinter einen höheren oder tieferen Sinn, einen verborgenen Nebensinn oder verschlüsselte Botschaften freizulegen. Diese Fähigkeit, vom griechischen Wort *hermeneúein* abgeleitet, gilt schon in der Antike als Kunstfertigkeit, Texte (besonders die Homers) auszulegen und dem Leser besser verständlich zu machen. Im religiösen Kontext, etwa des Judentums oder des Christentums, bedeutet diese Form der Hermeneutik das Herauspräparieren göttlicher Botschaften aus heiligen Texten, um einem höheren, aber eben verborgenen Willen auf die Spur zu kommen. So hat das Mittelalter die Allegorese der Bibel und die Lehre vom vierfachen Sinn der Bibel bis zur interpretatorischen Doktrin perfektioniert (vgl. Ohly, 1983). *Sola scriptura*, den Text der Bibel und nichts anderes, keine Auslegung als die eigene, wird Martin Luther als Grundsatz der Reformation entgegenhalten.

Mit der Säkularisierung von Textauslegungen weitet sich das Interpretationsbedürfnis aus. Jetzt geraten auch poetische Texte in den Verdacht, sie könnten mehr sein als nur beiläufige Unterhaltung oder lebenspraktische Belehrung. Als Fiktion, als von Menschen Gemachtes und nach bestimmten Intentionen Erfundenes, soll auch die Literatur eine interpretationswürdige Tiefendimension enthalten, die es an die Oberfläche zu befördern gilt. Auch für die poetische Literatur soll der Wahrheits- und Eindeutigkeitsanspruch der Auslegung gelten. Auslegung und Erklärung von literarischen Texten vollzieht sich dann in Analogie zur Hermeneutik religiöser Texte, den verpackten Sinn gleichsam auszuwickeln. Der Interpretationsvorgang versuchte dann, den Entstehungsprozess von Dichtung gleichsam in seiner Umkehrung zu rekonstruieren. Dieser Vorgang bleibt so lange unstrittige Methode, als Literatur nach den anerkannten (und daher jederzeit rekonstruierbaren) Vorschriften der Regelpoetik funktioniert.

Was aber, wenn Literatur zur Dichtung wird, sich also als individueller Selbstausdruck eines empfindenden Subjekts begreift? Friedrich Schleiermacher (1768–1834) hat, nach aphoristischen Versuchen seit 1805, unter dem Titel *Hermeneutik und Kritik mit besonderer Beziehung auf das Neue Testament* 1838 aus theologischer Perspektive zum ersten Mal eine systematische Erklärung dieser Verstehensprozesse gegeben (vgl. Frank, 1977). Wichtig ist, dass Schleiermacher zwei entscheidende Denkfiguren ins Spiel bringt, nämlich den sog. *hermeneutischen Zirkel* und die (noch nicht so formulierte) *Trennung von Autor- und Text-*

intention. Mit dem oft popularisierten und damit begrifflich diffus gewordenen Begriff des hermeneutischen Zirkels wird seither ein Vorgang des Textverstehens bezeichnet, bei dem der Interpret die einzelnen Beobachtungen als Teil des Textganzen versteht und umgekehrt wiederum das Textganze als Zusammenhang von Einzelnem auffasst. Die moderne Linguistik in der Fortsetzung Ferdinand de Saussures und die Systemtheorie werden diesen Gedanken aufgreifen. Schleiermachers zweite Ausgangsthese, die vermutlich auf sein Kant-Verständnis zurückgeht, ist vielleicht noch folgenreicher für die heutigen Interpretationstheorien geworden. Schleiermacher behauptet, der Interpret strebe danach, den Text besser zu verstehen, als der Autor sich selber verstanden hat (vgl. Bollnow, 1949). In dieser Verkürzung klingt die Aussage angreifbar. Sie spitzt aber die kategoriale Differenz zwischen der Intention des Autors und der Intention des Textes als vom Autor abgelösten, nun selbständigen Gegenstand nur zu. Zwar stellt die Person des Autors den Sinn her, doch erst der Text enthält ihn. Sowohl die moderne Semiotik als auch die poststrukturalistische Kritik der Hermeneutik knüpfen an diese methodologische Trennung an.[1]

An der Wende vom 19. zum 20. Jahrhundert hat Wilhelm Dilthey in der Auseinandersetzung mit den dominanten Naturwissenschaften diese Überlegungen aufgegriffen und eine autonome Geisteswissenschaft zu entwickeln versucht, die im Unterschied zu den Naturwissenschaften ihren Blick nicht auf das *Erklären* von Phänomenen, sondern auf das *Verstehen* richten sollte. In der Dichtung werde erlebte Wirklichkeit, wie es in *Das Erlebnis und die Dichtung* von 1906 heißt, zur Bedeutung erhoben; es gelte, sich in den Autor hineinzuversetzen. Mit der Abgrenzung gegen naturwissenschaftliche Erkenntnisse, die als potenziell experimentell wiederholbar gelten, betonte Dilthey die Einmalig-

1 Vgl. Eco (1995), S. 148ff.: »Intentio operis vs. Intentio auctoris«.

keit geisteswissenschaftlichen Verstehens. Er verwies dabei sowohl auf die Geschichtlichkeit ästhetischer Produkte als auch auf die Notwendigkeit eines psychologischen Zugangs zu ihnen. Die Gefahren, literarische Werke zum bloßen Ausdruck der psychischen Befindlichkeit ihrer Autoren zu verkürzen, sind offensichtlich.

In der Fortschreibung kritischer Einsichten Friedrich Nietzsches und Martin Heideggers versuchte deshalb Hans-Georg Gadamer in *Wahrheit und Methode. Grundzüge einer philosophischen Hermeneutik* (1960) eine Neubegründung der Hermeneutik. Gadamer rückte den Begriff des *Verstehens* in das Zentrum seiner Überlegungen, wobei er einerseits von der inneren Einheit von Sprache und Denken ausging, andererseits die klassische Ästhetik um 1800 zur Grundlage nahm. »Begreifen, was uns ergreift!« – so hat Emil Staiger diese Vorgehensweise griffig verkürzt und auch gleich noch den Interpretationsvorgang selbst zum Kunstwerk erhoben (vgl. Staiger, 1955, S. 17). Während Staiger ausklammerte, dass hermeneutisches Verstehen auch erklären können muss, was uns nicht ergreift, bemühte sich Gadamer um eine intersubjektiv anwendbare Bestimmung der »Vollzugsweise des Verstehens« (Gadamer, 1990, S. 364). Er definierte die bislang eher negativ konnotierten vorwissenschaftlichen Begriffe hermeneutischer Operationen wie *Einfühlung* oder das naive sich in die Texte *Hineinversetzen* erstmals wissenschaftlich exakt. Ausgehend von der »Begrifflichkeit alles Verstehens« (ebd., S. 380) entwickelte er terminologische Werkzeuge wie das der *hermeneutischen Situation*, des *Horizonts* oder der *historischen Einbezogenheit des Verstehens*. Gadamers Begriff der *Horizontverschmelzung* z. B. (ebd., S. 364) weist schon auf den berühmt gewordenen Terminus des *Erwartungshorizonts* voraus, wie ihn dann Hans Robert Jauß bei der programmatischen Verkündung seiner rezeptionsästhetischen Position seit den 60er-Jahren verkündete (Vgl. Jauß, 1973). Mit seinem Begriff der *Okkasionalität* verdeutlichte Gadamer, dass der Sinnanspruch von Kunstwerken verlangt, den situativen Kontext, in denen sie angelegt sind, zu ihrem Verständnis zu rekonstruieren (Gadamer, 1990, S. 149ff.). Insofern gilt bei Gadamer, ohne dass dies so ausdrücklich gesagt würde: Hermeneutische Verstehensprozesse können auch scheitern, wenn Texte eine Sinnauslegung fehlleiten, behindern oder unmöglich machen wollen. Deshalb ist auch Nicht-Verstehen eine Form des Verstehens.

Diesem Vorgehen wurde vorgeworfen, es komme dabei höchstens zu einer Historisierung des hermeneutischen Zirkels (E. M. Michel, in: Renner/Habekost, 1995, S. 458). Andererseits wird eingeräumt, dass verstehende Lektüre kein mechanischer Abspielvorgang ist, der sich in jedem Vollzug identisch wiederholt, sondern ein aktiver, jedes Mal anders verlaufender Prozess mit potenziell offenem Ausgang. Hermeneutik kann Kritik, sogar Fundamentalkritik an ihr aufnehmen und diese selbst zu verstehen versuchen. Hermeneutik sucht nicht den Nachweis der Stimmigkeit von Texten im Sinne eines reibungslosen Funktionierens des hermeneutischen Zirkels, wie dies ein verkürztes Verständnis im Sinn der Textimmanenz wahrhaben wollte, sondern weist auch auf Bruchstellen hin oder darauf, dass die Interpretationsbemühungen nicht glatt aufgehen oder sogar scheitern.

In neueren Arbeiten suchte Hans Robert Jauß mit seiner Forschergruppe »Poetik und Hermeneutik« die Anschlussfähigkeit der Hermeneutik an ihre poststrukturalistischen Kritiker durch Gegenkritik (Jauß, 1994, S. 301). Mit bestechender Pointe zieht heute Umberto Eco (1995, S. 23) *Die Grenzen der Interpretation*: »Es gibt nichts Sinnvolleres als einen Text, der über seine Loslösung vom Sinn spricht.«

Kafka als Interpret seiner selbst

Kafka Erzählungen scheinen daher die ideale Spielwiese interpretatorischen Probehandels zu sein, als seien sie zur Herausforderung für hermeneutisches Vorgehen geschrieben. Immer zeigen die Erzählungen Stellen auf, die sich der Deutung widersetzen, entblößen eine Verrätselungsstruktur oder lassen den Interpreten, nachdem sie die Aufforderung zum Entschlüsseln ausgestreut haben, sich bei seiner Sinnsuche verlaufen. Ist das ein hämisches Spiel Kafkas oder vielmehr die Demonstration, dass auch scheiternde Textarbeit zum Verstehen beitragen könne, ja dass gerade dieses Scheitern notwendiger Hauptteil des Lektüreprozesses sei? Ist dieses Scheitern, einen Sinn konstituieren zu können, die eigentliche Sinnfindungsleistung des Lesers? In seinem Gleichnis *Von den Gleichnissen* führt Kafka vor, »daß die Worte der Weisen immer wieder nur Gleichnisse seien, aber unverwendbar im täglichen Leben«. Denn: »Alle diese Gleichnisse wollen eigentlich nur sagen, daß das Unfaßbare unfaßbar ist«. Nach dieser scheinbar tautologischen Einsicht lässt Kafka sich einen Dialog entspinnen, der wie eine Parodie des hermeneutischen Verstehensvorgangs wirkt, wenn er ihn in die Spirale der Unverständlichkeit münden lässt:

> Darauf sagte einer: »Warum wehrt ihr euch? Würdet ihr den Gleichnissen folgen, dann wäret ihr selber Gleichnisse geworden und damit schon der täglichen Mühe frei.«
> Ein anderer sagte: »Ich wette, daß auch das ein Gleichnis ist.«
> Der erste sagte: »Du hast gewonnen.«
> Der zweite sagte: »Aber leider nur im Gleichnis.«
> Der erste sagte: »Nein, in Wirklichkeit; im Gleichnis hast du verloren.« (E 359)

Das Urteil bildet unter allen Kafka-Texten wohl die größte hermeneutische Herausforderung, weil Kafka im Brief vom 2. Juni 1913 auch gleich noch als Interpret seiner selbst aufgetreten ist. Gegenüber seiner Verlobten Felice Bauer, der er die Erzählung gewidmet hat, bezeichnet er seine Geschichte als ohne »irgendeinen geraden, zusammenhängenden, verfolgbaren Sinn«. Die genaue Lektüre dieser immer wieder herangezogenen Briefstelle sagt ausdrücklich, dass *Kafka* keinen Sinn darin finden kann; *er* »kann auch nichts darin erklären« (F 394). Acht Tage später schreibt er dann nochmals an Felice Bauer: »Das *Urteil* ist nicht zu erklären« (Brief vom 10. Juni 1913, F 396). In dieser neuen, nun apodiktisch zur Allgemeingültigkeit erhobenen Aussage prophezeit der Selbst-Ausleger Kafka nochmals das Scheitern jeder Auslegung; zwischen der Sinnfindung und »erklären« unterscheidet Kafka offensichtlich nicht. Muss *Das Urteil* also in seiner unhintergehbaren Unerklärlichkeit verbleiben?

In der Erzählung *Prometheus*, die den bekannten griechischen Mythos in gleich »vier Sagen« aufspaltet und sie dann alle vier als nichtig verschwinden lässt, bleibt am Ende nur noch »das unerklärliche Felsgebirge« bestehen. Der kurze Text benennt dieses Unerklärliche zwar als unerklärlich, jedoch als existent: »Die Sage versucht das Unerklärliche zu erklären. Da sie aus einem Wahrheitsgrund kommt, muß sie wieder im Unerklärlichen enden« (E 306). Wenn der Autor Kafka als Interpret seiner selbst auftritt, keinen Sinn in seinem Text finden kann und dessen dauerhafte Unerklärlichkeit postuliert, so sagt dies zwar viel über Kafka, jedoch noch nichts über die Interpretationsfähigkeit des Textes aus. Weder Autorintention und Textintention, noch das Textverständnis von Autor und Interpret müssen sich decken. Dadurch hellhörig geworden stößt man bei einer nochmaligen Lektüre der beiden zitierten Briefe auf Hinweise, die sehr wohl für eine Deutungsfähigkeit des *Urteils* sprechen. Im ersten Brief betont Kafka nach seiner anfänglichen Behauptung der Nichterklärbarkeit sofort mit adversativem Anschluss: »Aber es ist vieles Merkwürdige daran«, um dann sogleich auf die Bedeutungshaftigkeit der beiden einzigen Namen der Erzählung, Georg Bendemann und Frieda Brandenfeld, mit ihren »gleichen Anfangsbuchstaben« und ihrer »Beziehung« auf Kafka und Felice Bauer hinzuweisen: »Sieh nur die Namen!« Kafkas Wechselspiel mit den Namen ist mehr als Wortklauberei:

> Georg hat so viel Buchstaben wie Franz, »Bendemann« besteht aus Bende und Mann, Bende hat so viel Buchstaben wie Kafka und auch die zwei Vokale stehn an gleicher Stelle, »Mann« soll wohl aus Mitleid diesen armen »Bende« für seine Kämpfe stärken. »Frieda« hat so viel Buchstaben wie Felice und auch den gleichen Anfangsbuchstaben, »Friede« und »Glück« liegen auch nah beisammen. »Brandenfeld« hat durch »Feld« eine Beziehung zu »Bauer« und den gleichen Anfangsbuchstaben. (E 394)

Denn wenn Kafka am Ende seiner Erklärung vielsagend hinzufügt: »Und derartiges gibt es noch einiges, das sind natürlich lauter Dinge, die ich erst später herausgefunden habe« (E 394), dann sollen solche Erläuterungen offensichtlich als Hinweise auf Analogien (»so viel Buchstaben wie«, »eine Beziehung zu«) oder Substitutionsbeziehungen (an gleicher Stelle) gelten. Vor allem aber sind sie Aufträge an den Leser, die hermeneutischen Versuche des Autors an seinem Text fortzusetzen.

Diese Selbstdeutungen entstammen fast wörtlich Kafkas Tagebucheintragungen (vgl. z.B. den Eintrag vom 11. Februar 1913, T 186). Dort sind sie eingebunden in Kafkas Stilisierung des Entstehungsprozesses seines *Urteils.* Der angeblich unkontrollierte Schreibausbruch innerhalb der Nacht vom 22. auf den 23. September 1912, dem *Das Urteil* seine Entstehung verdankt, ist nur ein Schreibimpuls. Der andere resultiert aus der Briefbeziehung zu Felice Bauer. Beide Antriebe sollen laut Kafka in seiner Erzählung noch sichtbar sein, Letzterer in den sprechenden Namen, erfunden und geschrieben zu einer Zeit, »wo ich Dich zwar schon kannte und die Welt durch Dein Dasein an Wert gewachsen war, wo ich Dir aber noch nicht geschrieben hatte« (F 394). Den anderen Antrieb deutet Kafka so, als habe sich während des Schreibens seine ursprüngliche Intention gewandelt: »dann aber drehte sich mir alles unter den Händen«; er habe einen »Krieg beschreiben« wollen: »ein junger Mann sollte an seinem Fenster eine Menschenmenge über die Brücke herankommen sehn« (F 394). Schon eine Woche später fühlt sich Kafka zu weiteren Erklärungen über sein *Urteil* bemüßigt:

> Die Geschichte steckt voller Abstraktionen, ohne daß sie zugestanden werden. Der Freund ist kaum eine wirkliche Person, er ist vielleicht eher das, was dem Vater und Georg gemeinsam ist. Die Geschichte ist vielleicht ein Rundgang um Vater und Sohn, und die wechselnde Gestalt des Freundes ist vielleicht der perspektivische Wechsel der Beziehungen zwischen Vater und Sohn. Sicher bin ich dessen aber auch nicht.
> (F 396f.)

Die Einschränkungen und die wiederholte Flucht ins vage »vielleicht«, aber auch die Bewusstheit bei der Charakterisierung des Erzähltechnischen zeugen von einer Verwerfung im Auge des Autors. Eine eindeutige Festlegung vermeidet Kafka. Gibt es Gründe dafür?

Kafkas Tagebücher sind immer wieder zur Interpretation des *Urteils* herangezogen worden, denn man kann ihnen für den Tag nach der nächtlichen Textherstellung »in einem Zug« eine nachträgliche Beschreibung des Produktionsprozesses entnehmen (F 183). In geradezu euphorischem Tonfall feiert Kafka sein Schreiben als körperliche Strapaze, nämlich als »fürchterliche Anstrengung«. Er betont aber auch ausdrücklich die »Freude« an der literarischen Erschaffung, er genießt das Morgendämmern, ergötzt sich am »Aussehn des unberührten Bettes« und setzt sich als einer, der die Nacht durchgearbeitet hat, vor dem Dienstmädchen in Positur: »Ich habe bis jetzt geschrieben«. Dann drängt er sich den Schwestern zur sofortigen ›Vorlesung‹ auf.

Solche Selbststilisierungen und zugleich die im Niederschreiben sofort kritisch reflektierte eigene Haltung müssen den Interpreten warnen, die emphatischen Selbstaussagen aus ihrem Zusammenhang zu isolieren. Auch Kafka tut dies nicht. Er registriert den Vorgang der spontanen, ungezügelten Niederschrift des *Urteils* als einen verzwickten Entwicklungsprozess, wenn er zugleich »fürchterliche Anstrengung und Freude« darüber vermerkt, »wie sich die Geschichte vor mir entwickelte«. Doch diesem scheinbar noch ganz der Genieästhetik verhafteten Entstehungsprozess ist eben nicht nur die körperliche Schmerzerfahrung der »vom Sitzen steif gewordenen Beine« eingeschrieben, sondern auch eine psychische: »Mehrmals in dieser Nacht trug ich mein Gewicht auf dem Rücken.« Zugleich registriert der Aufschreiber Kafka aber auch, wie Elemente des Textes aus dem Schreibvorgang in sein Alltagsbewusstsein zurückwandern:

> Wie alles gesagt werden kann, wie für alle, für die fremdesten Einfälle ein großes Feuer bereitet ist, in dem sie vergehn und auferstehn. Wie es vor dem Fenster blau wurde. Ein Wagen fuhr. Zwei Männer über die Brücke gingen.

Im unmittelbaren Anschluss an die Freude über die gelungene Fertigstellung der Erzählung beginnt Kafka mit poetologischen Überlegungen über solche »schändlichen Niederungen des Schreibens«: »*Nur so* kann geschrieben werden, nur in einem solchen Zusammenhang, mit solcher vollständigen Öffnung des Leibes und der Seele.« Erst nach dem vormittäglichen Erholungsschlaf registriert er seine »während des Schreibens mitgeführte[n] Gefühle«, um dann eine Formulierung zu prägen, die jeder naiven psychoanalytischen Lektüre ins Gesicht schlagen muss: »Gedanken an Freud natürlich«. Zusätzlich vermerkt er mehrere intertextuelle Bezugnahmen des *Urteils*, nämlich auf soeben erschienene Bücher von Arnold Beer, Jakob Wassermann und Franz Werfel. Schon hier darf also festgehalten werden, dass von einer eindeutigen Selbstinterpretation nicht die Rede sein kann.

Viel zu wenig ist bei der Interpretation dieser Selbstaussage auch bedacht worden, dass der Tagebucheintrag im Kontext von Kafkas gesamtem Tagebuchschreiben zu lesen ist. Drei Tage nach jenem nächtlichen Schreibexzess verzeichnet Kafka in seinem Eintrag vom 25. September nämlich eine genau gegenteilig angelegte, jedoch körperlich ebenso quälende Schreibverhinderung mit identischen Begriffen:

> Vom Schreiben mich mit Gewalt zurückgehalten. Mich im Bett gewälzt. Den Blutandrang zum Kopf und das nutzlose Vorüberfließen. Was für Schändlichkeiten!-

Man erkennt sofort das dort triumphal vorgewiesene unberührte Bett, hier das durchwühlte; beide Male taucht eine Fließerfahrung und eine selbstbeobachtende, auf sich selbst zurückweisende Wirkung des Vorlesens auf (F 184). Auch das Erlebnis des Schreibvorgangs als Schändlichkeit, als »regelrechte Geburt mit Schmutz und Schleim« und die Beobachtung einer »Entwicklung der Geschichte« während des Schreibens wiederholen sich (F 186).

Bedenkenswert ist auch die im Tagebuch festgehaltene Parallelgeschichte um Georg Blenkelt, »ein einfacher Mann mit regelmäßigen Gewohnheiten«, die Kafka am Tag nach der Niederschrift des *Urteils* in groben Umrissen festhält

(F 184). Zum ersten Mal notiert Kafka diesen Einfall ausgerechnet zu dem Zeitpunkt, als er Felice Bauer kennen lernt (»werde ich noch die Geschichte von dem Blenkelt zu schreiben versuchen«); den Blenkelt-Einfall schiebt er als Parenthese in eine Beobachtung über Felice ein. Diese Beobachtung ist erst mehrere Tage nach dem Erlebnis eingetragen, freilich mit der festen Überzeugung, »schon ein unerschütterliches Urteil« [!] zu haben (F 178).

Nicht weit hiervon entfernt enthält das Tagebuch die Aufzeichnung eines Traums, der in New York spielt und in dem »ein ungeheuer fremdländischer Verkehr« pulst, bei dem Verkehrserlebnis und Fließerfahrung nicht mehr zu trennen sind:

> In Erinnerung ist mir nur, daß statt unserer Flöße lange Stämme zu einem riesigen runden Bündel zusammengeschnürt waren, das in der Fahrt immer wieder mit der Schnittfläche nach der Höhe der Wellen mehr oder weniger auftauchte und dabei auch noch der Länge nach sich in dem Wasser wälzte. Ich setzte mich, zog die Füße an mich, zuckte vor Vergnügen, grub mich vor Behagen förmlich in den Boden ein und sagte: Das ist ja noch interessanter als der Verkehr auf dem Pariser Boulevard. (11. September 1912, F 180)

Offensichtlich lassen sich in dieser Vielschichtigkeit der Selbstbeobachtung unmittelbare Körpersignale von literarischen, psychischen und sogar poetologischen Überlegungen nicht mehr eindeutig trennen. Gerade diese Uneindeutigkeit, diese unsichere Zuordnung solcher Splitter zu einer geradlinigen Sinnaussage, muss ein entscheidendes Element interpretierenden Verstehens bilden.

Um die Uneindeutigkeit noch weiter zu steigern, gesteht Kafka, dass er *Das Urteil* an konkreten Wirklichkeitserfahrungen festgemacht habe. Auch hier ist die Grenze zwischen Text und Realität in der Chronologie verwischt, als bewahrheite sich eine Textaussage später in der Wirklichkeit:

> Ich habe bei der Beschreibung des Freundes in der Fremde viel an Steuer [ein Bekannter Kafkas] gedacht. Als ich nun zufällig, etwa ein Vierteljahr nach dieser Geschichte, mit ihm zusammenkam, erzählte er mir, daß er sich vor etwa einem Vierteljahr verlobt habe. (12. Februar 1913, F 186)

Dieses Verlangen des Autors, die Sinnhaltigkeit des Textes auch an der Wirklichkeitsverhaftung zu messen, wird vom Nacherleben der ersten biographisch eingeweihten Leser eingeholt, die Kafkas »bildliche Darstellung in der Geschichte« lobten, sie sähen die Figuren fast leibhaftig vor sich – was Kafka einerseits freut, ihn andererseits aber auch das erzählerische Eigenrecht seiner Fiktion gegen die plane Wirklichkeitsimitation betonen lässt:

> Die Schwester sagte: »Es ist unsere Wohnung.« Ich staunte darüber, wie sie die Örtlichkeit mißverstand und sagte: »Da müßte ja der Vater auf dem Klosett wohnen.« (F 187)

Ein Urteil über *Das Urteil*?

Das Urteil enthält in seinem Titel einen zentralen juristischen Begriff wie in *Der Proceß*. Hier wie dort handelt es sich um einen zentralen Terminus des hermeneutischen Verstehens. Gadamer hat die Bedeutung des *Vor-Urteils* im Prozess hermeneutischen Verstehens ausführlich untersucht (Gadamer, 1990, S. 281 ff.). So unterstellt sich *Das Urteil* zunächst den Konventionen hermeneutischen Verstehens und provoziert eine herkömmliche Sinnsuche. Aber auch das Erzählen selbst scheint ganz in den Bahnen der Erzähltradition zu verlaufen. Die Widmung nennt nicht bloß den abgekürzten Namen Felice Bauers, sondern setzt das ausdrückliche Signal, für sie eine »Geschichte« erzählen zu wollen (7). In ihrem ersten Satz entwirft die Erzählung einen in dieser Form typischen Novellenanfang mit der Nennung von Tages- und Jahreszeit, der Witterung und der gemächlichen Einführung der Hauptfigur, als stamme sie aus der Feder eines realistischen Erzählers wie Gottfried Keller.

Doch *Das Urteil* knüpft in noch provozierenderer Weise an die Erzählkonventionen des 19. Jahrhunderts an, wenn es dem Fundus der realistischen Erzählkunst sogar noch die bekannte Rahmenkonstruktion entnimmt. Der erste Blick sowohl des Erzählers als auch des Protagonisten Georg Bendemann gilt genau jenem »Fluß« (7), in den der Held sich am Ende dann zielgerichtet fallen lassen wird (57). Innerhalb dieser Rahmenstruktur zieht sich das Fenster als gar nicht geheimes Leitmotiv durch den Text. Georgs lesender Blick »aus dem Fenster auf den Fluß« bleibt zunächst leer (7); der spätere Gruß eines Passanten wird von ihm, »das Gesicht dem Fenster zugekehrt«, »kaum mit einem abwesenden Lächeln« (11) beantwortet. Während also der Schreibende auch nach dem Abschluss des Briefes »lange« am hellen Fenster verweilt (11), führt ihn der Weg ins dunkle Zimmer des Vaters so, dass der erste Blick sogleich aufs Fenster fällt: »Der Vater saß beim Fenster in einer Ecke« (12). Der Schluss des *Urteils* nennt ein Fenster zwar explizit nicht mehr; doch der letzte Satz greift auf die Perspektive des ersten Satzes zurück, der ein Fensterblick war (20).

Neben solchen Signalen, hier werde im Geist traditionellen Erzählens vorgegangen, liefert die Erzählung mehr als genug Hinweise dafür, dass sie hermeneutischen Verstehens bedürfe. Überall redet *Das Urteil* davon, dass hier Texte, nämlich Briefe gelesen und nicht gelesen, verstanden und missverstanden werden, er erzählt davon, wie Informationen verschwiegen und dann doch offenbart werden, wie verheimlicht, erraten und aufgedeckt wird. So erhebt sich Georg in seiner Reflexion am Fenster eigenmächtig zum Interpreten des Lebensentwurfs seines Freundes, später dann des Vaters und zuletzt seiner selbst. Seine psychologisierenden Überlegungen als Briefschreiber werden selber manisch; sie kreisen in rhetorischen Fragen angeblich um eine Lebenshilfe für den Freund. Doch aus der harmlosen Freundschaft mit einem »Jugendfreund« (7) ist längst ein interpretatorisches Entfremdungsszenario geworden. Im Bedauern über die verfahrene Lage des Freundes zeigt sich Georg Bendemanns eigene Krise. Sie ist, in der scheinbar souveränen Analyse der Situation des anderen, dieser so entgegengesetzt, dass sie ihren getrübten Spiegel darstellt: Der in die Fremde Ausgezogene dort, der Daheimgebliebene hier; der ökonomische Misserfolg trotz eifrigsten Bemühens dort, der durch »glückliche Zufälle« mit leichter Hand erlangte geschäftliche »Fortschritt« hier (9). Georg hat seinen Freund »für ein ewiges Junggesellentum« in demselben Augenblick gleichsam verurteilt (7), als er sich selber in eine Verlobung gerettet hat (10). Insofern reichen die vielfältigen Parallelen und Gegensätze der beiden Jugendfreunde bis an die Grenze zu einer Doppelgängergeschichte – freilich nur in der Interpretation solcher Lebensentwürfe durch die Figuren, sei dies durch die Brille Georgs, sei dies später durch den Vater mit seinem Versuch, den Freund als »Sohn nach meinem Herzen« gegen Georg auszutauschen (16).

Dieses im doppelten Wortsinn »besondere Korrespondenzverhältnis« (10) unterwandert die direkten Gespräche und die wörtliche Rede der Handlungsgegenwart. Denn jede Tat, von der im *Urteil* berichtet wird, muss immer die Distanz miteinbeziehen, die aus dem thematisierten Briefverkehr erwächst. So entsteht eine Verschiebung, Georgs erste »Schuld« beim Verstehenwollen des Freundes (10). Der Anfang des *Urteils* ist mit Begriffen gespickt, die ein solches Verstehenwollen laufend in Frage stellen, etwa wenn Georg über seinen Freund (den der »fremdartige Vollbart« und das zugleich »wohlbekannte Gesicht« befremdet und so in eine Erkennensspannung setzt) nachdenkt, ob und was das »bedeutete« (7). Wer die Verhältnisse in der Heimat »nicht mehr verstünde«, ist nicht nur »entfremdet«. Der Freund erhält ja »keine eigentlichen Mitteilungen« mehr (8); er wird nur noch »über bedeutungslose Vorfälle« (9) informiert, so dass eine interpretatorische Schieflage entsteht, weil vieles »unvorstellbar« wird oder sich »ganz unerwartet entwickelt«, wovon der Freund »keine Ahnung« haben kann (9). Das »besondere Korrespondenzverhältnis«, das durch solche »Merkwürdigkeit« verschärft wird (10), ist nicht nur durch den Medienwechsel zwischen dem Briefverkehr, Georgs Gedankenfluss und seinem Gespräch mit dem Vater bedingt. Der Briefwechsel selbst trägt das Missverstehen in sich. Man pflegt zwar die »briefliche Verbindung«, aber es werden »keine eigentlichen Mitteilungen« gemacht (8). Dadurch verschieben sich die Erwartungshorizonte des Verstehens wechselseitig. Das dreimalige Wiederholen einer »gleichgültigen« Mitteilung (10) gibt dieser gerade dadurch eine Scheinbedeutung, die ihr im ungestörten Verstehensprozess nicht zugekommen wäre. Gerade dadurch wird sie in einem tieferen Sinn wahr: Die »Verlobung eines gleichgültigen Menschen mit einem ebenso gleichgültigen Mädchen«, die Georg dem Freund gleich »dreimal« mitgeteilt (10), greift ja nicht nur Georgs Verlobung mit Frieda Brandenfeld voraus. Die briefliche Mitteilung dieser Verlobung liefert auch eine nicht mehr zu entwirrende Verstrickung aller Sinnhorizonte. Georg »will ihn nicht stören«; gerade dadurch überträgt er die verwirrende Verstehenssituation gegenüber seinem Freund auch auf das Verhältnis zu seiner eigenen Verlobten: »verstehe mich recht« (10).

Der Gang zum Vater eröffnet eine zusätzliche Verwicklung: Er geschieht in der ausdrücklichen und schrägen Motivierung »quer durch einen kleinen Gang«, obwohl eigentlich »keine Nötigung« besteht. Auch sie steht im Zeichen ganz unterschiedlichen, sich gegenseitig verweigernden Textverstehens. Der Vater wird trotz einer »Augenschwäche« als notorischer Zeitungsleser eingeführt (12), eine Tätigkeit, die er bei der Erwähnung des von Georg geschriebenen Briefes mit einer sprechenden Geste unterbricht; er »legte die große Zeitung auf den Fensterbord und auf die Zeitung die Brille, die er mit der Hand bedeckte« (13). Dass der Vater bei geschlossenem und abgedunkeltem Fenster sitzt, während Georg sein Schreiben mit dem Blick aus dem Fenster gekrönt hatte, verweist zunächst auf einen Wahrnehmungsvorsprung Georgs. Doch die Defizite des Vaters als Schreiber, dem nur noch das mühselige Lesen verblieben ist, wandeln sich im Laufe des Gesprächs in Vorzüge um. Die Voraussetzungen des gegenseitigen Verstehens werden auf den Kopf gestellt. Der Freund ist angeblich immer schon durch den Vater als »sein[en] Vertreter hier am Ort« informiert (17); angeblich hatte und hat der Vater Georgs Briefe, die falsche »Kundschaft«, schon immer »hier in der Tasche« (18). Der Vater erklärt sich zum über den Sohn triumphierenden Briefschreiber, der für ein anderes Verstehen gesorgt hat: »er weiß ja alles hundertmal besser als du selbst, deine Briefe zerknüllt er ungelesen in der linken Hand, während er in der rechten meine Briefe zum Lesen sich vorhält!« (18) »Meine Briefe« – »deine Briefe«: Georgs so präzis formulierte, die Wahrheit verschleiernde Briefbotschaften werden plötzlich zu nutzlosem Papier wie die »alte Zeitung« (19), die der Vater eben nicht liest (oder nie gelesen hat). Dem sinntäuschenden Verwirrspiel des Briefeschreibens wird das mündliche Urteil des Vaters die eindeutige Aussage entgegenstellen.

Auf dem Gipfel des Grundsatzstreits zwischen Vater und Sohn haben sich die verwickelten Widersprüche geklärt: Georg wollte zunächst den Umgang mit seinem Vater »vernünftig« gestalten (14). Einerseits macht er sich »Vorwürfe, den Vater vernachlässigt zu haben« (15), andererseits zeigt der Vater alle Symptome einer grundlosen Angst, ausgegrenzt und abgeschoben zu werden. Einerseits treibt den Vater das Verlangen, »die volle Wahrheit« zu erfahren (13), andererseits scheint er sich mit Georgs »Rücksichtnahme«, nicht nur dem Freund vieles »verschweigen« zu wollen (13), abgefunden zu haben. Georgs Vater ist »noch immer ein Riese«, doch dann muss er, in einer Mischung aus Infantilität und senilem Pflegefall, von Georg wie ein Kind ins Bett getragen werden, während »an seiner Brust der Vater mit seiner Uhrkette spielte« (15). Zuerst bezweifelt der Vater, ob Georg überhaupt einen Freund in Petersburg habe, dann unterhält er angeblich selbst heimliche Briefbeziehungen zu ihm.

Den unerwarteten Umschlagpunkt – es »schien alles gut« (15) – bildet zweifellos der wortspielerische Dialog um das Zugedecktwerden des Vaters. Was Georg zudeckt und was der Vater aufdeckt, indem er sich aufdeckt, soll dazu dienen, »den Sohn zu durchschauen« (16) und damit ein systematisches Netzwerk von Verheimlichung und Vertuschung aufzudecken. »Zugedeckt« und »untergekriegt« (16) fühlt sich der Vater durch eine ganze Kette von Verrat des Sohnes an Familie und Freund, an dessen Ende die geplante Heirat den Höhepunkt bildet. Diese »Einsicht« des Vaters (17) steht am Ende eines Bildfeldes des Sehens, das aufhorchen lässt: der »Vater, als könne er nicht nachschauen«; das »Schreckbild seines Vaters« (16); »schau mich an«; »alles vollkommen genau beobachten« (17).

Der Vater wendet sich gegen diesen Verrat dadurch, dass er Georg aus der Familie noch vor dessen Verurteilung zum Tode ausstößt. Zuerst geschieht die Platzierung des Freundes auf die durch die Verstoßung leere Stelle des Sohnes zur Probe: »Er wäre ein Sohn nach meinem Herzen« (16), dann durch die Einsetzung des Vaters als »sein Vertreter hier am Ort« (17) an eine andere Leerstelle. Hilfsweise wieder eingesetzt, darf Georg bei gleichzeitig endgültiger Ausstoßung noch einmal die Sohnesstelle einnehmen: »Für den Augenblick der Antwort sei du noch mein lebender Sohn« (17). Schon in der Formulierung ist das Todesurteil über den Sohn eingewandert, dessen eigene Sprache »einen totternsten Klang« erhält (19).

Rätselhaft bleibt bei aller Finalität des *Urteils*, warum ausgerechnet dieser Brief, den der Vater offensichtlich erwartet hat und der das »seit Jahren« gewahrte Schweigen bricht (19), den Konflikt auslöst. Der Vater verbindet mit ihm eine »Frage«, die Georg gar nicht gestellt hat (19). Sie wird vom Vater zu einer Erlösungsfrage stilisiert, die einen »Freudentag« markiert, an dem der Sohn angeblich »reif« geworden sein soll (19). Der richtige Zeitpunkt des »jetzt«, auf dem der Vater insistiert und der auch in seinem Todesurteil benannt wird (19), ordnet die Enthüllung und das Urteil des Vaters in einen situativen Kontext des Verstehens ein. Alle Einwände des Sohnes können damit entkräftet werden: »Das wolltest du wahrscheinlich früher sagen. Jetzt paßt es ja gar nicht mehr« (19). Für den Vater ist damit eine universale Sinndeutung gegeben: »Jetzt weißt du also, was es noch außer dir gab, bisher wußtest du nur von dir!« (19)

Georgs Entlarvung fasst der Vater als Sinndeutung einer übergreifenden kontextuellen Struktur auf, aus der sich das Urteil gleichsam handlungsfolgerichtig (»jetzt«) und sinnlogisch (»Und darum«) ableitet. In einem solchen Kontext sind die bisherigen Wertungen austauschbar; Georg kann »unschuldiges Kind« und »teuflischer Mensch« gleichzeitig sein. Die mittelalterliche Todesstrafe für vom Teufel Besessene rückt die Verdammung Georgs als »teuflischer Mensch« in einen christlichen, keinen jüdischen Kontext, den die Bedienerin mit ihrem Ausruf »Jesus!« gleichsam bestätigt. Eine bezeichnende Abänderung ist freilich zu registrieren: Georg soll ertrinken, nicht ertränkt werden. Damit bleibt ihm ein Rest von Autonomie zur Entscheidung, trotz der Eindeutigkeit und Endgültigkeit des Urteils. Indem Georg das Urteil annimmt, sofort und widerspruchslos zum Vollzug schreitet, gibt er ihm erst seinen Sinn. Es macht allerdings, man vergleiche den Fall mit Kafkas Erzählung *In der Strafkolonie*, aus dem Urteil des Vaters juristisch einen Selbstmord.

Warum legt Georg so großen Wert darauf, von der Brücke in den Fluss zu springen? Warum soll sein Fall nicht gehört werden? Zwischen dem letzten Satz aus dem Mund Georgs: »Liebe Eltern, ich habe euch doch immer geliebt« und dem letzten Satz der Erzählung besteht überhaupt kein sachlicher Zusammenhang. Erst der Text stellt ihn her: Das Eintauchen und Wegfließen in einem unendlichen Strom war zu Beginn der Erzählung vom Helden, vom Erzähler und vom Leser zwar schon gesehen, jedoch in seiner Bedeutsamkeit noch nicht verstanden worden. Der fließende Verkehr und der Textfluss parallelisieren das Auslöschungsbedürfnis des Helden mit der Selbststilisierung des Autors, seine Erzählung sei eine Art ungesteuerten Ausflusses seines Inneren, »wie ich in einem Gewässer vorwärts kam« (T 183). Soll man in der Fließbewegung des Flusses einen Schreibstrom erkennen, in dem Kafka mit dem Eintauchen Georgs ebenfalls eintaucht? *Das Urteil* treibt ja ebenfalls sowohl im Strom des Tagebuchs, aus dessen Selbstreflexionen es hervorgegangen ist und in das es wieder taucht, als auch im Briefschreibestrom an Felice.

Die Lesbarkeit von Kafkas Welt

Kafkas *Urteil* ist interpretierbar, also nicht sinn-los. Damit hat die Erzählung ihren Sinn (und damit ihre Interpretierbarkeit) in der Darstellung einer Welt, die widersprüchlich und missverständlich sein mag. Ihre Zeichenhaftigkeit besteht jedoch zweifellos, genauso wie die »Zweifellosigkeit der Geschichte« (T 185). Dennoch lässt sie viele Fragen offen. Die Handlung ist spärlich; meist behaupten die Figuren, dass etwas geschehen sei. Nur ein kleiner Teil des Briefes an den Freund wird wörtlich zitiert (11), das meiste ist Reflexion und Zusammenfassung aus der Erinnerung Georgs. Selbst das Gespräch mit der Braut wird nachgetragen. Aus dem Text selbst ist nicht zu verifizieren, ob die vom Vater behauptete Intrige überhaupt stimmt, dass der Freund die Briefe Georgs überhaupt nicht lese, dass er schon alles wisse, dass der Vater in einem geheimen Briefwechsel mit dem Freund stehe usw. Gleiches gilt für den Tod Georgs: Nach den Vorbereitungen zum Selbstmord und dem sich Herabfallenlassen schwenkt die Perspektive auf den Verkehr über die Brücke. Das weitere Schicksal Georgs gerät dem Erzähler aus dem Blick. Über den Erfolg der Vollstreckung erfahren wir nichts. Der Leser bleibt gefangen zwischen dem stockenden Briefschreibestrom Georgs zu Beginn der Erzählung in sonntäglicher Dösigkeit und »in spielerischer Langsamkeit« mit Blick auf den Fluss aus dem Fenster (7), und dem Ende der Erzählung in heftigster Aktivität (Verben) bis hin zum emphatisch umgestellten, rhythmisch springenden Satzbau: »Aus dem Tor sprang er, über die Fahrbahn zum Wasser trieb es ihn« (19). Damit, dass er sich hinabfallen lässt – Georg springt nicht – wechselt nicht nur die Beobachterperspektive, sondern auch das Subjekt der Handlung und damit die treibende Kraft der Aussage von Georg auf den Verkehrsfluss: Einerseits wird so auf den Anfang der Erzählung zurückgebogen, andererseits der Wasserstrom gegen denjenigen des Straßenverkehrs ausgetauscht.

Die Figuren und vielleicht Kafka selbst mögen an der Sinnkonstitution ihres Lebens scheitern, der Text nicht. Der Text verleiht sich selber Sinn. Indem er behauptet, er habe keinen, provoziert er erst recht die Suche danach. So ist *Das Urteil* auch ein Urteil Kafkas über die Leistungsfähigkeit der Hermeneutik. In diesem Zweifel an der Lesbarkeit der Welt (vgl. Blumenberg, 1986) steckt nicht nur die Behauptung ihrer Unlesbarkeit, sondern auch die Frage nach den Maßstäben für richtige und falsche Lesarten, die mit jeder Interpretation auch die Machtfrage stellt: »Müssen wir tatsächlich interpretieren, um Macht über den Text zu erlangen?« (Bloom, 1997, S. 99)

Literaturhinweise

Anz, Thomas: Franz Kafka. 2., durchges. Aufl. München 1992.

Binder, Hartmut: Kafka-Kommentar zu sämtlichen Erzählungen. München 1982.

Bloom, Harold: Eine Topographie des Fehllesens. Frankfurt a. M. 1997.

Blumenberg, Hans: Die Lesbarkeit der Welt. Frankfurt a. M. 1986.

Bollnow, Otto Friedrich: Was heißt, einen Schriftsteller besser verstehen, als er sich selber verstanden hat? In: O. F. B.: Das Verstehen. Drei Aufsätze zur Theorie der Geisteswissenschaften. Mainz 1949. S. 7–33.

Bossinade, Johanna: Poststrukturalistische Literaturtheorie. Stuttgart/Weimar 2000.

Bourdieu, Pierre: Die Regeln der Kunst. Genese und Struktur des literarischen Feldes. Frankfurt a. M. 2001.

Dietz, Ludwig: Franz Kafka. Stuttgart/München ^{2}1990.

Eco, Umberto: Die Grenzen der Interpretation. München 1995.

Frank, Manfred: Das individuelle Allgemeine. Textstrukturierung und -interpretation bei Schleiermacher. Frankfurt a. M. 1977.

– Das Sagbare und das Unsagbare. Studien zur neuesten französischen Hermeneutik und Texttheorie. Frankfurt a. M. 1980.

Gadamer, Hans-Georg: Wahrheit und Methode. Grundzüge einer philosophischen Hermeneutik. Tübingen 1990. [Zuerst 1960.]

Hörisch, Jochen: Die Wut des Verstehens. Zur Kritik der Hermeneutik. Frankfurt a. M. 1988.

Japp, Uwe: Hermeneutik. Der theoretische Diskurs, die Literatur und die Konstruktion ihres Zusammenhangs in den philologischen Wissenschaften. München 1977.

Jauß, Hans Robert: Literaturgeschichte als Provokation. Frankfurt a. M. ^{3}1973.

Jauß, Hans Robert: Wege des Verstehens. München 1994
Neumann, Gerhard: Franz Kafka. *Das Urteil.* Text, Materialien, Kommentar. München/Wien 1981.
Renner, Rolf Günter / Habekost, Engelbert (Hrsg.): Lexikon literaturtheoretischer Werke. Stuttgart 1995.
Staiger, Emil: Die Kunst der Interpretation. Zürich 1955.
Szondi, Peter: Einführung in die literarische Hermeneutik. Frankfurt a. M. 1975.
Witte, Bernd: Das Gericht, das Gesetz, die Schrift. Über die Grenzen der Hermeneutik am Beispiel von Kafkas Türhüter-Legende. In: Klaus-Michael Bogdal (Hrsg): Neue Literaturtheorien in der Praxis. Textanalysen zu Kafkas *Vor dem Gesetz.* Opladen 1993. S. 94–114.

STRUKTURALISMUS

Das Urteil – Eine Erzählung ohne »geraden, zusammenhängenden, verfolgbaren Sinn«?

Von Michael Scheffel

> Wenn die Formalisten nicht da wären, um die Formen zu untersuchen, wer wollte es an ihrer Stelle tun? Es wird immer genug Psychologen geben, um zu psychologisieren, genug Ideologen, um zu ideologisieren, und genug Moralisten, um uns Moralpredigten zu halten.
>
> *Gérard Genette*

»Findest Du im *Urteil* irgendeinen Sinn, ich meine irgendeinen geraden, zusammenhängenden, verfolgbaren Sinn?« So fragt Franz Kafka seine Verlobte Felice Bauer in einem Brief vom 2. Juni 1913 und erläutert: »Ich finde ihn nicht und kann auch nichts darin erklären« (F 394). Wenige Tage später formuliert er geradezu apodiktisch: »Das *Urteil* ist nicht zu erklären.« (Vgl. den Brief an Felice Bauer vom 10. Juni 1913, F 396.) Von den Bedenken des Autors gegenüber der Erklärbarkeit des eigenen Textes hat die Forschung sich freilich nicht einschüchtern lassen. Im Gegenteil: Unterdessen liegen nahezu zweihundert Abhandlungen vor, die Kafkas Geschichte auf der Basis ganz unterschiedlicher methodologischer Prämissen deuten und ihr einen bestimmten, mehr oder minder stringent entwickelten ›Sinn‹ zu geben versuchen.

Die Reihe dieser Versuche soll hier nicht einfach verlängert werden. Keine weitere ›schlüssige‹ Deutung, sondern eine Analyse der im Text angelegten Voraussetzungen für den Versuch einer Deutung ist das primäre Ziel der folgenden Untersuchung. Mit anderen Worten: Ich nehme den oft bemerkten Widerstand ernst, den Kafkas Werke einem auf die Rekonstruktion einer Sinneinheit ausgerichteten ›Verstehen‹ entgegensetzen, und nähere mich dem *Urteil* nach dem Prinzip der phänomenologischen Beschreibung. Zu diesem Zweck vernachlässige ich bewusst sowohl den biographischen als auch den literatur-, kultur- und sozialgeschichtlichen Kontext der Erzählung und verfolge einen analytischen Ansatz, der es erlaubt, die dem *Urteil* eigene Erzählform zu rekonstruieren. In der Tradition von Formalismus und Strukturalismus interessiere ich mich also in erster Linie für den Aufbau, d.h. die Art und Weise der ›Konstruiertheit‹ des Textes. Anders als der klassische Strukturalismus setze ich allerdings nicht dogmatisch voraus, dass ein Text aus individuellen Einheiten besteht, die ihre Bedeutung *nur* kraft ihrer Relation zueinander gewinnen.[1] Tatsächlich halte ich es für unzulänglich, alle Faktoren außerhalb des zu analysierenden Textes prinzipiell auszuklammern und im Text selbst nicht mehr als eine überschaubare Zahl von Äquivalenz- und Kontrastbeziehungen zwischen seinen Einheiten zu suchen.

Methodologisch ist meine Analyse einem pragmatisch angelegten »low structuralism«[2] verpflichtet, der zugesteht, dass der Wert aller analytischen Kategorien immer nur ein operativer ist. In diesem Sinne versuche ich, ein möglichst breites Spektrum des begrifflichen Instrumentariums zu nutzen, das die neuere, längst jenseits der reinen Lehre des Strukturalismus operierende narratologische Forschung entwickelt hat. Im Wesentlichen folge ich dazu einem Beschreibungsmodell, das nicht eine beschränkte Zahl von

1 Zur Methode des klassischen Strukturalismus und ihren historischen Voraussetzungen vgl. die anschauliche Darstellung in: Eagleton (1994), S. 59–109.

2 Zur Unterscheidung zwischen »high structuralism« und »low structuralism« vgl. Scholes (1974), S. 157f.

Erzählformen, sondern einen grundsätzlich erweiterbaren Katalog von frei miteinander kombinierbaren Merkmalen vorsieht. Im Anschluss an dieses offene Modell (vgl. Martinez/Scheffel, 2002) gliedere ich meine Untersuchung in zwei Teile. Sie entsprechen dem fundamentalen Gegensatz zwischen dem ›Wie‹ und dem ›Was‹ eines narrativen Textes, d. h. zwischen dem erzählerischen Medium mitsamt den jeweils verwendeten Verfahren der Präsentation einerseits und dem Erzählten (der Handlung, der erzählten Welt) andererseits.[3]

Das ›Wie‹: Darstellung

Betrachtet man die Art und Weise der Darstellung des Geschehens, so scheint Kafkas Erzählung einer Form zu entsprechen, die Dietrich Weber als den »Standardtyp der Erzählliteratur« bezeichnet, nämlich die »fiktionale, illusionistische, autor- und erzählerverleugnende, aliozentrische Autorerzählung in dritter Person« (vgl. Weber, 1998, S. 95).

Tatsächlich beginnt Kafkas Erzählung auf den ersten Blick durchaus konventionell:

> Es war an einem Sonntagvormittag im schönsten Frühjahr. Georg Bendemann, ein junger Kaufmann, saß in seinem Privatzimmer im ersten Stock eines der niedrigen, leichtgebauten Häuser, die entlang des Flusses in einer langen Reihe, fast nur in der Höhe und Färbung unterschieden, sich hinzogen. Er hatte gerade […]. (7)

Im Stil einer realistischen Erzählung des 19. Jahrhunderts führt ein Erzähler in eine Szene ein, die den Protagonisten

3 Zur theoretischen Begründung dieser Unterscheidung vgl. Martinez/Scheffel (2002), S. 20–25.

der Erzählung im Rahmen eines bestimmten, in diesem Fall mit nur wenigen Angaben skizzierten räumlichen Milieus zeigt. Dabei zitieren die ersten Worte des Textes (»Es war«) eine klassische Eingangsformel in der Tradition des mündlichen Erzählens, die das Erzählte in die Vergangenheit datiert und die etwa in der biblischen Erzählung[4] oder auch im Märchen[5] vielfache Verwendung findet. Zusammen mit dem Untertitel (»Eine Geschichte«), d.h. einem Teil des »Paratextes«,[6] der nicht zum eigentlichen Text gehört, stellt diese Formel im Fall von Kafkas Erzählung ein Indiz dafür dar, dass das erzählte Geschehen als eine Erfindung des Autors und der folgende Text als fiktional zu lesen ist. Implizit werden also gleich zu Beginn des Textes zwei Aufforderungen an den Leser gerichtet: 1. ›Halten Sie nicht für wahr, was Sie im Folgenden lesen‹; 2. ›Stellen Sie sich bitte vor, dass einmal an einem Sonntagvormittag im schönsten Frühjahr ein junger Kaufmann namens Georg Bendemann etc.‹ Anders als in nichtillusionistischen Erzählungen z.B. der Romantik oder auch der so genannten Postmoderne bleiben die Hinweise auf die Fiktionalität des Textes allerdings auf solche ›diskreten‹ Fiktionssignale beschränkt. Zur besonderen Form der ›Vertextung‹ von Kafkas erfundenem Geschehen gehört, dass die Erzählung frei von jeder Form von Fiktionsironie ist und dass beim Erzählen durchgängig der Schein erweckt wird, als ob das Geschehen nicht erfunden wäre.

4 Vgl. z.B. den Beginn der Erzählung von der Erschaffung des Paradieses, 1. Mose 2,4: »Es war zu der Zeit, da Gott der HERR Erde und Himmel machte.«

5 Im Märchen wird die Formel in der Regel ähnlich wie die Formel »Es war einmal« eingesetzt, d.h., ihr folgt nicht eine Datierung des Erzählten, sondern die umstandslose Einführung einer Figur nach dem Modell »Es war ein armer Bauersmann, der saß [...]« (so z.B. der Anfang von Daumesdick in: Brüder Grimm, *Kinder- und Hausmärchen*, Ausgabe letzter Hand mit den Originalanmerkungen der Brüder Grimm, mit einem Anhang [...] hrsg. von Heinz Rölleke, Bd. 1, Stuttgart 1980 [u. ö.], S. 206).

6 Zu Terminologie und Phänomen grundsätzlich Genette (1989).

Kafkas Text begnügt sich freilich nicht mit einem »Illusionismus ersten Grades« (vgl. Weber, 1998, S. 95), in dessen Rahmen so getan wird, als ob es sich bei dem Erzählten um Wirkliches handele. Neben direkten Hinweisen auf den Autor als Erfinder der erzählten Geschichte fehlt in *Das Urteil* jeder explizite Hinweis auf das, was neben einer Geschichte zum pragmatischen Akt des Erzählens gehört: ein Erzähler und ein Adressat sowie der Vorgang des Erzählens und sein Medium. Wie in zahlreichen Texten des 19. Jahrhunderts erzählt auch in Kafkas *Urteil* jemand in der dritten Person nicht von sich, sondern von anderen, wobei er selbst nicht Teil des erzählten Geschehens ist (also auch nicht als heimlicher Beobachter oder Nebenfigur auftritt). Wer aber ist dieser aliozentrische und heterodiegetische Erzähler, und wann und wo wird hier wem erzählt? *In concreto* bleiben Subjekt, Zeit, Ort und Adressat des Erzählens unbestimmt, und der Erzähl-, Schreib- oder Leseprozess wird im Rahmen der Erzählrede ebenso wenig angesprochen wie die Kluft zwischen der Zeit des Erzählten und der des Erzählens. Kommentarlos wird ein vergangenes Geschehen in seinem zeitlichen und pragmatischen Zusammenhang im Wesentlichen szenisch vergegenwärtigt,[7] so dass hier geradezu idealtypisch ein »Illusionismus zweiten Grades« (vgl. Weber, 1998, S. 95) verwirklicht scheint, der den Eindruck entstehen lässt, »als mache sich die Fabel von selbst« (vgl. Vischer, 1923, S. 179).

Für sich genommen ist eine so konsequente Reduktion der Präsenz einer narrativen Instanz nicht ungewöhnlich. Man findet sie in alten, in der Tradition mündlichen Erzählens stehenden Erzählformen wie der Parabel und dem Märchen. Abgesehen davon entspricht diese Reduktion einem poetologischen Prinzip, das gegen Mitte des 19. Jahrhunderts – mit jeweils unterschiedlichen Akzentuierungen

7 Im Rahmen der Erzählrede enthält die Erzählung dementsprechend nur mimetische und keine theoretischen Sätze (grundsätzlich dazu Martinez/Scheffel, 2002, S. 99f.).

– u. a. Gustave Flaubert in Frankreich und die Autoren des programmatischen Realismus in Deutschland auch für den komplexeren Fall des Erzählens in einem Roman zu verwirklichen versuchten und das Friedrich Spielhagen (1883, z. B. S. 134) im Sinne einer »objektiven Darstellungsweise« charakterisierte.

Aber lässt sich die Form der Präsentation des Erzählten in *Das Urteil* wirklich befriedigend als »objektiv« erklären? Um das Besondere der von Kafka verwirklichten Erzählform zu veranschaulichen, greife ich eine wichtige Differenzierung auf, die erstmals Gérard Genette in systematischer Form ausgearbeitet hat. In seinem Sinne hat man bei der Analyse eines narrativen Textes grundsätzlich zwischen zwei Standpunkten zu unterscheiden, die im Fall der fiktionalen Erzählung durchaus nicht identisch sein müssen, nämlich dem Standpunkt des Wahrnehmenden des Erzählten und dem des Aussagesubjekts der Erzählung (auf der einen Seite also – so die prägnante Formulierung Genettes – die Frage ›Wer sieht?‹, auf der anderen die Frage ›Wer spricht?‹).[8]

Vor diesem Hintergrund sei die Fortsetzung des Anfangs der Erzählung genauer betrachtet. Nachdem im Anschluss an die bereits zitierten Sätze mitgeteilt worden ist, dass Georg einen soeben beendeten Brief an einen Jugendfreund »in spielerischer Langsamkeit« verschlossen hat und nunmehr aus dem Fenster schaut, heißt es im nächsten Absatz:

> Er dachte darüber nach, wie dieser Freund, mit seinem Fortkommen zu Hause unzufrieden, vor Jahren schon nach Rußland sich förmlich geflüchtet hatte. Nun betrieb er ein Geschäft in Petersburg, das anfangs sich sehr gut angelassen hatte, seit langem aber schon zu stocken schien, wie der Freund bei seinen immer selte-

8 Vgl. dazu im einzelnen Genette (1994), S. 132–134, und Martinez/Scheffel (2002), S. 63 f.

> ner werdenden Besuchen klagte. So arbeitete er sich in der Fremde nutzlos ab, der fremdartige Vollbart verdeckte nur schlecht das seit den Kinderjahren wohlbekannte Gesicht, dessen gelbe Hautfarbe auf eine sich entwickelnde Krankheit hinzudeuten schien. (7)

Betrachtet man die zitierte Passage unter dem Gesichtspunkt der Frage ›Wer sieht?‹, so ist im Vergleich zum Anfang der Erzählung ein entscheidender Wechsel festzustellen: Während der erste Absatz den Protagonisten aus der Übersicht eines am Geschehen unbeteiligten Erzählers zeigt,[9] ist die Darstellung im Folgenden – trotz der Verwendung der dritten Person und des epischen Präteritums – an die Wahrnehmung Georg Bendemanns gebunden. Der Satz »Er dachte darüber nach, wie« leitet einen weit über die Grenze dieses Satzes hinausreichenden Bewusstseinsbericht ein, der das Erzählte in einem persönlich gefärbten Licht präsentiert. Nur aus Georgs Sicht auf den Freund kann z.B. von einem »seit den Kinderjahren wohlbekannte[n] Gesicht« die Rede sein, das ein »fremdartige[r]« Vollbart »nur schlecht« verdeckt. Und wie nicht zuletzt das zweimal gebrauchte Verb ›scheinen‹ signalisiert, entspricht es der notwendig befangenen und teilweise auf bloße Vermutungen angewiesenen Sichtweise Georgs, wenn davon erzählt wird, dass sich der Freund »in der Fremde nutzlos« abarbeitet und offenbar zunehmend einer Krankheit verfällt.

Ähnlich wie in der zitierten Passage wird das Erzählte in großen Teilen der Erzählung nicht aus der Sicht eines das

9 Eingeleitet wird der Wechsel von der ›Übersicht‹ zur ›Mitsicht‹ im letzten Satz des ersten Absatzes: »[...] und sah dann, [...] aus dem Fenster auf den Fluß, die Brücke und die Anhöhen am anderen Ufer mit ihrem schwachen Grün.« Ähnlich wie in einem Film ließe sich in diesem Fall auch von einem Wechsel von ›Schuss‹ (der Blick von Außen auf die Häuserfront und in das Zimmer) und ›Gegenschuss‹ (der Blick von Innen nach Außen bis zum gegenüberliegenden Ufer) sprechen.

Geschehen überblickenden Erzählers, sondern aus der subjektiven Perspektive des Protagonisten präsentiert.[10] Diese konsequente Fokalisierung auf die Wahrnehmung Georgs geht zu Lasten der logisch privilegierten Position des Erzählers, der im besonderen Fall einer fiktionalen Erzählung mit der »Stimme der absoluten Wahrheit« spricht.[11] Für das Verständnis der erzählten Geschichte hat diese Form der Präsentation Konsequenzen, deren Bedeutung später noch erläutert wird. Hier sei zunächst nur festgehalten, dass die Form der Präsentation des Erzählten das Prinzip einer »objektiven Darstellungsweise« nur vordergründig erfüllt. Lässt sich Kafkas Erzählform demnach besser als die – jedenfalls dem Ansatz nach – ›objektive‹ Darstellung eines subjektiven Erlebens verstehen? Mir scheint, dass auch diese Charakteristik Kafkas paradoxe und hochartifizielle Erzählkonstruktion nicht zureichend erfasst. Berücksichtigt man die Unterscheidung zwischen der Frage ›Wer sieht?‹ und ›Wer spricht?‹, ist Friedrich Beißners immer noch gern zitierte Formel von der »Einsinnigkeit der Darstellung«[12] zu differenzieren. Im erzähllogischen Sinne »einsinnig« dargestellt sind in *Das Urteil* nur die wenigen Passagen, die nahezu ohne Distanz zum Erzählten scheinbar unmittelbar die Sicht der handelnden Figur präsentieren (also etwa die Gedankenzitate, die Georgs Blick auf den Vater zeigen: »›mein Vater ist noch immer ein Riese‹, sagte sich Georg«; »›Im Geschäft ist er doch ganz anders‹, dachte er, ›wie er hier breit sitzt und die Arme über der Brust kreuzt‹«, 12).[13] Wesentlich für die Darstellung in der Form des Bewusst-

10 Detailliert dazu z. B. Pascal (1982), S. 21–32.

11 Zur theoretischen Begründung vgl. Martinez/Scheffel (2002), bes. S. 96 f.

12 Vgl. Beißner (1983), S. 55–84, hier: S. 62. Zur Auseinandersetzung mit Beißners Begriff vgl. auch Scheffel (1999).

13 Die Extremform der »einsinnigen« Darstellung findet sich dementsprechend in Texten, die ausnahmslos und ohne narrative Distanz das Bewußtsein einer Figur präsentieren (so z. B. Arthur Schnitzlers ›Monolognovelle‹ *Leutnant Gustl*).

seinsberichts und der erlebten Rede,[14] die in *Das Urteil* (wie auch in anderen Erzähltexten Kafkas) großen Raum einnimmt, ist dagegen gerade nicht »Einsinnigkeit«, sondern eine Art ›Doppelsinnigkeit‹, d.h. die *Verschränkung* der Standorte von erlebender Figur und Erzähler. Der Blick auf das Erzählte ist hier einerseits eng an die persönliche Sicht der erlebenden Figur gebunden, andererseits wird das Erzählte aus der Distanz einer durch die Verwendung der dritten Person und des epischen Präteritums markierten narrativen Instanz präsentiert. Erst das bewegliche Zusammenspiel einer neutralen, gleichsam körperlosen Stimme (für sich genommen die Voraussetzung einer ›objektiven Darstellungsweise‹) und einer fixierten internen Fokalisierung (es dominiert das Prinzip der an eine einzige Figur gekoppelten ›Mitsicht‹ und nicht das der ›Übersicht‹ oder das der ›Außensicht‹ wie in den Erzählungen des Realismus eines Balzac oder Fontane)[15] schafft eine spezifische Erzählform, die mit dem unterschiedlichen Standort von Figur und Erzähler zwei kategorial verschiedene Perspektiven vermischt: die lebensweltlich-praktische Perspektive des in das Geschehen verstrickten Protagonisten und die analytisch-retrospektive Sicht des das Geschehen überblickenden Erzählers.[16] Auf diese Weise entsteht der Eindruck

14 Vgl. z.B. den dritten Absatz der Erzählung, wo sich durchweg die erlebte Rede findet, die per definitionem die unterschiedlichen Wahrnehmungs- und Sprechorte von erzählendem Subjekt und erlebender Figur vermischt: »Was sollte man einem solchen Manne schreiben, der sich offenbar verrannt hatte, den man bedauern, dem man aber nicht helfen konnte. Sollte man ihm vielleicht raten […]« (7f.).

15 Zur Begrifflichkeit vgl. Martinez/Scheffel (2002), S. 63-67.

16 So läßt sich z.B. der in der direkten Figurenrede dargestellte Dialog zwischen Georg und seiner Braut wahlweise als eine vom Erzähler zur Veranschaulichung präsentierte einmalige Szene aus der Vergangenheit lesen oder aber als eine aktuelle Erinnerung Georgs verstehen, in der sich jetzt – wie die einleitenden Worte signalisieren (»oft [Hervorhebung M. S.] sprach er mit seiner Braut über diesen Freund«, 10) – die Äußerungen aus verschiedenen vergangenen Gesprächen vermischen. Vgl. dazu auch Pascal (1982), S. 25f.

einer durchgängigen, im Einzelfall unauflösbaren Verbindung dessen, was eigentlich unvereinbar ist: die Unmittelbarkeit einer subjektiven Erfahrung im Hier und Jetzt des Geschehens und die Mittelbarkeit eines Berichts aus epischer Distanz, der das Geschehen im Sinne einer Geschichte ordnet und objektiviert.

Bevor ich mich nun der Frage zuwende, welche Art von ›Geschichte‹ Kafkas *Das Urteil* erzählt, sei noch kurz auf die Form verwiesen, in der die Art der Präsentation des Erzählten die Erzählung strukturiert. Die wenigen aus der ›Übersicht‹ erzählten Passagen geben der Erzählung einen Rahmen (sowohl der zitierte Anfang als auch der Schluss des Textes sind aus der Übersicht erzählt[17]) und gliedern sie in zwei Teile. Ein erster Teil präsentiert die Überlegungen, die sich mit Georgs Entscheidung verbinden, dem Freund seine Verlobung anzuzeigen. Hier überwiegen zunächst Gedankenbericht und erlebte Rede, gegen Ende finden sich längere Abschnitte von direkter Figurenrede (der Dialog zwischen Georg und seiner Braut sowie das Zitat der entscheidenden Briefpassage). Dieser den Grad an Mittelbarkeit kontinuierlich verringernde, im wörtlichen Zitat von Georgs Mitteilung kulminierende Teil wird durch eine summarische Erzählung aus der Sicht des Erzählers abgeschlossen, die unmittelbar an den Beginn der Erzählung anknüpft und insofern eine Art Klammer schafft: »Mit diesem Brief in der Hand war Georg lange, das Gesicht dem Fenster zugekehrt, an seinem Schreibtisch gesessen« (11). Den zweiten Teil leitet wiederum ein Erzählerbericht ein, der Georgs unvermittelten Aufbruch zu seinem Vater schil-

17 Vgl. den berühmten Schlußsatz: »In diesem Augenblick ging über die Brükke ein geradezu unendlicher Verkehr« (20). Schon vorher allerdings wird das Prinzip der konsequenten Mitsicht mehrfach durchbrochen. So ist etwa wiederholt davon die Rede, dass Georg soeben etwas vergessen hat (17f.), und als Georg aus der Wohnung stürzt, heißt es im Blick auf die Bedienerin: »›Jesus!‹ rief sie und verdeckte mit der Schürze das Gesicht, aber er war schon davon« (19; Hervorhebung M. S.).

dert und das mehrmonatige Nichtbetreten von dessen Zimmer erläutert, indem er knapp die Form des alltäglichen Zusammenlebens von Vater und Sohn skizziert (vgl. 11f.). Die Distanz zum Erzählten ist anschließend schnell reduziert, und es dominiert zunächst durchgängig die direkte Rede der Figuren. Im Rahmen der szenischen Erzählung nimmt dann zum Ende hin in einer im Vergleich zum ersten Teil gegenläufigen Bewegung die Mittelbarkeit zu. Sieht man von Georgs letzten, in direkter Rede zitierten Worten ab (»Liebe Eltern, ich habe euch doch immer geliebt«), so werden Annahme und Vollzug des väterlichen Urteils schließlich wieder aus einer gewissen Distanz, d.h. ohne unmittelbare Darstellung von Gedanken des Protagonisten präsentiert.

Das ›Was‹: Handlung und erzählte Welt

Der Untertitel von Kafkas Erzählung bestimmt das Erzählte in einem denkbar offenen und elementaren Sinn als »eine Geschichte«. Anders als im Fall von narrativen Gattungsnamen wie z.B. ›Parabel‹, ›Märchen‹ oder ›Novelle‹ wird das Geschehen hier also nicht von vornherein unter ein bestimmtes Erzähl- oder Handlungsschema[18] gestellt. Gleichwohl sind auch mit dieser Etikettierung des Erzählten gewisse Merkmale verbunden. Um sie erfassen und für die Analyse der besonderen Struktur des Erzählten als heuristisches Hilfsmittel nutzen zu können, sei die oben bereits eingeführte Unterscheidung zwischen einem an die Unmittelbarkeit des Erlebens geknüpften ›Geschehen‹ und einer an die Mittelbarkeit des Erzählens gebundenen ›Geschichte‹ nunmehr begrifflich präzisiert.[19] ›Geschehen‹ sei in diesem Sinne mit der neueren Erzählforschung als eine Reihe

18 Zur Begrifflichkeit vgl. Martinez/Scheffel (2002), bes. S. 135.
19 Vgl. zum Folgenden vgl. auch Martinez (1996), bes. S. 22.

von chronologisch aufeinander folgenden Ereignissen mit konstantem Subjekt verstanden. Formalistisch formuliert liegt einem Geschehen eine zeitliche Folge von Zuständen zugrunde, deren Minimalstruktur darin besteht, dass einem Gegenstand zu einem Zeitpunkt t-1 ein Prädikat A zukommt und zu einem Zeitpunkt t-2 ein zu A konträres Prädikat B.[20] Zur ›Geschichte‹ wird eine solche Folge, wenn eine erklärende Verbindung sie in der Form ergänzt, dass die Zustände nicht nur aufeinander, sondern auch auseinander folgen. Die Herstellung eines Verursachungs-, d.h. Kausalzusammenhangs zwischen Anfangs- und Endzustand ist also die Voraussetzung dafür, dass eine Zustandsfolge zu einem narrativen Ganzen mit Anfang, Mitte und Ende im Sinne einer ›Geschichte‹ verknüpft werden kann. Mit anderen Worten: Zu einer Geschichte gehört neben der bloßen »Darstellung von ›Situationsveränderung‹« (vgl. Weber, 1998, S. 17) immer auch ein Erklärungszusammenhang im Sinne einer motivationalen Verkettung der dargestellten Veränderungen. Vor dem Hintergrund dieser begrifflichen Differenzierung sei hier versuchsweise zunächst nur die chronologische Abfolge der Ereignisse in *Das Urteil* skizziert.

Im Einzelnen lässt sich das dargestellte Geschehen in eine Reihe von größeren thematischen Einheiten untergliedern und in groben Zügen wie folgt rekonstruieren:

20 Vgl. dazu Danto (1985), S. 236. Grundsätzlich zur Unterscheidung zwischen ›Geschehen‹ und ›Geschichte‹ Martinez/Scheffel (2002), bes. S. 108–111. Die hier entwickelte Differenzierung entspricht im Wesentlichen dem, was E. M. Forster an dem folgenden berühmten Beispiel illustriert: »Der König starb, und dann starb die Königin« – das ist eine zeitliche Folge von Zuständen im Sinne eines Geschehens; »Der König starb, und dann starb die Königin vor Kummer« – das ist die Minimalform einer Geschichte, in deren Rahmen eine Ereignisfolge dank des erläuternden, eine Kausalität herstellenden »vor Kummer« in einem Erklärungszusammenhang erscheint. Vgl. ebd., S. 110, und Forster (1974), S. 93f.

1. Der an einem Sonntagvormittag im »schönsten Frühjahr« in seinem »Privatzimmer« (7) sitzende Georg Bendemann hat soeben einen Brief an einen im fernen Russland lebenden Jugendfreund beendet, in dem er diesem nach langem Zögern seine schon einen Monat zurückliegende Verlobung mit einem Mädchen aus wohlhabender Familie anzeigt.
2. Georg rekapituliert die Voraussetzungen seines Entschlusses, seine Verlobung nach Petersburg anzuzeigen und sich erstmals gegenüber dem offenbar von geschäftlichem Misserfolg und Einsamkeit gezeichneten Freund zu seinem Lebensglück und seiner Identität als erfolgreicher Kaufmann und zukünftiger Ehemann zu bekennen (»So bin ich und so hat er mich hinzunehmen, [...] ich kann nicht aus mir einen Menschen herausschneiden, der vielleicht für die Freundschaft mit ihm geeigneter wäre, als ich es bin«, 10).
3. Georg verlässt sein Zimmer und geht in das schon seit Monaten nicht mehr betretene Zimmer seines verwitweten Vaters, um diesem von dem Brief an den Freund zu berichten.
4. Georg nimmt den Vater in der ungewohnten Umgebung des dunklen Hinterzimmers zunächst als »Riesen« (12) wahr. Im Verlauf des folgenden Gesprächs ändert sich dieser Eindruck. Der Vater erscheint ihm »nun doch recht schwach« (14); Georg entkleidet seinen Vater und trägt ihn ins Bett. Währenddessen macht er sich Vorwürfe, den Vater vernachlässigt zu haben, schlägt ihm einen sofortigen Zimmertausch vor (14) und entschließt sich, den offenbar pflegebedürftigen alten Mann in seinen künftigen Haushalt mitzunehmen (15). Der vom Vater zu Anfang des Gesprächs geäußerte Zweifel an der Existenz des Freundes in Petersburg (13) wird von Georg mit dem Hinweis auf seine Sorge um die Gesundheit des Vaters zunächst übergangen; dann versucht er, mit der Erzählung vom letzten Besuch des Freundes die Er-

innerung des alten Mannes an eine von diesem offenbar wenig geschätzte Person zu aktivieren (14f.).

5. In dem Augenblick, da Georg dem Vater versichert, ihn gut zugedeckt zu haben, kehrt sich die ungleiche Beziehung zwischen den Gesprächspartnern schlagartig um. Der bis dahin scheinbar unterlegene Vater springt auf und beschuldigt Georg schwer. Verblendet von sexueller Gier nach seiner jungen Verlobten soll er der »Mutter Andenken geschändet«, den Freund verraten und den Vater in die Unmündigkeit getrieben haben (17). Außerdem soll er so lange gezögert haben, reif zu werden, dass die Mutter darüber gestorben, der auf den »Freudentag« wartende Vater gebrechlich und der Freund in der Fremde vor Krankheit gelb geworden sei (19). Zugleich eröffnet ihm der Vater, dass er schon seit Jahren in engem Briefkontakt zu Georgs Freund stehe, der ein Sohn nach seinem Herzen (16) sei und der in ihm einen »Vertreter hier am Ort« (17) gehabt habe.
6. Der Sohn wird vom Vater als »eigentlich« ein »unschuldiges Kind«, aber »noch eigentlicher« ein »teuflischer Mensch« bezeichnet und zum »Tode des Ertrinkens« verurteilt. (19)
7. Georg läuft aus dem Haus und vollstreckt selbst das Todesurteil des offenbar mit einem »Schlag« wieder in sein Bett zurückgefallenen Vaters (19), indem er sich von der unmittelbar vor dem Haus liegenden Brücke stürzt.

Zwischen Anfang und Ende des skizzierten Geschehens liegt ein radikaler Wandel in der Situation Georgs, der sich als ein Wechsel von der Selbstfindung zum totalen Selbstverlust charakterisieren lässt. Was aber verursacht diesen – abstrakt gesprochen – Prädikatenwechsel im Zustand des Protagonisten, oder anders gefragt, was ist der Grund dafür, dass der sich gegenüber seinem Jugendfreund offenbar erstmals zu einer glücklichen bürgerlichen Existenz bekennende, zuversichtlich in die Zukunft blickende Georg kurz nach der Niederschrift seines Briefes aus dem Haus läuft und sich das Leben nimmt? Zu den Konsequenzen der weiter oben skizzierten Fokalisierung auf den Protagonisten gehört, dass sich im Rahmen der Erzählrede auf die Frage nach der Motivierung des erzählten Geschehens keine Antwort findet, weil aus der Übersicht des Erzählers keinerlei explizite Begründung oder Erklärung erfolgt. Wie also lässt sich das erzählte Geschehen über das Prinzip der bloßen zeitlichen Abfolge hinaus in einen Kausalzusammenhang bringen? Um dieser Frage nachzugehen, greife ich die bereits eingeführte Unterscheidung zwischen den epistemischen Perspektiven von Erzähler und handelnder Figur noch einmal auf.

Blickt man aus einer analytisch-retrospektiven Sicht auf die rekonstruierte Ereignisfolge, gibt es für Georgs Ende jedenfalls eine Reihe von notwendigen Bedingungen. Im Nachhinein betrachtet führt Georgs Weg in den Fluss nicht nur faktisch, sondern auch notwendig über das Zimmer des Vaters. Anders gesagt: Weil Georg seinen Brief nicht einfach abschickt, sondern vor dem Gang zum Briefkasten seinen Vater aufsucht, um ihm von seiner Mitteilung an den Freund zu erzählen, bekommt der Vater die Gelegenheit, seinen Sohn zu beschuldigen und zu verurteilen, was wiederum eine Ursache dafür ist, dass Georg nicht zum Briefkasten geht, sondern sich von einer Brücke stürzt. Löst man sich von dieser retrospektiven Sicht und wendet sich der Perspektive der beiden in das Geschehen verstrickten Figuren zu, so stellen sich im Blick auf die Wendepunkte der Handlung allerdings entscheidende Fragen: Wieso geht Georg überhaupt zu seinem Vater? Warum verurteilt der Vater seinen Sohn zum Tode? Weshalb nimmt Georg sein Todesurteil ohne Widerspruch an?

Auf der Basis der vom Text angebotenen Informationen lassen sich diese Fragen nach den Intentionen der zwei interagierenden Figuren nur mit Einschränkungen und mit einem signifikant verschiedenen Grad an Zuverlässigkeit beantworten. Konzentriert man sich zunächst auf Georg, ist immerhin der Versuch einer Antwort möglich: Im Rahmen der erzählten Welt (verstanden als »das raumzeitliche Universum der Erzählung«[21]) muss Georgs Weg zum Vater zunächst als ein bloßes Faktum hingenommen werden (während seine Entscheidung, dem Freund die Verlobung anzuzeigen, aus der Innensicht ausführlich motiviert ist, wird in diesem Fall ohne Blick in das Denken der Figur der Vollzug seiner Handlung in einem einfachen Aussagesatz mitgeteilt: »Endlich steckte er den Brief in die Tasche und ging aus seinem Zimmer quer durch einen kleinen Gang in das Zimmer seines Vaters, in dem er schon seit Monaten nicht gewesen war«, 11). Im Gespräch mit dem Vater erklärt Georg selbst seinen Besuch dann damit, dass er ihn von einer vollzogenen Handlung habe in Kenntnis setzen wollen (»Ich wollte dir eigentlich nur sagen, [...] daß ich nun doch nach Petersburg meine Verlobung angezeigt habe«, 12).

Aber darf man wirklich wörtlich nehmen, was Georg hier sagt? Der Umstand, dass er den Vater aufsucht, bevor er seine Handlung mit dem Abschicken des Briefes tatsächlich vollendet hat, lässt zumindest noch ein anderes, unausgesprochenes Motiv seines – wie in der Erzählerrede vermerkt wird – ungewöhnlichen Besuches vermuten: Georg erhofft sich von seinem Vater eine Zustimmung zu seiner Handlung *in actu*, d.h. gewissermaßen den väterlichen Segen für seinen Brief. Für Georg – so lässt sich der umfangreichen Darstellung seines Denkens im ersten Teil der Erzählung entnehmen – hat dieser Brief eine besondere Bedeutung, weil er sich hier ausdrücklich zu einem erfolgreichen bürgerlichen Leben in der Nachfolge seines Vaters be-

21 Vgl. Genette (1994), S. 313. Zum Begriff der erzählten Welt als »Inbegriff der Sachverhalte, die von einem narrativen Text als existent behauptet oder impliziert werden«, auch Martinez/Scheffel (2002), bes. S. 123–134.

kennt und erstmals eine innere Distanz zum Lebensweg seines Jugendfreundes formuliert. Vor diesem Hintergrund betrachtet, spricht Georgs Weg zum Vater für eine starke innere Abhängigkeit von der väterlichen Autorität. In diesem Sinne lässt sich dann auch sein Sprung von der Brücke weniger als ein Akt blinden Gehorsams verstehen, sondern vielmehr als ein Selbstmord aus Verzweiflung über die radikale Ablehnung durch den Mann, der den Akt seiner Selbstwerdung hatte würdigen sollen.

Wie aber ist demgegenüber das Verhalten des Vaters zu erklären? Folgt man dem Gespräch der beiden Figuren, so fällt auf, dass der Vater Georgs Anliegen in einem Sinne deutet, der sowohl von dem abweicht, was Georg sagt, als auch von dem, was er von seinem Vater zu erwarten scheint. So spricht der Vater zunächst davon, dass Georg sich habe mit ihm beraten wollen (»Du bist wegen dieser Sache zu mir gekommen, um dich mit mir zu beraten«, 13), später unterstellt er ihm, eine »Frage« gestellt zu haben (»Wie hast du mich doch heute unterhalten, als du kamst und fragtest, ob du deinem Freund von der Verlobung schreiben sollst«, 18; »Seit Jahren passe ich schon auf, daß du mit dieser Frage kämest!«, 19). Wieso aber interpretiert der Vater Georgs Verhalten in einem deutlichen Widerspruch zum tatsächlichen Verlauf des in direkter Rede dargestellten Gesprächs (Georg hat dem Vater keine Frage gestellt und ihm sogar kurz seinen schon fertigen Brief gezeigt, 12)? Was veranlasst den Vater, einerseits den Versuch der Selbstwerdung seines Sohnes als schweren Verrat an seiner Familie und dem Freund zu bewerten und ihm andererseits vorzuwerfen, dass Familie und Freund über dem Warten auf seine »Reife« zugrunde gegangen seien? Wie kann der Vater auf der Basis solcher Anschuldigungen ein Todesurteil fällen? Auf diese Fragen gibt es nicht nur deshalb keine zuverlässige Antwort, weil die widersprüchlichen Reden und das merkwürdige Verhalten des Vaters unkommentiert bleiben und der Rede des Erzählers auch sonst keinerlei Norm zu entnehmen ist, mit deren Hilfe sich sowohl der Wahrheitswert der Aussagen als auch das Verhalten der Figuren beurteilen ließe. Ein weiterer wichtiger Grund für die vergebliche Suche nach einer Antwort ist, dass die Erzählung den Vater im Gegensatz zu seinem Sohn konsequent aus der jeden Einblick in sein Denken und Fühlen ausschließenden Außensicht zeigt.

Zu den vielfach übersehenen Folgen der so oft bemerkten Konzentration auf die Wahrnehmungsperspektive Georgs gehört, dass mit dieser fest fixierten internen Fokalisierung auch jede Grundlage dafür fehlt, das Handeln des Vaters nachzuvollziehen. So gesehen, gehen all die Interpretationen von einer falschen Prämisse aus, die dem Urteil des Vaters eine Berechtigung unterstellen, indem sie nach einer ›Schuld‹ Georgs suchen. Im Rahmen der erzählten Welt gibt es keine konsistente Begründung für das Urteil des Vaters, aus der sich eine Schuld des Sohnes ableiten ließe. Die Verurteilung des Sohnes stellt sich hier vielmehr als ein Akt der Willkür dar, der sich naturgemäß jedem Verständnis verschließt. Was sich mit dem Handeln des Vaters verbindet, nämlich die Erfahrung des Nichtverstandenwerdens eines vergeblich um Begreifen bemühten Sohnes (»Georg lief, fast zerstreut, zum Bett, um alles zu fassen«; »Vor einer langen Weile hatte er sich fest entschlossen, alles vollkommen genau zu beobachten …«, 17), kann dagegen durchaus nachvollzogen und dank der besonderen, die Standorte von Protagonist und Erzähler vermischenden Erzählform gleichsam miterlebt werden. Beachtet man diese Form, lässt sich also nicht das Urteil erklären, wohl aber seine Bedeutung als Voraussetzung einer Geschichte des vollkommenen Scheiterns.

Literaturhinweise

Beißner, Friedrich: Kafka der Dichter. In: F. B.: Der Erzähler Franz Kafka. Frankfurt a. M. 1983. S. 55–84.

Danto, Arthur C.: Narration and Knowledge. New York 1985.

Eagleton, Terry: Einführung in die Literaturtheorie. Übers. von Elfi Bettinger und Elke Hentschel. 4., erw. und aktual. Aufl. Stuttgart 1994.

Forster, Edward Morgan: Aspects of the Novel. London 1974.

Genette, Gérard: Die Erzählung. Übers. von Andreas Knop. München 1994.

– Paratexte. Mit einem Vorw. von Harald Weinrich. Übers. von Dieter Hornig. Frankfurt a. M. 1989.

Martinez, Matias: Doppelte Welten. Struktur und Sinn zweideutigen Erzählens. Göttingen 1996.

– / Michael Scheffel: Einführung in die Erzähltheorie. 3. Aufl. München 2002.

Pascal, Roy: Kafka's Narrators. Cambridge 1982.

Scheffel, Michael: Paradoxa und kein Ende – Franz Kafkas Romanprojekt ›Der Verschollene‹ aus narratologischer Sicht. In: Das Paradoxe. Literatur zwischen Logik und Rhetorik. Festschrift für Ralph-Rainer Wuthenow zum 70. Geburtstag. Hrsg. von Carolina Romahn und Gerold Schipper-Hönicke. Würzburg 1999. S. 251–263.

Scholes, Robert: Structuralism in Literature. An Introduction. New Haven / London 1974.

Spielhagen, Friedrich: Beiträge zur Theorie und Technik des Romans. Leipzig 1883.

Vischer, Friedrich Theodor: Aesthetik oder Wissenschaft des Schönen. Bd. 6. 2. Aufl. München 1923.

Weber, Dietrich: Erzählliteratur. Schriftwerk, Kunstwerk, Erzählwerk. Göttingen 1998.

Im Namen des Lesers. Kafkas *Das Urteil* aus rezeptionsästhetischer Sicht

Von Stefan Neuhaus

> ... der Mensch, so steht zu vermuten, ist ein fiktionsbedürftiges Wesen.
>
> *Wolfgang Iser*[1]

Konjunktur des Lesers

»Gerade die Wirkung [eines Textes] bietet dem heutigen Leser den verläßlichsten und aufschlußreichsten Indikator jenes stets neu zu messenden Kräftespiels zwischen Autor, Text und Leser, auf das sich das literaturwisssenschaftliche Erkenntnisinteresse immer schärfer einzustellen gelernt hat« (Vaget, 1995, S. 37). Interpretationen vorausgehende Feststellungen dieser Art zeigen die große Bedeutung der rezeptionsästhetischen Perspektive auf Literatur, die in den späten 1960er- und frühen 70er-Jahren von der so genannten Konstanzer Schule maßgeblich geprägt wurde und als deren Hauptvertreter Hans-Robert Jauß und Wolfgang Iser gelten. Im Unterschied zu anderen Schulen und interpretatorischen Verfahrensweisen ist der Rezeptionsästhetik bisher eine steile Karriere ohne den üblichen Karriereknick zu bescheinigen. Das liegt zweifellos an ihrer Integrierbarkeit in andere Verfahrensweisen.[2]

Diese Integrierbarkeit dürfte darauf zurückzuführen sein, dass die Rezeptionsästhetik zunächst einmal die Per-

1 Iser (1992), S. 21.

2 Es hat auch Versuche gegeben, aus der Frage nach der Textrezeption eine Supertheorie zu entwickeln und ihr die anderen Methoden der literaturwissenschaftlichen Interpretation unterzuordnen, vgl. bes. Grimm (1977); außerdem Link (1976).

spektive auf Autor und Text um den Blick auf den Leser erweitert. Diese Wendung ist ebenso einfach wie schlagend, kann doch niemand ernsthaft bezweifeln, »[...] daß ein Text überhaupt erst zum Leben erwacht, wenn er gelesen wird« (Iser, 1970, S. 6). Mit einem anderen Wort Wolfgang Isers: Die Leser »aktualisieren« den literarischen Text (ebd., S. 8). Doch genau hier beginnen die Schwierigkeiten: Ist die Aktualisierung des Textes durch den Text vorgegeben? Oder gibt es ebenso viele unterschiedliche Aktualisierungen wie Leser?

Voraussetzungen rezeptionsästhetischer Interpretation

Das Jahr 1967 kann man mit Hans Robert Jauß als Gründungsdatum des neuen Konzepts »einer Rezeptions- und Wirkungsästhetik« bezeichnen:

> Sie forderte, die Geschichte der Literatur und der Künste nunmehr als einen Prozeß ästhetischer Kommunikation zu begreifen, an dem die drei Instanzen von Autor, Werk und Empfänger (Leser, Zuhörer oder Betrachter, Kritiker und Publikum) gleichermaßen beteiligt sind. Das schloß ein, den Rezipienten als Empfänger und Vermittler, mithin als Träger aller ästhetischen Kultur, endlich in sein historisches Recht einzusetzen [...]. (Jauß, 1987, S. 5)

Jauß hielt 1967 seine Konstanzer Antrittsvorlesung *Literaturgeschichte als Provokation der Literaturwissenschaft*,[3] die als Gründungsmanifest der Rezeptionsästhetik bezeich-

3 Vgl. den Abdruck in: Jauß (1973), S. 144–207; eine gekürzte Fassung findet sich in dem Reader *Texte zur Literaturtheorie der Gegenwart* (1996), S. 41–55.

net werden kann. Auch für die in der Folgezeit entstehenden Sozialgeschichten der Literatur ging von dieser Vorlesung ein entscheidender Impuls aus. Mit der von Jauß und dann von Wolfgang Iser artikulierten Forderung nach Einbeziehung der Leserperspektive reagiert die Literaturwissenschaft mit einer Verspätung von mehr als eineinhalb Jahrhunderten auf die paradigmatischen Änderungen der Literaturproduktion im 18. Jahrhundert. Die bestmögliche Anwendung von Regeln, gewonnen aus Vorbildern vor allem antiker Texte, war gegen Ende des 18. Jahrhunderts kein Nachweis von hoher Qualität mehr, sondern Zeichen eines Mangels. Das vom Autor geschaffene Neuartige galt fortan als Kriterium zur Beurteilung eines Textes und entschied über seine literarhistorische Karriere. »Literatur [...] wurde durch die von den großen philosophischen Systemen der Epoche entwickelte Ästhetik in die Begriffswelt erkenntnistheoretischer Letztbegründung hineingezogen.« (Iser, 1992, S. 7)

Grundlage der Rezeptionstheorie nach Jauß und Iser ist eine »moderne Hermeneutik«, ihr gilt der »Sinn des Textes nicht mehr als autoritativ vorgegeben, sondern als einem produktiven Verstehen zur Suche aufgegeben« (Jauß, 1987, S. 9). Damit ändert sich die Auffassung von dem, was ein literarischer Text leistet, grundlegend:

> Seine Realität gründet nicht darin, vorhandene Wirklichkeit abzubilden, sondern darin, Einsichten in diese parat zu halten. Es gehört zu den schier unaustilgbaren Naivitäten der Literaturbetrachtung zu meinen, [literarische, fiktionale] Texte bildeten Wirklichkeit ab. Die Wirklichkeit der Texte ist immer erst eine von ihnen konstituierte und damit Reaktion auf Wirklichkeit. Wenn ein literarischer Text keine wirklichen Gegenstände hervorbringt, so gewinnt er seine Wirklichkeit erst dadurch, daß der Leser die vom Text angebotenen Reaktionen mit vollzieht. (Iser, 1970, S. 11)

Für die Analyse älterer Texte hat dies besondere Konsequenzen: Mit dem gesellschaftlichen Umfeld hat sich auch der Leser verändert, die Voraussetzungen des Verstehens sind zumindest teilweise andere geworden. Für eine rezeptionsästhetische Interpretation gilt: »Sie will den vergangenen Sinn [...] rekonstruieren, um ihn [...] damit in ein gegenwärtiges Verständnis zu übersetzen« (Jauß, 1987, S. 8). Zwei grundlegende Voraussetzungen rezeptionsästhetischer Interpretation werden hier angesprochen: 1. Es gibt einen rekonstruierbaren Textsinn. 2. Der Leser ist nicht, wie es auf den ersten Blick scheint, die alleinige Instanz, die über den Textsinn entscheidet.

Hier lässt sich auch das oben erwähnte Problem lösen, wie viele abweichende Interpretationen ein Text zulässt: Ihre Anzahl richtet sich nach dem »Spielraum von Aktualisierungsmöglichkeiten« (Iser, 1970, S. 8). »Kontrollinstanz aller Sinnkonstitution« (Jauß, 1994, S. 182) bleibt also der literarische Text, er setzt der Aktualisierung durch den Leser Grenzen – zumindest durch den professionellen Leser. Der Leser darf nicht, wie der Laie, weiterhin in einen Text hineinlesen, was darin nicht enthalten ist.

Ein Problem entsteht, wenn Wolfgang Iser den Begriff der »Leerstelle« für das einführt, was er zuvor mit »Aktualisierungsmöglichkeiten« und später mit »Unbestimmtheitsbetrag« oder »Umschaltelement zwischen Text und Leser« bezeichnet hat. »Leerstelle« bezeichnet die Differenz zwischen »aneinander stoßenden Ansichten«, wobei »sich durch eine Überpräzisierung des Darstellungsrasters die Unbestimmtheit proportional erhöht« (Iser, 1970, S. 15, 29, 33). Solche Erklärungen bleiben durch ihren hohen Abstraktionsgrad und die Ungenauigkeit der verwendeten Begriffe sehr vage und bilden wohl ebenfalls, freilich unbeabsichtigt, »Leerstellen«. Andere literaturwissenschaftliche Verfahrensweisen, etwa der Strukturalismus, haben weitaus präziser die Besonderheiten literarischer Texte beschrieben, und es ist kein Wunder, dass die zeitweise durchaus populäre »Leerstelle« nach Jahrzehnten größtmöglicher Unbestimmtheit in der Verwendung mittlerweile auf dem Friedhof veralteter Begriffe gelandet sein dürfte.

Nicht viel besser verhält es sich mit dem von Iser geprägten, berühmt-berüchtigten Begriff des »impliziten Lesers«. Obwohl Iser hier eine Rolle anzudeuten scheint, die der Leser einzunehmen hat, will er etwas anderes ausdrükken: »Der implizite Leser meint den im Text vorgezeichneten Aktcharakter des Lesens und nicht eine Typologie möglicher Leser.« (Iser, 1972, S. 8f.) Mit »Aktcharakter« wiederum ist die Sinnkonstituierung durch den Leser bezeichnet (man könnte auch von dem Auffüllen von Leerstellen sprechen). Es dürfte jedoch besser sein, das verwirrende Spiel mit Begriffen zu beenden und sich auf den bekannteren und gebräuchlicheren Begriff der Aktualisierung zu beschränken, der im Gegensatz zum »impliziten Leser« den Prozesscharakter des Lesens und Verstehens eines Textes ohne ausgreifendere Erklärung deutlich werden lässt.[4]

Bei aller Hochachtung vor der Leistung von Jauß und Iser ist deutlich, dass sie an bestehende Forschungen anknüpfen, auf ihnen aufbauen konnten.[5] Wichtig sind die Überlegungen des Strukturalisten Roman Ingarden, der das Begriffspaar der »Konkretisation und Rekonstruktion« einführte. Ingarden hat dem »literarischen Kunstwerk« bescheinigt, »Unbestimmtheitsstellen« zu haben, die in der Rezeption ›ausgefüllt‹ werden (Ingarden, 1979, S. 43). Für das Verfahren der »Konkretisation« hat Ingarden auch den hier favorisierten Begriff der »Aktualisierung« verwendet (ebd., S. 51). Und unter »Rekonstruktion« versteht er das

4 In der Diskussion über die Rezeptionsästhetik ist vielfach und von verschiedenen Positionen aus Kritik geübt worden, die hier nicht referiert werden kann. Für eine grundlegende und erhellende Auseinandersetzung vgl. bes. den Aufsatz von Karl Robert Mandelkow (1974), S. 82–96.

5 Vgl. u.a. den Band von Peter Uwe Hohendahl (1974), darin bes. den Aufsatz von Jean Paul Sartre, *Autor und Leser*, S. 166–185.

Ziel der »analytischen Betrachtung des literarischen Kunstwerks« (ebd., S. 57).

Wie kommt man nun zu einer Interpretation? Der von mir so genannte professionelle Leser muss sich bei älteren Texten zunächst einen Überblick über die Rezeption verschaffen, denn er muss neben den sozialhistorischen Bedingungen der Entstehung auch über die unterschiedlichen Aktualisierungen informiert sein, die ihrerseits die weitere Rezeption beeinflusst haben. Das Problem der Vielzahl von Interpretationen wirkungsgeschichtlich besonders bedeutender Texte (etwa der Dramen Shakespeares) löst Jauß, indem er nur jene Interpretationen berücksichtigt wissen will, »die als normbildend anerkannt wurden« (Jauß, 1994, S. 181 und 183). In einem zweiten Schritt bemüht man sich um eine eigene Auslegung des Textes. Die Abgrenzung zwischen fremder und eigener Interpretation beschreibt Jauß so:

> Noch nicht gestellte Fragen sind die Chance des folgenden Interpreten. Sie müssen nicht dazu führen, die Antwort völlig umzustoßen, die der Vorgänger im Text auf seine Fragen fand. Der Frage-und-Antwort-Zusammenhang in einer Interpretationsgeschichte ist primär durch Kategorien der Bereicherung des Verständnisses (sei es Ergänzung oder Weiterführung, Umakzentuierung oder Neubeleuchtung) und nur sekundär durch die Logik der Falsifizierbarkeit bestimmt. (Jauß, 1982, S. 865)

Wie man die normbildenden Interpretationen aus dem Überangebot herausfiltern kann, zeigt Jauß allerdings nicht auf. Selbst wenn diese Hürde genommen werden könnte, scheint die Annahme, valide Antworten auf »noch nicht gestellte Fragen« zu bekommen, optimistisch zu sein. Dies merkt man vor allem bei jenen Texten, die besonders viele Aktualisierungsmöglichkeiten anbieten, beispielsweise bei

James Joyces' *Ulysses*: »Versuchen wir, die Unstimmigkeiten des Textes abzubauen, so wird das Bild, das wir uns formen, gerade wegen seiner Stimmigkeit illusionäre Züge tragen. Diese der Harmonisierung entsprungene Illusion ist aber ein Produkt des Lesers« (Iser, 1970, S. 30). Würde Iser dies kritisch meinen, dann wäre er gar nicht weit von einer dekonstruktivistischen Position entfernt, die die Möglichkeit leugnet, zu einer ›stimmigen‹ Interpretation zu kommen.

Da Kafka wohl kaum einfacher zu interpretieren ist als Joyce,[6] wird zu fragen sein, ob die Rezeptionsästhetik nicht den Leser in seinem von ihr positiv bewerteten Drang der Sinnkonstitution im Stich lässt. Ist das Urteil über *Das Urteil* also schon gefallen?

Kontext I: Die Biographie

Vor der Frage nach der Deutung des Textes steht für die Rezeptionsästhetik die Ermittlung des Kontextes. Auf diesem Wege könnte sich das Deutungsproblem zumindest minimieren lassen. In der Tat wird man in Kafkas Biographie schnell fündig.[7] Wie bereits angedeutet, wird *Das Urteil* durch das Gegensatzpaar Vater – Sohn strukturiert, ersterer verurteilt letzteren gar zum Tode. In Kafkas Worten: »Die Geschichte ist vielleicht ein Rundgang um Vater und Sohn […]« (F 396). Kafka selbst hatte ein ähnliches Verhältnis zu seinem Vater wie Georg Bendemann (vgl. Müller, 1995, S. 19). Kafkas Vater war ebenfalls Kaufmann, auch

6 Vgl. hierzu eine Überprüfung rezeptionsästhetischer Vorgehensweise am Beispiel: Lobsien (1978), hier S. 28. Karlheinz Fingerhut befindet über die Interpretationen von Kafkas Erzählungen: »Die Antworten sind in höchstem Maße abhängig von der Literaturtheorie der Deutenden.« *Kafka-Handbuch in zwei Bänden* (1979), S. 273.

7 Für eine umfassende Untersuchung autobiographischer Bezüge des Werks vgl. Binder (1976a).

Franz arbeitete in einem kaufmännischen Beruf (der Versicherungswirtschaft). Michael Müller hat festgestellt: »Der Vater, der die Werke seines Sohnes so sehr ablehnte, war der eigentliche Anlaß für deren Entstehen.« (Ebd., S. 33)

Der Name Georg Bendemann ist eine Chiffrierung von Franz Kafkas Namen, dies hat der Autor selbst erläutert. Der Blick aus Georgs Fenster ähnelt dem aus Franz Kafkas Fenster (Neumann, 1981, S. 32f. und 40). Die Braut Georgs hat eine Entsprechung in Franz' Leben, nämlich Felice Bauer, mit der Franz Kafka zweimal verlobt war und der er *Das Urteil* gewidmet hat (vgl. Müller, 1995, S. 44). Den autobiographischen Bezug hat der Autor übrigens selbst explizit hergestellt: Das Schreiben des Urteils war für Kafka nach eigener Aussage eine »vollständige Öffnung des Leibes und der Seele« (KKAT 461).[8] Auch andere Aussagen deuten darauf hin, dass Kafka sich bewusst war, in seine Geschichte eigene Probleme eingearbeitet zu haben, etwa die Bemerkung, er habe dabei »an Freud natürlich« (KKAT 461) denken müssen. Auf einen sexuellen Subtext[9] lässt folgende Aussage Kafkas schließen, die sich auf den letzten Satz der Erzählung bezieht:[10] »Ich habe dabei an eine starke Ejakulation gedacht« (Brod, 1966, S. 114).

Kontexte II und III: Literatur- und Zeitgeschichte

Aus rezeptionsästhetischer Sicht ist es nun ratsam, den literar- und zeithistorischen Kontext und seine Bezüge zum Text zu ermitteln. Der Versuch führt relativ schnell zu der

8 Nebenbei erwähnt sei, dass sich hier interessante Parallelen zu *Die Verwandlung* und *Der Heizer* ergeben, die Kafka zusammen mit *Das Urteil* in einem Band unter dem bezeichnenden Titel *Die Söhne* zusammenfassen wollte (vgl. Müller, 1995, S. 51).

9 Subtext: Das ›unter‹ dem Text Stehende, also die übertragene Bedeutung der Worte. Der Strukturalismus spricht von Konnotation(en).

10 »In diesem Augenblick ging über die Brücke ein geradezu unendlicher Verkehr.« (20)

Feststellung, dass sich *Das Urteil* einer solchen Kontextualisierung weitgehend verweigert: »Im Gegensatz zu vielen Autoren der Weltliteratur verzichtet Kafka in seinem Werk fast ganz auf eindeutig erkennbare Anspielungen auf kodifiziertes kulturelles Wissen« (Neumann, 1981, S. 32). Die Krise Georgs lässt sich zwar als typisch für die Krise des Subjekts in der Moderne bezeichnen,[11] allerdings lassen sich vergleichbare Krisensituationen in viel älteren Texten finden, so in den Figuren E. T. A. Hoffmanns, man denke an den Kapellmeister Kreisler im *Kater Murr*. Für die Zeit nach Kafka wird eine solche Erfahrung zur Signatur der meisten literarischen Texte.

Zur Zeitgeschichte (Kafkas Gegenwart) bietet der Text selbst keine Hinweise. Man muss auf andere Quellen ausweichen, die aber angesichts der spärlichen Informationen auch nur wenige Rückschlüsse für eine Interpretation zulassen. Laut Tagebuch hat Kafka *Das Urteil* in der Nacht vom 22. auf den 23. September 1912 geschrieben, unmittelbar nach dem höchsten jüdischen Fest Yom Kippur (Versöhnungstag). Ein Hinweis auf mögliche religiöse Hintergründe bietet auch eine Tagebucheintragung von 1917 (vgl. Neumann, 1981, S. 32). Neben religiöse Aktualisierungsmöglichkeiten treten politische, vor allem die von Kafka wiederum selbst ins Spiel gebrachten revolutionären Bestrebungen in Russland (ebd., S. 43). Georgs Vater könnte auf der Basis solch zusätzlicher Informationen als Vertreter der Religion und der staatlichen Macht gelesen werden.

11 Vgl. z.B. Anz (1999), S. 108: »Die hochgradig konfliktbelastete Konstitution des modernen Subjekts [...] ist zugleich auch permanenter Problemstoff der literarischen Moderne.«

Kontext IV: Die Rezeption

Die Rezeption des *Urteils* gibt wesentlich mehr Aufschlüsse und lässt interessante Beobachtungen zu.[12] Diese Beobachtungen zerstreuen allerdings noch mehr als die literarhistorischen und historischen Bezüge den Eindruck, die deutlichen autobiographischen Implikationen müssten zu einer relativ eindeutigen Interpretation führen können.[13] Eher bestätigen sich die zuvor erwähnten Bedenken. Es gibt sogar einen Konsens vieler Interpreten über die prinzipielle Nicht-Interpretierbarkeit der Texte. Aus dieser Interpretationsverweigerung wird linear auf eine hohe Qualität der Texte geschlossen, beispielsweise von Edgar Piel (1977, S. 167). Dennoch unternimmt Piel – wie die anderen Interpreten auch – einen eigenen Deutungsversuch. Piel erhebt sogar den Anspruch, jener »kaum noch zu überschauenden Literatur über Kafka« voraus zu sein (ebd., S. 175). Noch problematischer wird die Interpretation, wenn Piel »mit Kafka daran festhält, dass die Angeklagten [z.B. der Sohn] schuldig sind« (ebd., S. 176) – hier wird zirkelhaft argumentiert, die Texte begründen die Meinung des Autors und umgekehrt. Wie wir noch sehen werden, gibt es gute Gründe zu bezweifeln, dass Kafka seinen Protagonisten für ›schuldig‹ hielt und seinen Tod im Fluss als gerechtfertigte, gar schicksalhafte Bestrafung ansah, wie aber Piel meint. Dies ist eine sehr merkwürdige, um nicht zu sagen gefährliche, zumindest aber weltfremde Auffassung von Gerechtig-

12 Für einen Forschungsüberblick vgl. den im Folgenden zitierten Erläuterungen-Band; für Forschungsliteratur bis etwa 1980 den Band von Neumann (1981), S. 188–219; für einen Überblick bis etwa 1990 Dietz (1990), S. 130–162.

13 Die Mehrdeutigkeit literarischer Texte verhindert letztgültige Interpretationen, aber unter methodischen Voraussetzungen ist die Herstellung eines Konsenses bis zu einem gewissen Grad und aus bestimmter Optik möglich.

keit[14] – oder hat jeder, der Differenzen mit seinem Vater hat, den Tod verdient? Als zweite, konsensfähige Feststellung von Piels Interpretation kann allerdings festgehalten werden: Sohn und Vater verstehen sich nicht, und Georg Bendemanns »Geständnis, die Eltern doch immer geliebt zu haben, ist in Kafkas Erzählung das Kennzeichen eines Mangels« (Piel, 1977, S. 179).

Schon frühe Interpretationen hatten diesen psychologischen Kern ausgemacht, etwa Georg Küffer in seinem Artikel von 1917 (vgl. Müller, 1995, S. 105). Hellmuth Kaiser liest in seinem 1931 erschienenen Aufsatz (in der berühmten Psychoanalyse-Zeitschrift *Imago*) den Text gar als Illustration der »Strafphase des Ödipuskonfliktes« (zit. nach: ebd., S. 106). Walter Benjamin hingegen deutet den Vater-Sohn-Konflikt eher anthropologisch: »Die Sünde, deren er [der Vater] den Sohn bezichtigt, scheint eine Art von Erbsünde zu sein« (ebd., S. 108). Von John J. White wird 1977 »Georg's friend in Russia« als »etwas Komplementäres, aus Georg Herausgeschnittenes« gesehen, es handele sich um keine »eigenständige Person«.[15] Das Gleiche gelte für den Vater, beide repräsentierten Facetten (»aspects«) derselben Person (White, 1977, S. 112). Stanley Corngold geht noch einen Schritt weiter und sieht im Vater eine Manifestation des Freud'schen Über-Ich (Corngold, 1977, S. 46).

Der psychoanalytischen, teilweise auch von der Anthro-

14 Piel ist nicht der Einzige, der sie vertritt. Noch extremer fällt das ›Urteil‹ von Edmund Edel (1959) über Georg Bendemann aus: »Er stirbt im Zustand des Nichtwissens, so wie er im Zustand von Verfehlen und Nichtwissen gelebt hat. […] Aber in Kafkas mythischen Entscheidungen hat sich stets eine Existenz als ganze gefunden oder verloren, was beides folgerichtig in der Überzeit, d.h. im Tode endet« (S. 224). Eine zweifelos geistesgeschichtlich beeinflusste, aus heutiger Sicht allerdings sehr uninspirierte, verquaste Interpretation.

15 Nach Müllers Übersetzung in: ebd., S. 122. Für den ganzen Aufsatz vgl. White (1977), S. 97-113, Zitat S. 101. – Walter H. Sokel nimmt 1964 die Existenz des Freundes als gegeben an, glaubt dafür aber, »daß Georg zwischen Freund und Frau wählen muß« (vgl. Müller, 1995, S. 116).

pologie und der Soziologie beeinflussten Deutung haben sich mehrere neuere Interpretationen angeschlossen und sie, indem sie auf die einschlägige Terminologie verzichteten, in eine allgemeine Interpretation überführt. Hartmut Binder spricht 1983 von einer »urtümliche[n] Grundkonstellation im Verhältnis der Generationen zueinander, die den Autor selbst an entsprechende mythologische Vorgänge erinnerte« (zit. nach: Müller, 1995, S. 137). »Es ist bemerkenswert, daß das Frühwerk Kafkas, darunter zum erstenmal das *Urteil*, sich auf die genaue Diagnose des Machtapparats Familie beschränkt«, kommentiert Gerhard Neumann (1981, S. 82). Diese Diagnose beschreibt Neumann wie folgt:

> Die Stadien, die die Identitätssuche Georgs bezeichnen, verlaufen von der Entfaltung im familialen Raum bis an die Grenze des Öffentlich-Sozialen und dann rückwärts bis zur totalen Regression; sie beginnen mit dem reinen Wunsch, repräsentiert durch den nahrungsspendenden Körper der Mutter, und enden mit dem reinen Gesetz als der Durchsetzung des väterlichen Wortes. (Neumann, 1981, S. 92)

Diese Erkenntnis lässt sich auf die Ebene der Gesellschaft projizieren, in dem Fall vertritt der Vater die Stelle des ›Gesetz-Gebers‹, der staatlichen Macht, der Sohn die des Individuums, des Bürgers (ebd., S. 114f.). An keinem anderen Text lasse sich dieser Gegensatz besser zeigen, urteilt Neumann (ebd., S. 188). Dazu würde auch die Auffassung von Kate Flores passen, die auf die einzige Schuld Georgs hinweist, die der Text explizit nennt – er wünscht seinem Vater, wohl weil der ihn schlecht behandelt, den Tod (Flores, 1977, S. 191f.). »›Jetzt wird er sich vorbeugen‹, dachte Georg, ›wenn er fiele und zerschmetterte!‹ Dieses Wort durchzischte seinen Kopf« (18). Da der Vater Gedanken wohl nicht hören kann, bleibt es bei einer persönlichen Schuld, die das weitere Geschehen zumindest auf der Ebene der Handlung nicht motiviert. Vielmehr dürfte es sich um eine Verstärkung des Generationenkonfliks handeln, den der Vater aufgrund seiner patriarchalischen Autorität zwangsläufig für sich gewinnt. Aber jetzt sind wir schon mitten in einer eigenen Interpretation.

Das Urteil des Lesers

Die (aus Platzgründen schlaglichtartige) Erarbeitung des Kontextes hat deutlich gemacht, dass die Zahl der Interpretationsversuche tatsächlich »beinahe unübersehbar geworden« (Neumann, 1981, S. 66) ist. Es kann als unwahrscheinlich bezeichnet werden, dass diese »Zusammenhänge« vom Autor beim Schreiben mitgedacht, sozusagen autorisiert wurden (Vgl. Binder, 1976b, S. 12). Der Blick auf die Forschung hilft in diesem Fall ausnahmsweise nicht weiter. Daher scheint es angebracht, den Text nun selbst mit aller gebotenen Vorsicht auf seinen »Spielraum von Aktualisierungsmöglichkeiten« (Iser) zu befragen und zu ermitteln, wodurch dieser »Spielraum« konstituiert wird. Dabei soll nur dann auf die ohnehin von der Forschung gründlich herausgearbeiteten Bezüge zum autobiographischen und (literar-)historischen Kontext eingegangen werden, wenn dies zu weitergehenden Erkenntnissen führt.

Der Text wird durch Gegensätze strukturiert, die letztlich nur vom Leser aufgelöst, in eine neue Bedeutung überführt werden können. So entstehen zahlreiche »Leerstellen« oder »Umschaltelemente zwischen Text und Leser« (Iser). Die Gegensätze finden sich auf verschiedenen Ebenen: 1. Im Bereich der Symbolik, etwa im Gegensatz der Zeit- und Naturmetaphorik (»Es war an einem Sonntagvormittag im schönsten Frühjahr«, 7), die traditionell eine positive Handlung ankündigt, und der Tragik des Geschehens (Streit zwischen Vater und Sohn, vermutliches Ertrinken im Fluss). 2. In der Topographie der Geschichte, dem Gegensatz zwischen dem großen hellen Zimmer des Sohnes mit der Aussicht auf einen Fluss und dem kleinen dunklen Zimmer des Vaters mit dem Blick auf eine Mauer (7 und 12). 3. In der Charakterisierung der Figuren. So benimmt sich der Vater wie ein Kind, indem er sich von Georg ins Bett tragen lässt (15); andererseits tritt er als quasi allmächtiger Vater auf, der das tödliche »Urteil« verkündet und dem Georg scheinbar willenlos gehorcht (19f.). Der Sohn macht eine gegenläufige Entwicklung durch, für die es keine logische Motivation im Text gibt. Georgs anfängliches selbstbewusstes und sprachmächtiges Auftreten geht scheinbar grundlos in sprachloses Gehorchen über. Der in Gedanken und Gespräch anwesende Freund Georgs entpuppt sich ebenso plötzlich und unmotiviert als sein Feind (17). 4. In der Semantik einzelner Sätze, etwa der folgenden Aussage des Vaters: »Ein unschuldiges Kind warst du ja eigentlich, aber noch eigentlicher warst du ein teuflischer Mensch!« (19) Die Paradoxie wird durch den falschen Komparativ »noch eigentlicher« zusätzlich gesteigert.

In den genannten Textstellen zeigt sich bereits, dass dem Leser offenbar zahlreiche Informationen fehlen, die ihn befähigen würden, die Gründe des »Urteils« (im doppelten Sinn: der Handlung und des Urteilsspruchs) nachzuvollziehen. Ein gutes Beispiel ist folgende Rede des Vaters:

> ›Weil sie die Röcke gehoben hat‹, fing der Vater zu flöten an, ›weil sie die Röcke gehoben hat, die widerliche Gans‹, und er hob, um das darzustellen, sein Hemd so hoch, daß man auf seinem Oberschenkel die Narbe aus seinen Kriegsjahren sah, ›weil sie die Röcke so und so und so gehoben hat, hast du dich an sie herangemacht, und damit du an ihr ohne Störung dich befriedigen kannst, hast du unserer Mutter Andenken geschändet,

> den Freund verraten und deinen Vater ins Bett gesteckt, damit er sich nicht rühren kann. Aber er kann sich rühren oder nicht?‹ (17)

Folgende Paradoxien und Informationsdefizite lassen sich ausmachen: Die Braut Georgs wurde vorher sehr positiv gezeichnet (10) und wird hier plötzlich als »widerliche Gans« bezeichnet, durch ihr Verhalten gar in die Nähe einer Hure gerückt. Der offenbar attraktive Körper der jungen Frau kontrastiert mit dem vernarbten und vermutlich unattraktiven Körper des alten Mannes. Welche Bedeutung spielt aber die »Narbe aus den Kriegsjahren«, weshalb wird sie hier erwähnt? Ein beabsichtigter Gegensatz von ›Vater mit Kriegserfahrung‹ und ›Sohn ohne Kriegserfahrung‹ ist denkbar, aber wie wäre dieser Gegensatz zu interpretieren? Gewinnt der Vater, weil er ›kriegserfahren‹ ist? Einerseits soll die Braut Georg durch eindeutiges Verhalten angelockt haben, andererseits soll die alleinige sexuelle Initiative von ihm ausgehen (»du an ihr ohne Störung dich befriedigen kannst«). Wieso wird durch Georgs Verhalten das Andenken der Mutter »geschändet«? Immerhin ist er mit der jungen Frau verlobt. Außerdem gibt es im Text keine weiteren Anzeichen auf sexuelle Aktivität, von den den Brautpaaren doch sicherlich erlaubten Küssen abgesehen (10). Wieso hat Georg den Freund verraten müssen, um mit seiner Braut sexuell aktiv zu werden? In welcher Beziehung stehen Braut und Freund? Wieso erwähnt der Vater hier den Freund, obwohl er zuvor noch »Hast du wirklich einen Freund in Petersburg?« gefragt und selbst die Antwort gegeben hat: »Du hast keinen Freund in Petersburg« (13 f.).[16] Wie ist der Widerspruch zwischen diesem »Verrat« und Georgs großer Fürsorglichkeit dem Freund gegenüber zu erklären? Wieso hat Georg seinen Vater ins Bett stecken

16 Vor unserem Zitat hatte der Vater bereits die Existenz des Freundes nicht nur zugegeben, sondern sogar bemerkt: »Wohl kenne ich deinen Freund. Er wäre ein Sohn nach meinem Herzen« (16).

müssen? Hätte der sonst die Verbindung mit Frieda Brandenfeld verhindert? Warum hat er diese Verbindung nicht verhindert, obwohl er doch gar nicht so hilflos ist, wie er zu sein vorgibt?

Es ist erstaunlich, welche unbeantwortbaren Fragen allein diese kleine Textstelle provoziert. Wir haben bereits feststellen können, dass Interpreten die Lücken zwischen den Gegensätzen und in der Kausalität der Handlung unterschiedlich aufgefüllt haben. Beispielsweise sind sie davon ausgegangen, dass den Anschuldigungen des Vaters Fakten entsprechen müssen, dass also Georg den Freund tatsächlich weggeschickt hat, um mit Frieda allein zu sein usw. Der Text selbst deutet auf solche Schlüsse allerdings ebenso wenig oder ebenso stark wie auf die gegenteiligen, etwa die nicht weniger plausible Vermutung, dass ein auf den beruflichen und privaten Erfolg seines Sohnes (9) eifersüchtiger Vater sich eine unsittliche Verbindung des Brautpaares und das aus diesem Grund erfolgte Wegschicken des Freundes nur einbildet. Denn dafür gibt es keinen weiteren Anhaltspunkt als die Aussage des Vaters und die merkwürdige, allerdings durch psychische Probleme erklärbare Reaktion des Sohns.

Nun zeigen sich im Text aber auch Regelmäßigkeiten und Logisch-Rationales, was eigentlich noch mehr Verwirrung stiftet und letztendlich die Gegensätze verstärkt. Die Handlung entwickelt sich linear an gut vorstellbaren Schauplätzen. Es gibt auch eine scheinbar traditionelle Verwendung von Symbolen, etwa die der Zahl 3. Im obigen Zitat ist dies gut nachvollziehbar – dreimal wiederholt der Vater den Satz »weil sie die Röcke gehoben hat«, bei der letzten Wiederholung schiebt er dreimal das demonstrative »so« ein, drei Personen sollen von Georg betrogen worden sein: Mutter, Vater und Freund. Es gibt weitere Textstellen, die sich hinzuziehen lassen, beispielsweise ist der Freund »nun schon über drei Jahre nicht in der Heimat gewesen« (8). Andererseits ist gerade diese Zahl eine positive Symbolzahl, sie »bedeutet die Überwindung der Entzweiung und drückt in ihrem umfassenden Wesen die Vollkommenheit aus«. Einzig die Bedeutung der Zahl als »Schicksalskünder« würde zur Handlung des *Urteils* passen.[17]

Aus rezeptionsästhetischer Sicht ist jede Interpretation möglich, die beim Konstruieren der fehlenden Informationen und dem damit einhergehenden Versuch der Auflösung der Paradoxien nicht versucht, das, was der Text selbst vorgibt, zu ignorieren oder zu verändern. Eine solche Interpretation sollte auf den Ergebnissen der bisherigen Interpreten aufbauen. Sie könnte wie folgt aussehen:

In Kafkas Erzählung geht es um einen Konflikt zwischen Vater und Sohn, der prototypisch und anthropologisch, soziologisch wie psychologisch begründbar ist. Diese Konfliktstruktur lässt sich zudem universell auf alle patriarchalischen Machtverhältnisse beziehen,[18] etwa dem zwischen Vorgesetztem und Untergebenem oder dem zwischen ›Gesetz-Geber‹ und Bürger. Bei dem geschilderten Fall handelt es sich, beachtet man die durch den Titel vorgegebene Analogie zu einem Gerichtsverfahren, aufgrund der im Text gegebenen Informationen offenbar um ein ungerechtes Urteil. Der Vater ist Richter und beredter Ankläger in einer Person, der Sohn ein schlechter Verteidiger und gleichzeitig Angeklagter. Es stellt sich also die Frage, weshalb der Sohn dieses harte Urteil wirklich verdienen könnte, denn schließlich nimmt er es an und führt es an sich selbst aus. Nur die Aussagen des Vaters sprechen gegen den Sohn, nicht das vom Erzähler bis zu diesem Zeitpunkt geschilderte Verhalten Georgs, also die Führung des Familienunternehmens, die Rücksichtnahme auf den Freund in Petersburg, die partnerschaftliche Beziehung zu Frieda und das rücksichtsvolle Gebaren gegenüber dem Vater.

17 *Wörterbuch der Symbolik*, unter Mitarb. zahlreicher Fachwissenschaftler hrsg. von Manfred Lurker. 5., durchges. und erw. Aufl., Stuttgart 1991, S. 151.

18 Vgl. zu einem ähnlichen Deutungsansatz auch Anz (1989), S. 97.

Nun ist denkbar, dass gerade das Verhalten gegenüber dem Vater diesen gegen ihn aufgebracht hat, ohne dass Georg dies gewollt hätte; jedenfalls macht der Vater ihm Vorwürfe, die das Geschäft und Georgs Verhalten betreffen (13). Als die Erzählung mit der Frage des Vaters »Hast du wirklich diesen Freund in Petersburg?« (ebd.) kippt (vgl. auch White, 1977, S. 97) und der scheinbar sichere Boden der vom Erzähler geschilderten Realität plötzlich als sumpfiger Grund erkennbar wird, unternimmt Georg nichts, um sich gegen die Anschuldigungen seines Vaters zu rechtfertigen. Dies kann zwei Gründe haben: Er ist dessen, was ihm vorgeworfen wird, schuldig; er ist unschuldig und durch die frühere Beziehung zu seinem Vater traumatisiert. Alles deutet auf letztere Erklärung, auch der letzte Satz Georgs, bevor er freiwillig das Urteil vollstreckt: »Liebe Eltern, ich habe euch doch immer geliebt« (20). Demnach handelt es sich bei der Erzählung um eine Kritik Kafkas an dem Missbrauch der elterlichen (hier: väterlichen) Macht (vgl. auch Born, 2000, S. 132f.).

Mit dieser grundsätzlichen Deutung der Handlung sind weitergehende Interpretationsschritte auf den Ebenen übertragener Bedeutungen kompatibel. So lässt sich der einmal in seiner Existenz negierte, dann in seinem Verhältnis zu Georg unterschiedlich bewertete Freund als zweite Seite Georgs lesen, allerdings nicht im Sinne einer schizophrenen Persönlichkeit. Die um den Freund angesiedelten Gegensätze würden sich auflösen lassen, etwa das Verlangen der Braut, auch ›den anderen‹ kennen zu lernen, oder der Satz des Vaters: »Ein unschuldiges Kind warst du ja eigentlich, aber noch eigentlicher warst du ein teuflischer Mensch!« (19), wenn man davon ausgeht, dass der Freund jener Teil der Persönlichkeit ist, der Georg fehlt. Der Freund ist damit also (aus der Perspektive des Vaters) der positive Teil, der ›richtige‹ Sohn.

Vor dem Hintergrund des Orts, an dem sich der Freund befindet (die Residenzstadt des revolutionären Russland), der Schilderung der beruflichen Erfolglosigkeit des Freundes und von Kafkas eigener Biographie dürfte es allerdings die Perspektive des Textes sein, den sensiblen Georg als positiv zu charakterisieren. Mit anderen Worten: Der Sohn entspricht nicht dem Wunschbild des Vaters, er ist nicht so geworden, wie er es sich vorgestellt hat. Damit nimmt der Vater sich das Recht heraus, dem Sohn das ihm gegebene Leben wieder zu entziehen. Kafkas Assoziation »Ejakulation« (s.o.) schaltet Geburt und Tod parallel. Das Eintauchen Georgs in den Fluss kann als Rücknahme der Geburt gelesen werden, als Rückkehr ins Elementare, als Einswerden mit der Natur. Letztlich ist und bleibt der Zwang hierzu, auch wenn man ihn biographisch als Wunschvorstellung Kafkas deuten kann, das eigentliche Skandalon des Textes und die Basis für seine universelle Kritik an hierarchischen Strukturen.

Mit dieser Deutung sind weitergehende Interpretationen vereinbar, etwa die Vermutung, dass das Ende auf einer biographisch-symbolischen Ebene auch als Befreiung vom Vater gelesen werden kann. Kafka hat sich mit dieser Erzählung als Schriftsteller sozusagen freigeschwommen, vom Vater emanzipiert und den ersten Schritt zu einer ›Verwandlung‹ vom Geschäftsmann in Vaters Fußstapfen zum Schriftsteller getan. Der Platzhalter für Literatur sind im Text die Briefe, die Georg schreibt und mit deren Geschlossenheit, auch Fiktionalität (der Freund soll ganz bestimmte Eindrücke vermittelt bekommen) er sich viel Mühe gibt; gerade daran entzündet sich die Kritik des Vaters. *Das Urteil* stünde somit in der Tradition der Künstlernovelle. Zu dieser Deutung passt, dass die Novelle am Schluss gar nicht mitteilt, ob Georg ertrinkt. Das Urteil des Vaters und Georgs willenloses Gehorchen deuten zwar darauf hin, aber bei einem Text voller Brüche und unvereinbarer Gegensätze sollte eine solche kausale Abfolge von Urteil, Vollstrekkung und Tod doch zumindest angezweifelt werden können. Möglich ist, dass das Urteil eine symbolische Abnabelung vom Elternhaus begründet, ein Einswerden mit dem »unendlichen Verkehr« der außerhalb befindlichen Welt (wozu die sexuellen Konnotationen wieder passen würden).[19] Damit hätte Kafka eine Wunschvorstellung und gleichzeitig eine Utopie formuliert. Sie würde erklären, weshalb für ihn das Fertigstellen des Textes ein solcher Glücksmoment war und er dem Text zeit seines Lebens eine so große Bedeutung beimaß.

Zusammenfassung

Die Grundforderungen der Rezeptionsästhetik können für die heutige interpretatorische Praxis größtenteils als selbstverständliche Voraussetzungen gelten: Zu nennen sind hier die Berücksichtigung der literarhistorischen Perspektive und der bisherigen Forschung, auf der eine eigene Interpretation aufzubauen hat, der Hinweis auf die prinzipielle Offenheit des literarischen Kunstwerks für Aktualisierungen sowie der reflektierte Umgang mit der Zeitbezogenheit solcher Aktualisierungen. Berücksichtigt man diese Vorgaben, dann wird man zu der Erkenntnis gelangen, dass literarische Texte bestimmte Deutungsspielräume eröffnen und andere ausschließen. Kafkas *Das Urteil*, aber auch seine anderen Texte prägt die für diesen Autor charakteristische Struktur unauflösbarer Paradoxien. Kafka hat mehr Aktualisierungsmöglichkeiten als wohl die Mehrzahl seiner Autorenkollegen anzubieten.[20] Je nach Hinzuziehung externer (außerhalb des Textes liegender) Informationen, etwa aus Kafkas Biographie, variieren die möglichen Interpretationen.

19 Peter von Matt hat in seiner Interpretation des *Urteils* vorgeschlagen, den Bruch mit dem Vater und den Sprung von der Brücke als symbolische, autobiographisch fundierte Initiation zu lesen. Vgl. Matt (1999), S. 279.

20 Dies hat dazu geführt, dass das Pendel zur anderen Seite ausgeschlagen ist und Kafkas Texte als »subversiv« bezeichnet wurden. Vgl. Turk (1977), S. 382f.

Grundlage ist und bleibt aber das, was der Text vorgibt. So ist es beispielsweise aus rezeptionsästhetischer Sicht nicht möglich, die Bedeutung des Generationenkonflikts zu ignorieren oder zu leugnen. Manche Aktualisierungen der Forschung haben sich als nicht textadäquat herausgestellt, können also als ›subjektiv‹ bezeichnet werden (man sollte nicht von ›richtig‹ oder ›falsch‹ sprechen, da keinem Leser das Recht abgesprochen werden kann, den Text auf seine Weise zu lesen).

Eine rezeptionsästhetische Interpretation hat sich darum zu bemühen, die Brücke zwischen Autor, Text und Leser zu schlagen. Das ist manchmal nicht einfach, weil diese Form der Interpretation extreme Auffassungen (also Lesarten, die einen methodischen Zugang verabsolutieren) ausschließt. Die Rezeptionsästhetik hat aber den nicht zu unterschätzenden Vorzug, ein Konsensmodell auf hermeneutischer Grundlage anzubieten.

Literaturverzeichnis

Anz, Thomas: Franz Kafka. München 1989.

– Die Seele als Kriegsschauplatz. Psychoanalytische und literarische Beschreibungen eines Kampfes. In: Psychoanalyse in der modernen Literatur. Kooperation und Konkurrenz. Hrsg. von Th. A., in Zusammenarb. mit Christine Kanz. Würzburg 1999. S. 96–108.

Binder, Hartmut: Kafka in neuer Sicht. Mimik, Gestik und Personengefüge als Darstellungsformen des Autobiographischen. Mit 21 Abb. Stuttgart 1976. [Zit. als 1976a.]

Binder, Hartmut: Kafka-Kommentar zu den Romanen, Rezensionen, Aphorismen und zum Brief an den Vater. München 1976. [Zit. als 1976b.]

Born, Jürgen: Kafkas Erzählung *Das Urteil*: Schuld oder Schuldgefühle. In: J. B..: »Daß zwei in mir kämpfen …« und andere Aufsätze zu Franz Kafka. Furth im Wald / Prag 2000. S. 123–135.

Brod, Max: Über Franz Kafka. Frankfurt a. M. / Hamburg 1966.

Corngold, Stanley: The Hermeneutic of *The Judgment*. In: Angel Flores (Hrsg.): The Problem of *The Judgment*. Eleven Approaches to Kafka's Story. New York 1977. S. 39–62.
Dietz, Ludwig: Franz Kafka. 2., erw. und verb. Aufl. Stuttgart 1990. (Sammlung Metzler. 138.)
Edel, Edmund: Franz Kafka: Das Urteil. In: Wirkendes Wort 9 (1959) H. 4. S. 216–225.
Flores, Kate: The Pathos of Fatherhood. In: Angel Flores (Hrsg.): The Problem of *The Judgment*. Eleven Approaches to Kafka's Story. New York 1977. S. 168–192.
Grimm, Gunter: Rezeptionsgeschichte. Grundlegung einer Theorie. Mit Analysen und Bibliographie. München 1977.
Hohendahl, Peter Uwe (Hrsg.): Sozialgeschichte und Wirkungsästhetik. Dokumente zur empirischen und marxistischen Rezeptionsforschung. Frankfurt a. M. 1974.
Ingarden, Roman: Konkretisation und Rekonstruktion. In: Rainer Warning (Hrsg.): Rezeptionsästhetik. Theorie und Praxis. 2. Aufl. München 1979. S. 42–70.
Iser, Wolfgang: Die Appellstruktur der Texte. Unbestimmtheit als Wirkungsbedingung literarischer Prosa. Konstanz 1970. (Konstanzer Universitätsreden. 28.)
– Der implizite Leser. Kommunikationsformen des Romans von Bunyan bis Beckett. München 1972.
– Theorie der Literatur. Eine Zeitperspektive. Konstanz 1992. (Konstanzer Universitätsreden. 182.)
Jauß, Hans Robert: Literaturgeschichte als Provokation. 3. Aufl. Frankfurt a. M. 1973.
– Ästhetische Erfahrung und literarische Hermeneutik. Frankfurt a. M. 1982.
– Die Theorie der Rezeption – Rückschau auf ihre unerkannte Vorgeschichte. Abschiedsvorlesung am 11. Februar 1987 anläßlich seiner Emeritierung mit einer Ansprache des Rektors der Universität Konstanz, Horst Sund. Konstanz 1987. (Konstanzer Universitätsreden. 166.)
– Wege des Verstehens. München 1994.
Kafka-Handbuch in zwei Bänden. Unter Mitarb. zahlreicher Fachwissenschaftler hrsg. von Hartmut Binder. Stuttgart 1979.
Link, Hannelore: Rezeptionsforschung. Eine Einführung in Methoden und Probleme. Stuttgart [u. a.] 1976.
Lobsien, Eckhard: Die rezeptionsgeschichtliche These von der Ent-

faltung des Sinnpotentials. (Am Beispiel der Interpretationsgeschichte von James Joyces *Ulysses*). In: Heinz-Dieter Weber (Hrsg.): Rezeptionsgeschichte oder Wirkungsästhetik. Konstanzer Diskussionsbeiträge zur Praxis der Literaturgeschichtsschreibung. Stuttgart 1978. S. 11–28.

Mandelkow, Karl Robert: Probleme der Wirkungsgeschichte. In: Peter Uwe Hohendahl (Hrsg.): Sozialgeschichte und Wirkungsästhetik. Dokumente zur empirischen und marxistischen Rezeptionsforschung. Frankfurt a. M. 1974. S. 82–96.

Matt, Peter von: Verkommene Söhne, mißratene Töchter. Familiendesaster in der Literatur. 2. Aufl. München 1999.

Müller, Michael (Hrsg.): Erläuterungen und Dokumente: Franz Kafka: *Das Urteil*. Stuttgart 1995.

Neumann, Gerhard: Franz Kafka: *Das Urteil*. Text, Materialien, Kommentar. München 1981.

Piel, Edgar: Die Schwäche, der Eifer und die Ich-Sucht. Kafkas Erzählung *Das Urteil* als »Gesellschaftsroman«. In: Sprache im technischen Zeitalter 62 (1977) S. 167–179.

Texte zur Literaturtheorie der Gegenwart. Hrsg. und komm. von Dorothee Kimmich, Rolf Günter Renner und Bernd Stiegler. Stuttgart 1996.

Turk, Horst: »betrügen ... ohne Betrug«. Das Problem der literarischen Legitimation am Beispiel Kafkas. In: Friedrich A. Kittler / Horst Turk (Hrsg.): Urszenen. Literaturwissenschaft als Diskursanalyse und Diskurskritik. Frankfurt a. M. 1977. S. 381–407.

Vaget, Hans Rudolf: Die Leiden des jungen Werthers (1774). In: Paul Michael Lützeler / James E. McLeod (Hrsg.): Goethes Erzählwerk. Interpretationen. Stuttgart 1995. S. 37–72.

White, John J.: Georg Bendemann's Friend in Russia: Symbolic Correspondences. In: Angel Flores (Hrsg.): The Problem of *The Judgment*. Eleven Approaches to Kafka's Story. New York 1977. S. 97–113.

Sozialgeschichte der Literatur und die Probleme textbezogener Literatursoziologie – anlässlich von Kafkas *Das Urteil*

Von Claus-Michael Ort

›Nach der Sozialgeschichte‹ ist vor der Sozialgeschichte

Der feste Platz, den die ›Sozialgeschichte‹ in literaturwissenschaftlichen Handbüchern einnimmt, kann über das unklare Profil einer ›sozialgeschichtlichen Methode‹ als »literaturwissenschaftliches Verfahren, das die sozialen und institutionellen Bedingungen des Schreibens, der Produktion wie der Rezeption in ihrem geschichtlichen Wandel zum Gegenstand macht«,[1] nicht hinwegtäuschen. Es leuchtet zwar ein, dass sich der Gegenstand einer Sozialgeschichte der Literatur nach dem Abschied von deterministischen Erklärungsmodellen der marxistischen Literaturtheorie, die von einer ›Widerspiegelung‹ der sozio-ökonomischen ›Basis‹ im kulturellen ›Überbau‹ ausgeht, erheblich komplexer darstellt. Unklar bleibt jedoch, worin die immer wieder beschworene ›sozialgeschichtliche Methode‹ eigentlich besteht, mit deren Hilfe gesicherte Erkennntisse über diesen Gegenstand gewonnen werden könnten. Überdies erweist sich die Selbstetikettierung von Literaturgeschichtsschreibung als ›Sozialgeschichte‹ längst als ein nostalgischer Reflex ohne theoretische Grundlage, der wenig geeignet scheint, die Unkenrufe vom ›Ende der Sozialgeschichte‹ zu entkräften.[2] Zwischen traditioneller Textinterpretation und

1 Volker Meid, *Sachwörterbuch zur deutschen Literatur*, durchges. und verb. Ausg., Stuttgart 2001, S. 484.

2 Vgl. die heterogenen Bände von »Hansers Sozialgeschichte der deutschen

ihre Bezugnahme auf literatursoziologische und institutionengeschichtliche ›Realien‹ bleibe – so die Kritik – wenig Raum für das, was die Bezeichnung ›Sozialgeschichte‹ im engeren Sinn noch rechtfertige.[3] Wenn sich ›Sozialgeschichte‹ außerdem überall da vermeintlich von selbst einstellt, wo über die ›Werkimmanenz‹ der älteren Hermeneutik hinausgegangen wird und die Ergebnisse kontextbezogenen Interpretierens auf sozialgeschichtliche Erkenntnisinteressen verpflichtet werden, und wenn derartige Interessen schließlich im Rahmen von diskursgeschichtlichen, kulturwissenschaftlichen oder literaturanthropologischen Theoriesynthesen reformuliert, generalisiert und zugleich unterlaufen werden, dann bringt sich die ›Sozialgeschichte‹ der Literatur endgültig zum Verschwinden.[4] Zugleich bietet sich damit aber die Chance, in einer veränderten Theorielandschaft an brachliegende Vorüberlegungen anzuknüpfen und einen neuen Anlauf zur Wiederbelebung textbezogener ›Sozialgeschichte‹ zu unternehmen. Diese bleibt insofern auf Literatursoziologie und deren Problemlösungsangebote angewiesen, als Annahmen über die zeitgleichen Beziehungen zwischen Literatur und Gesellschaft die Voraussetzungen dafür bilden, diese Beziehungen in ihrem historischen Wandel also ›sozialgeschichtlich‹ zu rekonstruieren. Insofern sich des Weiteren eine Soziologie der Literatur den gesellschaftlichen (wirtschaftlichen, politischen, rechtlichen, medientechnischen usf.) Organisationsbedingungen der Produktion, Rezeption, Verbreitung und Verarbeitung von Literatur sowie den damit verknüpften sozialen Handlungsrollen und Institutionen zuwendet, mag sie auf sozialwissenschaftliche ›Methoden‹ zurückgreifen und sich als ›empirisch‹ verstehen. Sie wird Begriffe und theoretische Annahmen von Mi-

Literatur vom 16. Jahrhundert bis zur Gegenwart« sowie die Perspektiven in Huber/Lauer (2000).

3 Siehe die Kritik von Bruck/Kaiser (1999) anläßlich des sechsten Bandes von »Hansers Sozialgeschichte der deutschen Literatur«.

4 Vgl. die Diagnose von Schönert (2000).

kro- und Makrosoziologie, Theorien sozialen Wandels, der Modernisierung usw. anwenden und wäre eine Soziologie der ›sozialen‹ Systemkomponenten von Literatur.[5] Eine so konzipierte historische Literatursoziologie positioniert sich in einem interdisziplinären Überschneidungsfeld von Geschichts- und Sozialwissenschaft, das auch außerhalb der Literaturwissenschaft als ›Sozialgeschichte‹ mit Berührungspunkten zur ›Historischen Anthropologie‹ und ›Mentalitätengeschichte‹ etabliert ist.

Wendet sich eine Soziologie der Literatur dagegen der ästhetischen oder besser: zeichenhaften Qualität von Literatur zu, will sie also deren soziale Bedingtheit auf der Ebene gattungsübergreifender wie gattungsspezifischer Formen, Stilprinzipien und Inhalte, ihrer dargestellten Welten und bevorzugten Themen, ihrer einzeltext-, œuvre- oder korpusspezifischen Semantiken aufsuchen, dann wird sie zu einer Soziologie der ›semiotischen‹, also ›zeichenhaften‹ Systemkomponenten von Literatur. Als solche wird sie die Beziehungen zwischen textinternen Analyseebenen einerseits und denjenigen Modellvorstellungen andererseits zu klären haben, die die textexterne Umwelt von Literatur – Kommunikationen in allen Handlungsbereichen des Sozialsystems ›Literatur‹ – strukturieren. Die Unterscheidung von Zeichen- und Sozialsystem erscheint somit zugleich als Differenz von Zeichen- und Sozialtheorie, deren forschungspraktisches Potenzial noch keineswegs ausgeschöpft ist. Die Zukunft des Projekts einer ›Sozialgeschichte‹ der Literatur hat aus dieser Perspektive gesehen gerade erst begonnen. Eine ›Sozialgeschichte‹ der Literatur, die sich als diachronische, dem zeitlichen Ablauf folgende Soziologie der ›semiotischen‹ Systemkomponenten von Lite-

5 Erinnert sei an Siegfried J. Schmidts (1991) zuerst 1980 erschienenen *Grundriß der Empirischen Literaturwissenschaft* und an das von Talcott Parsons' Vierfunktionenschema (AGIL-Schema) ausgehende Mehrebenenmodell des Sozialsystems ›Literatur‹ von Friederike Meyer und Claus-Michael Ort (1988).

ratur versteht, beschreitet wiederum mindestens zwei verschiedene synchronische, von einem Zeitpunkt ausgehende Bezugswege der Zurechnung von Text auf Gesellschaft, die im Folgenden als ›Nachahmung des Sozialen‹ und ›Nachahmung von Sozialtheorie‹ bezeichnet werden. Als problemlos auf ihren sozialen Kontext hin interpretierbar galten lange diejenigen – insbesondere erzählenden und dramatischen – Texte, die sich durch eine Mimesis, eine Nachahmung des Sozialen auszeichnen, also fiktive soziale (politische, wirtschaftliche) Zustände darstellen, die sich auf historisch identifizierbare, literaturexterne Gesellschaftszustände beziehen lassen. Ein Vergleich textintern dargestellter Sozialstrukturen mit denjenigen der sozialen Umwelt von Literatur kann dabei das gesamte Zurechnungsspektrum von Makro- bis Mikrosoziologie durchmessen, sich also von der Bewertung evolutionären oder revolutionären politischen oder wirtschaftlichen Wandels und der Darstellung des funktionalen Differenzierungsgrades einer Gesellschaft über deren soziale Schichtung (z.B. Ständehierarchie), Herrschafts- und Wirtschaftsformen, Berufs- und Geschlechterrollen, Familienstrukturen bis zur Deutung einzelner fiktiver Lebensläufe von Figuren als sozialhistorisch repräsentativ erstrecken. Beispiele für diese Variante historisch-soziologischen Interpretierens finden sich in der älteren (Georg Lukács) und jüngeren marxistischen Literaturwissenschaft (Goldmann)[6] ebenso wie in nicht-marxistischen, institutionentheoretischen oder gattungssoziologischen Ansätzen (Fügen),[7] die sich u.a. der dargestellten Sozialstruktur in Bildungsromanen zuwenden (Voßkamp).[8]

6 Z.B. bei Georg Lukács, *Die Theorie des Romans. Ein geschichtsphilosophischer Versuch über die Formen der großen Epik*, Berlin 1920; dagegen ist für Goldmann (1970) das »literarische Werk [...] keine einfache Widerspiegelung eines [...] Kollektivbewußtseins«, sondern erweist sich über Homologien – etwa Strukturen des Tausches – als gesellschaftlich vermittelt (S.28f.).

7 Hans Norbert Fügen (1982) versteht »Inhalt als formale Wiederholung primärer sozialer Erfahrung« (S. 5f.).

8 Wilhelm Voßkamp (1978) definiert Gattungen als soziale Institutionen in

Die Grenzen solcher Ansätze sind dann erreicht, wenn sie sich Gattungen mit einer reduzierten oder fehlenden Nachahmung gesellschaftlicher Verhältnisse widmen und so die Soziologie des Sozialen verlassen oder um nicht-soziale Komponenten erweitern. Sowohl die ›Kritische Theorie‹ als auch die Systemtheorie haben hierzu beigetragen. So bestimmt Theodor W. Adorno das Verhältnis von Lyrik und Gesellschaft derart, »[daß] gerade das nicht Gesellschaftliche am lyrischen Gedicht [...] nun sein Gesellschaftliches sein [solle]« (Adorno, 1994, S. 55). Peter Fuchs (1989) erblickt unter den veränderten Prämissen des Kommunikationsbegriffs von Niklas Luhmanns Systemtheorie die gesellschaftliche Funktion der hermetischen Lyrik der Moderne darin, Kommunikationsunterbrechungen anschlussfähig zu kommunizieren und deutet diese Funktion als einen der Gründe für die ›Ausdifferenzierung‹ dieser Lyrik. Festzuhalten bleibt ferner, dass derartige Ex-negativo-Interpretamente der Sozialmimesis von Anfang an zum Repertoire der Kafka-Philologie gehören, in der sich ein Rückbezug auf Kafkas familiäre und berufliche Lebenssituation mit einer Diagnose der Deformationen seiner Epoche verbindet. Adorno charakterisiert 1955 den Kosmos von Kafkas dargestellten Welten als »das Kryptogramm der auf Hochglanz polierten kapitalistischen Spätphase, die er [Kafka] ausspart, um sie desto genauer in ihrem Negativ zu bestimmen« und »durchs Mittel der Kleinbürgerangst zur Totalität« zusammenzupressen (Adorno, 1977, S. 26). Noch im siebten Band von »Hansers Sozialgeschichte der deutschen Literatur« scheint es ein hinreichendes Kriterium von ›Sozialgeschichte‹ zu sein, das Werk Kafkas als ein »bürokratisches und kapitalistisches Aufschreibsystem« (Vogl, 2000, S. 488) zu charakterisieren, das »sprachliche Deterritorialisierung« als »politische Konfiguration« begreife und

»doppelter Funktion [...] einerseits im symbolischen und andererseits im sozialen System« (S. 32).

selbst schon als »Analyse und Genealogie moderner Mächte« gelten könne (ebd., S. 490 und 483). Kafkas Literatur sei »auf einer Schwelle [situiert], die den Übergang von den Disziplinarmächten des 19. Jahrhunderts (Gefängnis, Anstalt, Fabrik) zu den Kontrollmächten des 20. Jahrhunderts (Kapital, Versicherung, Selbstreproduktion) markiert« (ebd., S. 487).[9] Anonyme bürokratische Machtstrukturen, die Pervertierung des Rechts und die Kommunikationsprobleme des ›entfremdeten‹ bürgerlichen Subjekts erscheinen zweifellos als Signaturen der Moderne in Kafkas Texten, vermögen deren sozialgeschichtlichen Ort aber auch nur sehr pauschal anzudeuten.

Soll nun der Gegenstandsbereich einer soziologischen Zurechnung von Literatur auf Gesellschaft um Texte mit reduzierter, indirekter oder fehlender Nachahmung des Sozialen erweitert werden, dann bedarf es zusätzlicher abstrakter Vermittlungskategorien, die den Übergang von Sozialtheorie/Sozialsystem zu Zeichentheorie/Zeichensystem und umgekehrt zu modellieren erlauben. Dabei sollten Zurechnungen unterhalb und oberhalb des textinternen Aggregationsniveaus von erzählten ›Geschichten‹ möglich sein – also sowohl sprach- und begriffsgeschichtliche oder mikrosemantische (Jürgen Link: ›Kollektivsymbolik‹) als auch textübergreifende Zurechnungsniveaus (Michel Foucault: ›Diskurs‹) aufgesucht werden können. Dreistellige Zurechnungswege, wie sie von Vertretern der Wissens- und Kultursoziologie (z.B. von Pierre Bourdieu)[10] vorgeschlagen worden sind, drohen allerdings das Problem einer nichtanalogisierenden Vermittlung von Sozial- und Zeichensy-

9 Das *Urteil* verdichte »tatsächlich [den] historische[n] Stand der Klein- und Kernfamilie, nämlich eine doppelte Angst, die Angst vor dem Vater und die Angst, den Vater zu verlieren« (Vogl, 2000, S. 485). Schon Gerhard Neumann (1981), S. 82, liest das *Urteil* als »biographisches Dokument« und zugleich »als sozialhistorisches Paradigma« einer labilen »Identität des bürgerlichen Einzelsubjekts in einer Welt der Disziplinierung«.

10 Zum ›Habitus‹ zwischen ›Struktur‹ und ›Praxis‹ vgl. Bourdieu (1974) und Bourdieu (1999).

stem zu verdoppeln.[11] Die »sozialgeschichtliche Werkdeutung« wird zwar auf eine »Entzifferung des poetischen Artefakts als sozialer Artikulation« zurückverwiesen, die dessen relative ästhetische Autonomie in Rechnung stellt – die »Gefahr des metaphorischen Sprunges zwischen Werk und Gesellschaft (bzw. deren Theoretisierung)« (Schneider, 1987, S. 112 und 114) ist damit jedoch noch nicht gebannt.

Von einer systemtheoretischen Wissens-, Kultur- und Literatursoziologie, die sich ihr »Zurechnungsproblem« nicht mehr »parallel zur Relation Subjekt-Objekt« stellt und nicht mehr primär »nach Trägern des Wissens«, sondern »nach einer Korrelation oder Kovariation von Wissensbeständen und gesellschaftlichen Strukturen« fragt (Luhmann, 1980, S. 15) und sich von der Annahme einer »repräsentationalen Funktion des Wissens« und der ›symbolischen Formen‹ verabschiedet (Luhmann, 1995, S. 159), sollte in Zukunft erwartet werden dürfen, dass sie sowohl die Illusion einer Ausdrucksbeziehung zwischen Literatur und ihrer gesellschaftlichen Genese überwindet als auch auf leere Vermittlungsbegriffe zu verzichten erlaubt.[12] Literatur modelliert fiktive soziale Welten, die als textinterne ›Sozialsysteme‹ beschrieben werden können, Schlussfolgerungen über externe soziale Funktionen dieser Weltmodellierungen lassen sich daraus jedoch nicht ziehen. Literarische ›Beschreibungen‹ von Gesellschaft sind deshalb zuallererst als ›Selbstbeschreibungen‹ der Literatur und nicht als Selbstbeschreibungen der Gesellschaft zu interpretieren.

11 Wenn ›Mentalitäten‹, ›Wissensformationen‹, ›Diskurse‹ und ›Medien‹ zwischen ›sozialer‹ und ›symbolischer‹ Systemreferenz vermitteln (vgl. Schönert, 2000, S. 100f.), dann stellt sich die Doppelfrage, wie ›Wissen‹ oder ›Diskurs-Ordnungen‹ auf Sozialsysteme einerseits und auf (literarische) Zeichensysteme andererseits zu beziehen sind; siehe dazu Ort (1992), S. 424.

12 Bereits Gerd Brenner (1978) versucht mittels einer ›systemtheoretischen Poetologie‹, die ›Analogien‹ und ›Kausalvernüpfungen‹ »ätiologischer« Ansätze zugunsten der funktionalen »Differenzqualität« des ›autonomen‹ Textes zu überwinden (S. 244f.).

Kafkas *Urteil* und die Theorie ›symbolisch generalisierter Kommunikationsmedien‹

Wenn nicht »der Bezug auf ›Gesellschaft‹, der selbstverständlich geworden ist, [...] das Kriterium für Literatursoziologie [abgibt], sondern der Bezug auf soziologische Theorie« (Pfau, 1993, S. 45), dann sollte ein weiterer Zurechnungsweg erprobt werden, der als literarische ›Nachahmung von Sozialtheorie‹ bezeichnet werden kann. Er schließt sich zwar an die Analyse der von Literatur dargestellten Sozialsysteme an (›Nachahmung des Sozialen‹), verzichtet aber auf eine kurzschlüssige Verrechnung der literarischen Darstellung sozialer Verhältnisse mit den Ursachen, Entstehungsbedingungen und gesellschaftlichen Funktionen dieser Darstellungen. Analogien werden nun nicht mehr zwischen textinternen und textexternen Kommunikationssystemen konstruiert, sondern zwischen literarischen und sozialtheoretischen Konstruktionen des ›Sozialen‹. Angesichts der Problematisierung mündlicher und schriftlicher Kommunikation im *Urteil* scheint es nahe liegend, diese Probleme mit Hilfe der systemtheoretischen Konzeption ›symbolisch generalisierter Kommunikationsmedien‹ aufzuschlüsseln.

Schon in der Titelei der Erzählung überlagern sich drei verschiedene Kommunikationsebenen, die auf eines der zentralen Themen des *Urteils* hinweisen, nämlich auf die Beziehung von Mündlichkeit und Schriftlichkeit unter Bedingungen der ›modernen‹ Gesellschaft. Die Hierarchie von Titel, Untertitel und Widmung – »Das Urteil – Eine Geschichte – Für F.« (7) – verhält sich dabei spiegelverkehrt zur Schachtelung der Kommunikationssituationen. Bezeichnet die Widmung an Kafkas Verlobte Felice Bauer den Bezug auf eine textexterne Adressatin, deren Initialen sich mit denjenigen der textinternen Verlobten Georg Bendemanns Frieda Brandenfeld decken, so ruft der Untertitel Merkmale des sprachlichen Mediums der Botschaft ab, die den Gegenstand der einseitigen Kommunikation zwischen Autor und Rezipient(in) bildet: Als ereignishafte Narration erzählt das *Urteil* (auch) eine Problem-›Geschichte‹ schriftlicher und mündlicher Kommunikation und Meta-Kommunikation, deren Misserfolg und destruktiver ›Erfolg‹ einander wechselseitig bedingen. Das titelgebende väterliche ›Urteil‹ über den Sohn erweist sich schließlich als performativer Sprechakt (»Ich verurteile dich«, 19), der sich in der unmittelbar folgenden Selbstvollstreckung des Urteils durch den Verurteilten seine eigene Realitätsbasis schafft und seine ›Berechtigung‹ nachträglich unter Beweis zu stellten scheint.

Der Urteilsakt, die selbstzerstörerische Anschlusshandlung Georgs und die vorausgehende mündliche Kommunikation zwischen Vater und Sohn über dessen einseitiges schriftliches Kommunikationsangebot an den abwesenden Freund sowie die wiederum vorgeschaltete Reflexion Georgs über die Grenzen der Briefkommunikation mit diesem Freund unmittelbar nach Beendigung des Schreibakts werden – was die Widmung signalisiert – ihrerseits in textexterne schriftliche Kommunikationsakte Kafkas mit der ›anwesenden‹ Felice Bauer eingebettet. Sie betreffen diese Widmungsformel selbst, den Erfolg des *Urteils* bei privaten Lesungen vor der Buchpublikation, offensichtliche und versteckte Bezüge zwischen den Namen (Frieda Brandenfeld / Felice Bauer; ›Bende-‹ / Kafka usw.) sowie den ›Sinn‹ der ›Geschichte‹. Dass der individuelle Adressatenbezug zu Felice mittels der Widmung explizit an die ›Geschichte‹ angelagert, zugleich aber auch partiell verhüllt wird, zeigt, wie sehr Kafka versucht hat, »die Beziehungen zwischen literarischem Text und Briefrede zu etablieren und zu verleugnen, den Namen zugleich als Kryptogramm und öffentliches Bekenntnis zur Geltung zu bringen« (Neumann, 1981, S. 39; vgl. auch S. 69–71). Der Erstdruck von 1913 betont die externe Kommunikationssituation noch stärker, da er dem Untertitel den Autornamen anfügt und die Widmung noch nicht so weitgehend neutralisiert (»Eine Geschichte von Franz Kafka. Für Fräulein Felice B.«). Beide Widmungsvarianten repräsentieren eine individuelle Adressatenrolle, die der Einseitigkeit und Anonymität des Adressatenbezuges literarischer Kommunikation entgegenzuwirken versucht, ohne die soziale Reichweite solch schriftlicher, situationsabstrakter Kommunikation jedoch einzuschränken. Ein individueller Adressat, wie er in mündlichen Kommunikationssituationen real anwesend ist und dem Briefeschreiber immerhin noch vorschweben mag, kann die Botschaft der ›Geschichte‹ leichter entschlüsseln, verfügt er doch über zusätzliches Wissen über die Person des Sprechers, das dem literarischen Publikum fehlt. Sozial generalisierbar, also für abwesende anonyme Leser verständlich und erfolgreich wird das *Urteil* jedoch nur dann, wenn es als literarischer Kommunikationsakt kommunizierbar wird. Erst als solcher überwindet die Erzählung die ›Unwahrscheinlichkeitsschwellen‹, die den Erfolg einseitiger, anonymer und nicht an eine bestimmete Situation gebundener Schriftkommunikation hemmen.

Wird ›Kommunikation‹ nun mit Luhmann als »Synthese dreier Selektionen, als Einheit aus Information, Mitteilung und Verstehen« (Luhmann, 1984, S. 203)[13] definiert, dann bildet das Verstehen der Differenz zwischen Information und Mitteilung die Voraussetzung gelingender Kommunikation: ›Ich‹ versteht nicht nur, dass ›Du‹ eine Information mitgeteilt hat, sondern auch, dass sich die Mitteilung in ihrer sozialen Funktion nicht auf ihre bloße Information reduzieren lässt. Da sich die drei Selektionen jedoch als unsicher erweisen, bedarf es funktionsspezifischer Medien, die die Unwahrscheinlichkeit erfolgreicher Kommunikation reduzieren: Neben dem Zeichensystem der Sprache als Voraussetzung dafür, dass Informationen einer mündlichen

13 Vgl. auch den Beitrag von Nina Ort zur Systemtheorie im vorliegenden Band.

Rede oder eines schriftlichen Textes überhaupt verstanden und von ihrer Mitteilungsfunktion unterschieden werden können, werden Speicher- und Verbreitungsmedien benötigt, die anwesende oder abwesende, gegenwärtige oder zukünftige, intendierte oder potenzielle Adressaten von Mitteilungen erreichen. Darüber hinaus bedarf es der neuzeitlichen ›Erfolgsmedien‹ wie ›Eigentum/Geld‹, ›Macht/Recht‹, ›Liebe‹, ›Wahrheit‹ und ›Kunst‹, die zur Annahme fremder Selektionsleistungen auch da motivieren, wo Kommunikation nicht mündlich zwischen Anwesenden, sondern schriftlich, also raum-zeitlich entkoppelt stattfindet. Schrift und insbesondere die Erfindung und Verbreitung des Buchdrucks erweitern die Informationsmenge und erhöhen das Kommunikationspotenzial der Gesellschaft immens, ohne dass – wie in einem Gespräch – der Erfolg der Kommunikation zwischen Anwesenden sofort und direkt überprüft werden könnte. Da aber »Sprache allein [...] noch nicht fest[legt], ob auf eine Kommunikation mit Annahme oder mit Ablehnung reagiert wird« (Luhmann, 1997, S. 204) fangen die ›Erfolgsmedien‹ als Zusatzeinrichtungen zur Sprache den Funktionsverlust der Motivationsmittel ›Religion‹ und ›Moral‹ seit der frühen Neuzeit auf und schränken die vermehrten Wahlmöglichkeiten wieder ein. Einerseits steigert Schrift »das Risiko der Selbst- und Fremdtäuschung und das Risiko der Ablehnung von Kommunikationen« (ebd., S. 290), andererseits versuchen ›Eigentum/Geld‹, ›Macht/Recht‹, ›Liebe‹, ›Wahrheit‹ und ›Kunst‹ diese Folgeprobleme von Schrift zu entschärfen. Im Bereich von Poetologie und Literatur wirkt sich zudem eine Allianz von Rhetorik, Topik und Moral aus, die den bedrohten Erfolg von printmedialer Kommunikation mit den Überredungs-, Überzeugungs- und Motivationsmitteln mündlicher Rede und dramatischer ›Actio‹ sicherstellt: Der »Ausbau der Schriftkompetenz [stimuliert] [...] die Parallelentwicklung mündlicher Kommunikation«, und »Persuasivtechnik und Rhetorik werden gerade jetzt [...] besonders gepflegt«

(ebd., S. 287). Spätestens aber seit der Ausdifferenzierung von Literatur als eines autonomen gesellschaftlichen Subsystems mit eigenständigen Handlungsrollen im letzten Drittel des 18. Jahrhunderts und infolge der Etablierung von Literatur als situationsabstraktes Massenmedium seit der Spätphase der ›Aufklärung‹ hat sich das Problem der erhöhten Unwahrscheinlichkeit und geminderten Erfolgschancen literarischer Kommunikation derart verschärft, dass es nur auf dem gesteigerten Komplexitätsniveau des Sozialsystems ›Literatur‹ erfolgreich bearbeitet werden kann. Anstatt den literarisch freigesetzten Deutungsspielraum und den damit verknüpften Reflexionsgewinn mit den Mitteln des 17. Jahrhunderts einzugrenzen, erfüllt das Sozialsystem ›Literatur‹ nun die Funktion, diesen Gewinn zu institutionalisieren und dauerhaft kommunikativ zu nutzen (vgl. Jäger, 1991).

Vor diesem Hintergrund positionieren sich Kafka und das *Urteil* literatur- und mediengeschichtlich: Sowohl im Text als auch in der brieflichen Anschlusskommunikation Kafkas werden die Probleme der Konkurrenz von Mündlichkeit und Schriftlichkeit sowie die Unwahrscheinlichkeit gelingender Kommunikation reflektiert. Erfolgreiche literarische Kommunikation anlässlich des *Urteils* scheint schon auf der Ebene von (sprachlich korrekter) Information und obskurer Mitteilung bedroht, denn der Sinn der gegebenen Informationen, also die Bedeutung der Erzählung als kohärente Mitteilung bleibt uneindeutig: »Findest Du im *Urteil* irgendeinen Sinn, ich meine einen geraden, zusammenhängenden, verfolgbaren Sinn? Ich finde ihn nicht und kann auch nichts darin erklären« (Kafka im Brief an Felice Bauer vom 2. Juni 1913, F 394). Die in privaten und halböffentlichen Lesungen sowie in der Drucklegung erfolgreiche Verbreitung wird ebenso thematisiert wie der mit der Erweiterung und Anonymisierung des Adressatenkreises einhergehende Verlust der Möglichkeit, selbst in sinnstiftende Kommunikation über die ›innere Wahrheit‹ des *Urteils* einzugreifen, den freigesetzten Reflexionsgewinn also zu kontrollieren: Hätte die kleine Geschichte »nicht innere Wahrheit (was sich niemals allgemein feststellen läßt, sondern immer wieder von jedem Leser oder Hörer von neuem zugegeben oder geleugnet werden muß) sie wäre nichts« (F 156). Das ›Glück‹ des erfolgreichen Autors projiziert Kafka zudem auf die Adressatin seiner privaten (Brief-)Kommunikation, die durch die Widmung an der Schnittstelle von Text und anonymer Rezipientenschaft angesiedelt wird. Zugleich bindet der Autor solches ›Glück‹ der Widmungsadressatin und Leserin an die schriftliche Öffentlichkeit einer vorerst nur privat erfolgreichen, mündlichen Vermittlung des *Urteils*: »Sieh mal, glückliches Mädchen, wie man in dem beigelegten Zeitungsausschnitt, trotzdem es doch nur eine private Veranstaltung war, Deine kleine Geschichte öffentlich und übertrieben lobt« (F 162). Ganz im Gegensatz zu den im *Urteil* selbst dargestellten Kommunikationsverhältnissen wird hier die Anschlussfähigkeit und Konvertierbarkeit von Schrift (die geschriebene Erzählung) in mündliche Rede (erfolgreiche Lesungen des Textes) zurück in situationsabstrakte anonymisierte Schriftkommunikation beschworen (Veröffentlichung der Zeitungsrezension, später auch der Erzählung selbst).

Der zweifelhafte ›Erfolg‹ selbstzerstörerischer mündlicher Kommunikation zwischen Vater und Sohn und das vollständige Scheitern der schriftlichen Kommunikation Georgs mit dem abwesenden Freund in der dargestellten Welt des *Urteils* erweisen sich somit als erfolgreich kommunizierbar. Die vom Text gegebenen ›Informationen‹ über misslingende Kommunikation ermöglichen, dass sie als ›Mitteilungen‹ adäquat (nämlich als Literatur) verstanden und ihrerseits situationsabstrakt, d.h. auch nach der Buchpublikation, erfolgreich kommuniziert werden können. Was ›kommuniziert‹ aber *Das Urteil* selbst über Kommunikation?

›Falsche Briefchen‹ und ›noch eigentlichere Komödie‹: Zum Verhältnis von Schriftlichkeit und Mündlichkeit

Der nach dem Tod der Mutter selbständig und erfolgreich in der väterlichen Firma wirtschaftende und durch das Kommunikationsmedium ›Geld/Eigentum‹ stark motivierte Kaufmann Georg Bendemann sendet sein schriftliches ›Werk‹ – den endlich beendeten ›langen‹ Brief, in dem er dem Freund in Petersburg seine Verlobung anzeigt – nicht ab, ohne zuvor seinen Vater aufzusuchen und ihn darüber zu informieren. Da er mit dieser Information keine sinnvolle Mitteilung zu transportieren weiß (»›Ich wollte dir eigentlich nur sagen‹«, 12; »›Ehe ich jedoch den Brief einwarf, wollte ich es dir sagen‹«, 13), wirkt das Geschehen unmotiviert und insofern ereignishaft. Zwischen den lustvoll in »spielerischer Langsamkeit« (7) beendeten Schreibakt und den Akt des Absendens als Vorstufe des eigentlichen Mitteilungsaktes schiebt sich zunächst eine Phase der Erinnerung an die Vorgeschichte dieses Schreibaktes (7–11). Während dieser Zeit wird die gestisch-mimische (Gruß-)Kommunikation mit der Außenwelt auf ein Minimum reduziert (11). Die über dem bereits verschlossenen Brief freigesetzte Reflexion (»Er dachte darüber nach«) mündet sodann in den überraschenden Abbruch des ›Briefverkehrs‹ durch die von Georg provozierte mündliche Meta-Kommunikation mit seinem Vater über diesen Brief, seinen Adressaten und ihn selbst. Der Vater konkurriert zwar offenkundig mit dem erst geleugneten,[14] dann von ihm ersetzten abwesenden Freund Georgs (»›Ich war sein Vertreter hier am Ort […]‹«, 17), aber das Gespräch über Georgs Brief kann die – auch in Zukunft kaum erwartbare – *face-to-face*-Kommunikation mit dem Briefempfänger nicht ersetzen (vgl. invers: »›Tausend Freunde ersetzen mir nicht meinen Vater […]‹«, 14).

14 »›Hast du wirklich diesen Freund in Petersburg?‹« (13), »›Du hast keinen Freund in Petersburg.‹« (14)

Vielmehr verhindert Georgs Versuch, einen autonomen schriftlichen Kommunikationsakt zum falschen Zeitpunkt und mit dem falschen Gesprächspartner mündlich abzusichern, jede weitere Anschlusskommunikation.

Schon der Schreibakt Georgs hatte – zumindest in der erlebten Rede seiner Erinnerung – Hemmnisse zu überwinden, die den Erfolg von Briefkommunikation mit einem als isoliert und unkommunikativ wahrgenommenen Freund ohne »rechte Verbindung« und fast ohne »gesellschaftlichen Verkehr« (7) sehr zu mindern scheinen: »Was sollte man einem solchen Manne schreiben« (7) und auf diesem Wege raten, der sich durch räumliche Ferne und soziale Fremdheit auszeichnet? Auch den Zweck solcher Fernkommunikation ohne Verstehensgarantie und mit geringer Annahmewahrscheinlichkeit seitens des Adressaten zieht Georg in Zweifel: »– er sagte ja selbst, dass er die Verhältnisse in der Heimat nicht mehr verstünde –« (8). Die Problematik der im Schriftmedium gesteigerten Unwahrscheinlichkeit des Kommunikationserfolges tritt überdeutlich zu Tage, und Georg zieht hieraus Konsequenzen für diejenige Seite der Kommunikation, die Informationen übermitteln will: »[man] konnte ihm, wenn man noch überhaupt die briefliche Verbindung aufrecht erhalten wollte, keine eigentlichen Mitteilungen machen [...]« (8).[15] Dass Georg sodann auf »bedeutungslose Vorfälle« (9) – als Informationen sind diese nicht falsch, als wiederholte Mitteilungen aber sozial kaum verstehbar – ausweicht und ihm mehrfach anstelle seiner eigenen die »Verlobung eines gleichgültigen Menschen« (10) anzeigt, bewirkt jedoch, dass sich »der Freund, ganz gegen Georgs Absicht, für diese Merkwürdigkeit zu interessieren begann« (ebd.). Wiederholte Informationen werden also letztlich doch als sinnvolle Mitteilungen ver-

15 »[E]igentliche Mitteilungen« impliziert mindestens zwei Unterscheidungen von ›Information‹ und ›Mitteilung‹: ›uneigentliche Mitteilungen‹ (an den Freund) und »noch eigentlicher[e]« (der Vater an und über den Sohn, 19; vgl. Georg zum Vater, 12).

standen und führen zu Anschlusskommunikation. Erst die mündliche Kommunikation Georgs mit seiner Braut Frieda, mit der er oft »über diesen Freund und das besondere Korrespondenzverhältnis, in welchem er zu ihm stand«, spricht (10), führt zu der Entscheidung, dem Freund ohne Rücksicht auf die ihm zugeschriebenen Neidgefühle die Wahrheit mitzuteilen. Dass nicht ›falsche‹ Information, sondern die Freisetzung zusätzlicher Kommunikationsmotivationen die richtige Antwort auf Probleme der Schriftkommunikation mit Abwesenden darstellt, wird Georg durch die ›Eifersucht‹ und ›Kränkung‹ Friedas vermittelt: Sie fühlt sich aus der unaufrichtigen Korrespondenz Georgs ausgeschlossen (10) und behauptet ein Exklusivverhältnis von ›Verlobung‹ einerseits – also sozialer Inklusion und kommunikativer Aufrichtigkeit – und einer Art von ›Freundschaft‹ andererseits, innerhalb derer gerade die Verlobung nicht kommuniziert werden kann (»›Wenn du solche Freunde hast, Georg, hättest du dich überhaupt nicht verloben sollen‹«, 10). Friedas impliziter Appell an ›Liebe‹ (zu ihr) und ›Wahrheit‹ (gegenüber dem Freund) als ›Erfolgsmedien‹ von Kommunikation lässt Georg sogar Individualität, Ganzheit und Authentizität als sozial kommunikabel erscheinen (»›ich kann nicht aus mir einen Menschen herausschneiden, der vielleicht für die Freundschaft mit ihm geeigneter wäre, als ich es bin‹«, 10). In der Erinnerung vergegenwärtigt sich Georg dies als ein konstruktives Bedingungsverhältnis von Gespräch und Brief, ermöglicht es doch einen ›erlösenden‹ Anschlussschreibakt.

Wie anders wirkt sich dagegen das destruktive Gegenstück hierzu aus, also das Anschluss-Gespräch über den vollendeten Brief mit Georgs Vater: Dieser geht nicht nur aggressiv mit kommunikativer und erotischer Konkurrenz um,[16] sondern erinnert auch an die just gelösten Probleme

16 Vgl. auch: »›damit du an ihr ohne Störung dich befriedigen kannst, hast du unserer Mutter Andenken geschändet, und den Freund verraten und deinen

der Schriftkommunikation. Er vollzieht am Ende im Sprechakt des ›Urteils‹ einen Realität stiftenden – unmittelbar ›erfolgreichen‹ – und zugleich Realität tilgenden, weil Georgs Selbstmord auslösenden oral-performativen Gewaltakt, den der Sprecher nicht zu überleben scheint (»den Schlag, mit dem der Vater hinter ihm aufs Bett stürzte, trug er noch in den Ohren davon«, 19).

Zunächst appelliert der scheinbar vergessliche Vater an das Kommunikationsmedium ›Wahrheit‹, um Georgs Eingeständnis als »›Spaßmacher‹« (14) zu erwirken, dass sein Brief Kommunikation nur fingiere und der Freund gar nicht existiere (»volle Wahrheit«; »täusche mich nicht«, 13). Danach gesteht er aber nicht nur dessen Existenz ein, sondern assoziiert die räumliche Autonomie des Sohnes (»Darum doch sperrst du dich in dein Bureau«, 16) mit dessen heimlichen »falsche[n] Briefchen« an den Freund, die erfolglos mit seiner angeblich eigenen und ›wahrhaftigen‹ Korrespondenz um den Freund konkurrierten.[17] Erneut erscheint Georgs Brief als sinnlos, diesmal jedoch deshalb, weil der Adressat bereits »alles […] hundertmal«, und »tausendmal besser« wisse als der Sohn (18) und der Vater die Hemmschwellen des Schriftverkehrs immer schon erfolgreich überwunden zu haben vorgibt.

Mag Georg den Vater auch als ›Komödianten‹ (17) bezeichnen, die mündlich heraufbeschworene Unwahrscheinlichkeit erfolgreicher schriftlicher Kommunikation mit dem Abwesenden untergräbt auch die Sprachkompetenz Georgs gegenüber dem Anwesenden, ja dessen Situationsmächtigkeit überhaupt: Es gelingt ihm – auf selbstdestruktive Weise – nicht, Äußerungen rechtzeitig zu unterdrücken (»und biß, nur zu spät, […] in seine Zunge«, 17), der Vater kritisiert Zeitpunkt und Kohärenz von Georgs Äußerung

Vater ins Bett gesteckt, damit er sich nicht rühren kann‹« (17), »›Ich fege sie [die Braut] dir von der Seite weg‹« (18).

17 »›[D]eine Briefe zerknüllt er ungelesen in der linken Hand, während er in der Rechten meine Briefe zum Lesen sich vorhält!‹« (18)

(»›Das wolltest du wahrscheinlich früher sagen. Jetzt paßt es ja gar nicht mehr [...]‹«, 19), außerdem schrumpft Georgs situationsinterner Zeithorizont zu einer flüchtigen, diskontinuierlichen und »zerstreut[en]« (17) Gegenwart ohne Vergangenheit und Zukunft (»Nur einen Augenblick dachte er das, denn immerfort vergaß er alles«, 18), die in Kontrast zu seiner anfänglichen Erinnerungsfähigkeit steht (7–10), aber mit dem nun gestörten Zusammenhang seiner Bewegungen im Raum korrespondiert (»stockte aber in der Mitte des Weges«, 17). Bezeichnend ist schließlich auch, dass Georg selbstadressierte Gedanken und fremdadressierte Äußerungen mit weitreichender Öffentlichkeit – aber höherem Verstehens- und Annahmerisiko – verwechselt (»sagte sich Georg und glaubte, er könne ihn mit dieser Bemerkung in der ganzen Welt unmöglich machen«, 18).

All dies disponiert Georg dazu, das über ihn als »›[eigentlich] unschuldiges Kind‹« und »›noch eigentlicher [...] teuflischen Menschen‹« (19) gefällte Todesurteil des Vaters nicht als fiktionales Sprachspiel, als ›Komödien‹-Szene, sondern als ›eigentlich‹ zu verstehen und sofort an sich selbst zu vollstrecken (»gejagt«, »eilte«, »sprang«, »trieb es ihn«, 19). Als ›Teufel‹ lässt er sich dabei auch nicht von der Begegnung mit seiner Bedienerin auf der Treppe und ihrem Ausruf »›Jesus!‹« aufhalten. Information, Mitteilung und Annahme der einseitigen Kommunikation sind auf die denkbar kleinste Zeitdifferenz komprimiert, stürzen beinahe in eins zusammen. Der Prozess der Verzeitlichung und situativen Entkoppelung, dem die Komponenten der schriftlichen Kommunikation seit der Neuzeit unterworfen sind, wird schlagartig und wie in einem mediengeschichtlichen Atavismus von selbstzerstörerischer mündlicher Kommunikation zurückgenommen.

Der väterliche Urteilsakt verdankt seinen ›unwahrscheinlichen‹ Erfolg jedoch nicht allein seiner ›sprachmagischen‹ Bannkraft. Georg scheint vielmehr zu seiner Reaktion von zusätzlichen ›Kommunikationsmedien‹ motiviert zu werden, die der Text als eine sich gegenseitig stützende Konstellation aus ›Macht/Recht‹, ›Wahrheit‹ und ›Liebe‹ zu erkennen gibt. Die perfomative ›Macht‹ des Urteilsspruchs über einen ›Teufel‹ verdankt sich noch den vormodernen, religiös abgesicherten Kommunikations- und Herrschaftsverhältnissen des Patriarchats. Motiviert ferner ›Wahrheit‹ Georg Bendemann zum Suizid, dann impliziert dies, dass der Vater ›Recht habe‹, die Wahrheit, also ›Recht spreche‹, sodass die Annahme des ›Urteils‹ einem Schuldeingeständnis gleichkommt.

Als wirkungsmächtigstes Motivationsmedium erscheint jedoch die ambivalente ›Liebe‹ des ›ödipal‹ schuldhaften Sohnes, seine bis zur Selbstaufgabe reichende Vaterbindung. Georgs anfängliche, freiwillige Mitteilung an den Vater über den geschriebenen Brief legt dies ebenso nahe, wie sein »leise[r]« ungehört bleibender Sprechakt am Ende, der als eine virtuelle Widmungsadresse an die abwesenden Eltern verstanden werden kann. Der Sohn verknüpft seinen bevorstehenden Tod mit einem letzten einseitigen Redeakt (»›Liebe Eltern, ich habe euch doch immer geliebt‹«, 20), der außerdem wie eine textinterne Widmungsalternative für die ›Geschichte‹ des *Urteils* selbst zu lesen ist. Die Konkurrenz zwischen der geliebten Braut Frieda und den ›lieben Eltern‹ scheint textextern auf »F.« (7) extrapolierbar und entlarvt fremdadressierte Widmungen (»Für F.«) zugleich als erfolglose weil selbstadressierte Rede (»›Liebe Eltern‹«). – Zu folgern und festzuhalten bleibt zweierlei:

(1) Das Ende des *Urteils* inszeniert eine ›unwahrscheinliche‹, mündliche Kommunikation, deren ebenfalls hochgradig unerwartbarer ›Erfolg‹ auf ein latentes Zusammenwirken mehrerer ›symbolisch generalisierter Kommunikationsmedien‹ zurückzuführen ist – und es inszeniert diesen ›Erfolg‹ als selbstdestruktiv und nicht anschlussfähig. Die Wirkung der sozial stabilisierenden Kommunikationsmedien scheint in ihr Gegenteil pervertiert. Eine gefährlich, ja tödlich erhöhte ›Annahmewahrscheinlichkeit‹ von Kommunikation zu vermeiden und sozial abzufangen ist ebenso

Aufgabe moderner Gesellschaften, wie diese Gesellschaften das inverse – von Luhmann betonte – Problem schriftkulturell hoher ›Annahme-Unwahrscheinlichkeit‹ zu bearbeiten haben. In beiden Grenzfällen spielen ›Kommunikationsmedien‹ und ihre historisch unterschiedliche Koppelung an Speicher- und Verbreitungsmedien wie Sprache und Schrift eine stabilisierende Rolle: Im ersten Fall schieben sie sich kontrollierend zwischen die ununterscheidbar werdenden Komponenten von Kommunikation (›Information‹, ›Mitteilung‹, ›Verstehen‹, ›Annahme‹) und garantieren so ein Mindestmaß an zeitlicher und sachlicher Differenz, die vor selbstzerstörerischer Kurzschluss-Kommunikation bewahren. Im anderen Fall gleichen sie gerade die als Folge zu großer Zeitdifferenz auftretenden Hindernisse insbesonders schriftlicher und printmedialer Kommunikation aus. In beiden Fällen stellen sie sicher, dass gesellschaftliche Kommunikation dauerhaft anschlussfähig und sozial erfolgreich bleibt und dass die labile Balance zwischen den Extrempunkten einer zu niedrigen und einer zu hohen Annahmewahrscheinlichkeit von Kommunikation, zwischen »fast keinem gesellschaftlichen Verkehr« (7) und einem »geradezu unendlichen Verkehr« (20) gewahrt bleibt.

Dass diese Balance in Bendemanns Welt allerdings gerade durch die Fehlfunktion von Kommunikationsmedien gestört wird, weist auf das Versagen – oder genauer: die Unterdrückung – einer situationsangemessenen Motivationsinstanz hin, die dem vermeintlich ›spielerischen Spaßmacher‹ Georg (14) ein Verständnis der Situation als zeichenhafte dramatische Form, als ›Komödie‹ (17) ermöglicht hätte. Nachdem der »zugedeckte« Vater die entmündigend-fürsorgliche Situationsdefinition durch Georg plötzlich beendet hat (16), verbietet sich dieser die spätestens jetzt plausible ›komödiantische‹ Deutung des väterlichen Verhaltens auf schmerzhafte Weise (»biß […] in seine Zunge, daß er vor Schmerz einknickte«, 16). Das ›Komödiantische‹ unterliegt der Tabuisierung als ›Falschheit‹, obwohl ihm der Vater selbst »Trost«-Funktion zuschreibt (»›Komödie! Gutes Wort!‹«, 17). Georgs Selbstzensur erstickt jedoch jede uneigentliche Situationsdeutung, die – wie literarische Kommunikation selbst – eine strikte und stabile Unterscheidung von ›Information‹ und ›Mitteilung‹ erfordere, und belegt sie mit körperlicher Selbstbestrafung.

Kafkas *Urteil* illustriert des Weiteren ein prekäres Übersetzungs- und Kontrollverhältnis von Mündlichkeit und Schriftlichkeit: Werden in einer entwickelten modernen Schriftkultur die Probleme situationsabstrakter Kommunikation (der Brief Georgs an den Freund) auf der Seite des Schreibenden mühsam im Zusammenwirken mit Mündlichkeit (das Gespräch zwischen Frieda und Georg) gelöst, so ist der Erfolg des Kommunikationsakts noch keineswegs gesichert: In diesem Fall wird er sogar vor Absenden des Briefes durch eine unmotivierte, mündliche Anschlusskommunikation torpediert, die als Meta-Kommunikation über Schriftkommunikation beginnt (das Gespräch zwischen Georg und Vater) und mit dem Einbruch einer asymmetrischen, vormodern anmutenden und gefährlich ›erfolgreichen‹ Mündlichkeit endet (das ›Urteil‹ des Vaters über den Sohn). Dies führt zum einen die destruktive Kehrseite von Meta-Kommunikation und Selbstreferenzialität vor Augen und verdeutlich zum anderen, wie ein selbständiger Schreibakt des Sohnes vor seinem sozialen Erfolg als Kommunikationsakt durchkreuzt und mit gesteigerter mündlicher Performanz des infantilen Vaters bestraft wird: Die ›Stimme‹ des Vaters löscht ›Schrift‹ und ›Stimme‹ des erwachsenen Sohnes aus. Dass Letzteres nicht nur auf Kafkas eigene Anschlusskommunikation über das *Urteil* an der Nahtstelle zwischen privater Mündlichkeit und öffentlicher Schriftlichkeit, sondern zeichenhaft auf seine Schreibsituation bezogen werden kann, ist ein Gemeinplatz der Kafka-Philologie. Inwieweit sich darin jedoch sozialgeschichtlich generalisierbare Probleme manifestieren, die innerhalb eines ausdifferenzierten und ›autonomen‹ Literatursystems mit den Mitteln der Literatur bearbeitet, gelöst oder verschärft, jedenfalls aber kommuniziert werden können, muss hier offen bleiben. Dass Literatur selbst als ›symbolisch generalisiertes Kommunikationsmedium‹ fungieren kann, belegt jedoch die Rezeptions- und Interpretationsgeschichte von Kafkas *Urteil*, das als Kommunikation von Kommunikationsproblemen eine denkbar hohe ›ästhetische‹ Annahmewahrscheinlichkeit erreicht hat.

(2) Ob Kafkas Text Luhmanns Kommunikationsmedientheorie metaphorisch plausibilisieren oder deren historischen Thesen-Kern gar untermauern kann, oder ob umgekehrt Luhmanns Theoriekonstruktion lediglich eine Leseebene des *Urteils* erhellt, die sich auch ohne fachfremde Theorie erschließt, bleibe vorerst dahingestellt. Nicht voreilig, d.h. nicht ohne gesicherte Beurteilungskriterien sollte auch entschieden werden, wie die Ergebnisse solcher literarischen ›Nachahmung von Sozialtheorie‹ zu interpretieren sind und was aus ihnen über das Verhältnis von Literatur und Gesellschaft oder über die literarischen (Selbst-)Bilder von Mündlichkeit und Schriftlichkeit gefolgert werden kann, ob darin also mehr als eine zirkuläre Übersetzung von Literatur in Sozialtheorie zu erblicken ist, die sich in soziologischer ›Dekonstruktion‹ ohne sozialgeschichtlichen Aussagewert erschöpft. Solange das »Versprechen der Sozialgeschichte (der Literatur)« noch nicht abgegolten ist, »die Nicht-Reversibilität von sozialem Zusammenhang und literarischem/nicht-literarischem Text« (Fohrmann, 2000, S. 111) zu modellieren, ohne in verkappte soziologische Nachahmungspostulate zurückzufallen, scheint es indessen geboten, das Spannungsfeld zwischen ästhetischer ›Autonomie‹ und sozialer Funktion von Literatur, zwischen mikroanalytischer Texterschließung und systemtheoretischer Rekonstruktion von ›Gesellschaft‹ und ›Kommunikation‹ immer wieder auszumessen, um die heuristischen Chancen und metaphorischen Grenzen der Anwendung sozialtheoretischer Aussagen auf literarische Texte zu erkunden.

Literaturhinweise

Adorno, Theodor W.: Aufzeichnungen zu Kafka. In: Th. W. A.: Prismen. Kulturkritik und Gesellschaft. Gesammelte Schriften 10.1. Frankfurt a. M. 1977.

– Rede über Lyrik und Gesellschaft [1957]. In: Th. W. A.: Noten zur Literatur. Frankfurt a. M. 61994. S. 49–68.

Bourdieu, Pierre: Zur Soziologie der symbolischen Formen. Frankfurt a. M. 1974.

– Die Regeln der Kunst. Genese und Struktur des literarischen Feldes. Frankfurt a. M. 1999.

Brenner, Gerd: Der poetische Text als System. Ein Beitrag kritischer Systemtheorie zur Begründung des Poetischen. Anmerkungen zu Kafka. Frankfurt a. M. 1978.

Bruck, Oliver / Kaiser, Max [u. a.]: Eine Sozialgeschichte der Literatur, die keine mehr sein will. In: Internationales Archiv für Sozialgeschichte der deutschen Literatur 24 (1999) S. 132–157.

Fohrmann, Jürgen: Das Versprechen der Sozialgeschichte (der Literatur). In: Nach der Sozialgeschichte. Konzepte für eine Literaturwissenschaft zwischen Historischer Anthropologie, Kulturgeschichte und Medientheorie. Hrsg. von Martin Huber und Gerhard Lauer. Tübingen 2000. S. 105–112.

Fuchs, Peter: Vom schweigenden Aufflug ins Abstrakte: Zur Ausdifferenzierung der modernen Lyrik. In: Niklas Luhmann / Peter Fuchs: Reden und Schweigen. Frankfurt a.M. 1989. S. 138–177.

Fügen, Hans Norbert: Zur Wissenschaftlichkeit und Systematik der soziologischen Roman-Interpretation. In: Internationales Archiv für Sozialgeschichte der deutschen Literatur 7 (1982) S. 1–19.

Goldmann, Lucien: Soziologie des modernen Romans. Berlin/Neuwied 1970.

Huber, Martin / Lauer, Gerhard (Hrsg.): Nach der Sozialgeschichte. Konzepte für eine Literaturwissenschaft zwischen Historischer Anthropologie, Kulturgeschichte und Medientheorie. Tübingen 2000.

Jäger, Georg: Die Reflexivität literarischer Kommunikation. Zur Rekonstruktion der literarischen Evolution im 18. Jahrhundert als Reflexivitätsgewinn. In: Medien und Kultur. Hrsg. von Werner Faulstich. Göttingen 1991. S. 86–94.

Luhmann, Niklas: Gesellschaftsstruktur und Semantik. Studien zur Wissenssoziologie der modernen Gesellschaft. Bd. 1. Frankfurt a. M. 1980.

– Soziale Systeme. Grundriß einer allgemeinen Theorie. Frankfurt a.M. 1984.

– Gesellschaftsstruktur und Semantik. Studien zur Wissenssoziologie der modernen Gesellschaft. Bd. 4. Frankfurt a.M. 1995.

– Die Gesellschaft der Gesellschaft. Frankfurt a.M. 1997.

Lukács, Georg: Der historische Roman [1936/37]. Neuwied/Berlin 1965.

Meyer, Friederike / Claus-Michael Ort: Konzept eines strukturalfunktionalen Theoriemodells für eine Sozialgeschichte der Literatur. In: Zur theoretischen Grundlegung einer Sozialgeschichte der Literatur. Ein struktural-funktionaler Entwurf. Hrsg. von Renate von Heydebrand, Dieter Pfau und Jörg Schönert. Tübingen 1988. S. 85–171.

Neumann, Gerhard: Franz Kafka. *Das Urteil.* Text, Materialien, Kommentar. München/Wien 1981.

Ort, Claus-Michael: Vom Text zum Wissen. Die literarische Konstruktion sozio-kulturellen Wissens als Gegenstand einer nichtreduktiven Sozialgeschichte der Literatur. In: Vom Umgang mit Literatur und Literaturgeschichte. Positionen und Perspektiven nach der ›Theoriedebatte‹. Hrsg. von Lutz Danneberg und Friedrich Vollhardt. Stuttgart 1992. S. 409–441.

Pfau, Dieter: Literatursoziologie. In: Walther Killy (Hrsg.) Literaturlexikon. Bd. 14: Begriffe, Realien, Methoden. Hrsg. von Volker Meid. Gütersloh/München 1993. S. 41–45.

Schmidt, Siegfried J.: Grundriß der Empirischen Literaturwissenschaft. Mit einem Nachw. zur Taschenbuchausgabe. Frankfurt a. M. 1991.

Schneider, Helmut J.: Sozialgeschichtliche Werkinterpretation. Der Zusammensturz des Allgemeinen. In: Positionen der Literaturwissenschaft. Acht Modellanalysen am Beispiel von Kleists *Das Erdbeben in Chili.* Hrsg. von David Wellbery. München [2]1987. S. 110–129.

Schönert, Jörg: Mentalitäten, Wissensformationen, Diskurse und Medien als dritte Ebene einer Sozialgeschichte der Literatur. Zur Vermittlung zwischen Handlungen und symbolischen Formen. In: Nach der Sozialgeschichte. Konzepte für eine Literaturwissenschaft zwischen Historischer Anthropologie, Kulturgeschichte

und Medientheorie. Hrsg. von Martin Huber und Gerhard Lauer. Tübingen 2000. S. 95–103.
Vogl, Joseph: Kafka und die Mächte der Moderne. In: Naturalismus. Fin de siècle. Expressionismus 1890–1918. Hrsg. von York-Gothart Mix. München 2000. S. 478–491.
Voßkamp, Wilhelm: Methoden und Probleme der Romansoziologie. Über Möglichkeiten einer Romansoziologie als Gattungssoziologie. In: Internationales Archiv für Sozialgeschichte der deutschen Literatur 3 (1978) S. 1–37.

Psychoanalytische Literaturinterpretation

Praktiken und Probleme psychoanalytischer Literaturinterpretation – am Beispiel von Kafkas Erzählung *Das Urteil*

Von Thomas Anz

»Gedanken an Freud«

In dem enthusiastischen Rückblick auf den rauschhaften Glückszustand der vorangegangenen Nacht, in der er seine Erzählung »in einem Zug geschrieben« hatte, notierte Kafka am 23. September 1912 in sein Tagebuch: »Gedanken an Freud natürlich«. (KKAT 460f.) Gedanken an Freud hatten später auch zahllose Kafka-Interpreten. Sie sind in ihre Interpretationen von Kafkas Werken, gerade auch in die der Erzählung *Das Urteil*, eingegangen. Und sie sahen sich durch Kafkas eigene Bemerkung gerechtfertigt. Diese ist jedoch so vage, dass sie fast alle Fragen offen lässt und wie Kafkas gesamtes Werk zu immer neuen Deutungen einlädt. An welche Bestandteile der psychoanalytischen Theorie hat er gedacht? An die Mechanismen der Traumarbeit, die Symboldeutung, die Theorie des ödipalen Konfliktes? Und hat sein Denken an Freud die Niederschrift des Textes beeinflusst oder fielen ihm erst nach der Niederschrift Parallelen zwischen dem eigenen Text und der Psychoanalyse auf? Und schließlich: Wusste Kafka selbst, woran er genau dachte, als er an Freud dachte?

Auf alle diese Fragen gibt es vielleicht nur eine haltbare Antwort: Woran Kafka vor, bei oder nach der Niederschrift seiner Erzählung wirklich dachte, können wir nicht wissen. Diese Antwort ließe sich mit erheblichen Konsequenzen für die Literaturwissenschaft und vor allem auch für psychoanalytische Interpretationen verallgemeinern und verschärfen: Was Autoren gedacht, gefühlt, erlebt oder beabsichtigt haben, als sie ihre Texte schrieben, entzieht sich generell unserer Kenntnis. Das Bewusstsein anderer lässt sich nicht beobachten. Wahrnehmbar sind für Kultur- wie für Naturwissenschaften nur sprachliche oder körperliche Repräsentationen des Bewusstseins. Noch suspekter erscheinen in dieser Perspektive Aussagen, wie sie für die Psychoanalyse konstitutiv sind. Denn sie definierte sich von Beginn an als eine Disziplin, die den Anspruch stellte, sogar sinnvolle und kontrollierbare Aussagen über Unbewusstes machen zu können, also über Vorgänge im Inneren des Subjekts, die in psychoanalytischer Sicht nicht einmal durch konventionell geregelte sprachliche Äußerungen repräsentiert sind, sondern durch diese vielmehr entstellt werden.

Man könnte daher geneigt sein, Literaturwissenschaftlern, die sich bei ihren Textinterpretationen mit dem Bewusstsein oder sogar mit dem Unbewussten eines Autors befassen, in Anlehnung an einen Schutzmann in Kafkas Werk zuzurufen: »Gibs auf!« (KKAN II 539) Vielleicht müssten wir dann sogar eine weitergehende Konsequenz ziehen und darauf verzichten, sprachliche Äußerungen auch in der alltäglichen Kommunikation verstehen zu wollen. Dennoch stellen wir ständig Vermutungen darüber an. Wir wollen wissen, was andere denken, fühlen und beabsichtigen, fragen uns, ob ihre Äußerungen authentisch oder inszeniert, wahrhaftig oder vorgetäuscht sind. Soll Wissenschaftlern im Umgang mit Texten untersagt sein, was Menschen täglich im Umgang mit sprachlichen Äußerungen praktizieren?

Beobachtungen zur psychoanalytischen Interpretationspraxis

Die erkenntnis- und kommunikationstheoretische Debatte über die angedeuteten Probleme kann hier nicht weiter geführt werden. Ich komme zwar im Folgenden gelegentlich auf sie zurück, gehe jedoch einen anderen Weg. Auf der Basis langjähriger Beobachtungen dessen, was psychoanalytisch orientierte Interpreten von Literatur getan haben und noch heute tun, reproduziere, simuliere, beschreibe und unterscheide ich im exemplarischen Blick auf Kafkas Erzählung einige typische Möglichkeiten, Praktiken und Probleme solcher Interpretationen. Die Unterscheidungen sind durch die Beobachtung motiviert, dass Literaturwissenschaftler und -wissenschaftlerinnen, die mehr oder weniger dominant mit Begriffen und Theorieelementen der Psychoanalyse umgehen, oft nicht wissen, was sie tun. Das hat in der Praxis psychoanalytisch orientierter Literaturinterpretation zu erheblichen Konfusionen und Verständigungsproblemen geführt.

Interpreten, die psychoanalytische Begriffe und Theorien verwenden, tun ganz Unterschiedliches, verfolgen sehr heterogene Erkenntnisziele und gelangen dabei zu jeweils verschiedenen Einsichten. Sie dabei zu beobachten heißt, darauf zu achten, welche Begriffe sie zu welchem Zweck, in welchen Argumentationszusammenhängen und mit welchen Effekten verwenden; es heißt auch, auf die Implikationen dessen zu achten, was sie explizit sagen.[1] Dafür ein Beispiel: Einer der jüngsten und umfangreichsten Beiträge, die *Das Urteil* im Rückgriff auf die Psychoanalyse deuten, trägt den Titel *Erzählte Psychoanalyse bei Franz Kafka* (Kaus, 1998). Der Titel deutet die These an, Kafka habe sein psychoanalytisches Wissen in eine Erzählung umgesetzt. Die Interpreta-

1 Dieses ist bislang am umfassendsten im wissenschaftsanalytischen Blick auf psychoanalytische Musil-Interpretationen geleistet worden (siehe Pfohlmann, 2002).

tion verwendet dann jedoch psychoanalytische Begriffe, die Kafka noch nicht kennen konnte, weil Freud oder seine Schüler sie erst Jahre später verwendeten. Soll die Titel-These also besagen, Kafka habe spätere psychoanalytische Einsichten erzählerisch vorweggenommen? Oder verdeckt sie nur die häufig anzutreffende Praxis von Interpreten, bestimmte Erzählinhalte oder auch erzähltechnische Merkmale in die eigene psychoanalytische Sprache zu übersetzen?

Das Kooperationsmodell psychoanalytischer Interpretation

Psychoanalytische Literaturinterpretationen sind so alt wie die Psychoanalyse selbst. Freud hat bekanntlich einen seiner zentralen Begriffe, den »Ödipuskomplex«, einem prominenten literarischen Text zu verdanken. Die Geburt der Psychoanalyse war zugleich die der psychoanalytischen Literaturinterpretation. Am 15. Oktober 1897 schrieb Freud an seinen Freund Wilhelm Fließ von einer Entdeckung: »Ich habe die Verliebtheit in die Mutter und die Eifersucht gegen den Vater auch bei mir gefunden und halte sie jetzt für ein allgemeines Ereignis früher Kindheit.« Den hermeneutischen Gewinn der Einsicht führt Freud sogleich in Ansätzen psychoanalytischer Literaturinterpretation vor:

> Wenn das so ist, so versteht man die packende Macht des Königs Ödipus […], die griechische Sage greift einen Zwang auf, den jeder anerkennt, weil er dessen Existenz in sich verspürt hat. Jeder der Hörer war einmal im Keime und in der Phantasie ein solcher Ödipus und vor der hier in die Realität gezogenen Traumerfüllung schaudert jeder zurück mit dem ganzen Betrag der Verdrängung, der seinen infantilen Zustand von seinem heutigen trennt. (Freud, 1962, S. 193)

Zielen diese Bemerkungen vor allem auf die Wirkung von Literatur, so geht die daran gleich anschließende Deutung des *Hamlet* auf Details des Textes ein und entziffert an seiner manifesten Oberfläche einen darunter verborgenen, latenten Sinn. Das Zaudern des Protagonisten, den Onkel zu töten und so dessen Mord am Vater zu rächen, wird durch die dunkle, das eigene Gewissen belastende Erinnerung erklärt, »er habe sich mit derselben Tat gegen den Vater aus Leidenschaft zur Mutter getragen«. Am Ende erzwinge sich ein »unbewußtes Schuldbewußtsein« die Bestrafung, indem Hamlet »dasselbe Schicksal erfährt wie der Vater, von demselben Nebenbuhler vergiftet wird« (ebd., S. 194).

Freud und seine Schüler suchten zunächst in ihren Auseinandersetzungen mit Literatur vor allem anschauliche Bestätigungen ihrer theoretischen Konzepte. Freuds ausführliche Interpretation von Wilhelm Jensens 1903 erschienener Novelle *Gradiva* geriet zur kleinen Einführung in den damaligen Stand der Psychoanalyse. Hier nannte der Analytiker die Dichter »wertvolle Bundesgenossen« im gemeinsamen Projekt der Erkundung des Seelenlebens. Sie seien »Vorläufer der Wissenschaft und so auch der wissenschaftlichen Psychologie« (Freud, 1969b, S. 14 und 43). Insofern Literatur und Psychoanalyse nach diesem Verständnis gemeinsam an dem Projekt der Erkundung des Seelenlebens beteiligt sind, folgt diese Art von psychoanalytischer Literaturinterpretation einem »Kooperationsmodell« (Rutschky, 1981, S. 19). Literatur und Psychoanalyse gewinnen ihre Einsichten in der Perspektive dieses Modells unter unterschiedlichen Voraussetzungen. Freud bezeichnete das psychologische Wissen, das Autoren in ihre Texte eingeschrieben haben, wiederholt als »intuitiv« oder auch »unbewußt«. In den frühen Anmerkungen zu *Hamlet* steht der dafür bezeichnende Satz: »Ich denke nicht an Shakespeares bewußte Absicht, sondern glaube lieber, daß eine reale Begebenheit den Dichter zur Darstellung reizte, in dem das

Unbewußte in ihm das Unbewußte im Helden verstand.« (Freud, 1962, S. 194)

Literatur diente der Psychoanalyse, die mit Literatur im Rahmen eines derartigen »Kooperationsmodells« umgeht, »als Heuristik, d.h. zur Aufstellung von Hypothesen« (Groeben, 1972, S. 15), deren Geltungsprüfung die wissenschaftliche Aufgabe kontrollierter Beobachtung und begrifflich-theoretischer Präzisierung bleibt. Als Anregung zu oder Illustration und Bestätigung von psychoanalytischen Theoriebildungen fungierte Literatur noch weit über Freuds Interpretationen hinaus. Jacques Lacans viel beachtete und von Literaturwissenschaftlern imitierte (vgl. Gallas, 1981) Analyse von Poes Erzählung *Der entwendete Brief* ist dafür ein prominentes Beispiel (Lacan, 1973, S. 7–60).

Literaturwissenschaftler mit psychoanalytischen Kenntnissen unterschiedlicher Art formulieren immer wieder Aussagen, in denen sie diese Kenntnisse mit dem mehr oder weniger bewussten, der Psychoanalyse ähnlichen Wissen des Autors, das in seine Texte eingegangen ist, vergleichen. In der interpretatorischen Praxis führt das meist zu einer Übersetzung literarischer Psychologie in die Konzeption und Begrifflichkeit wissenschaftlicher Psychologie, die der Interpret sich angeeignet hat und an deren Wahrheit er glaubt. Die Intentionen und Effekte solcher Übersetzungen können dabei divergieren: Sie fungieren als Bestätigungen oder Veranschaulichungen des eigenen psychoanalytischen Wissens und verschaffen ihm durch das Prestige des Autors, des Textes oder der Literatur überhaupt Dignität. Oder sie beanspruchen, eine bloß implizite Textpsychologie zu explizieren, zu präzisieren und damit auf das aktuelle Niveau wissenschaftlicher Reflektiertheit zu heben.

In der von der Psychoanalyse behaupteten Analogie zwischen Dichtung und (Tag-)Traum entsprechen dem manifesten Trauminhalt, also dem im Wachzustand erinnerten und erzählten Traum, die dem Bewusstsein zugängliche Handlung und Struktur des literarischen Werks. Sie gelten als Produkte der Entstellung ursprünglicher Inhalte mit verbotenen Wünschen, als Kompromissbildungen zwischen diesen anstößigen Wünschen und deren Abwehr durch ein Bewusstsein, das sich diese Wünsche nicht erlauben darf und sich daher durch sie bedroht fühlt. Der Traum- bzw. Textdeuter kennt die Mechanismen der Entstellung (Symbolisierung, Verdichtung, Verschiebung usw.) und kann mit dieser Kenntnis den Entstellungsprozess, die »Traumarbeit«, bis zur Aufdeckung der ursprünglichen Wunschphantasien zurückverfolgen. Ziel der Traum- wie der Textdeutung ist also die Dechiffrierung des manifesten Traumes bzw. Textes und die Aufdeckung seines »psychodramatischen Substrats« (Matt, 2001, S. 66ff.).

Eine Erzählung wie *Das Urteil* bietet sich solchen psychoanalytischen Umgangsformen mit Literatur geradezu an. Schon dass der Text in seinem Verlauf den Lesenden, ohne das als mögliche Irritation zu thematisieren, zunehmend mit Unwahrscheinlichem und Unverständlichem konfrontiert, gibt ihm traumähnliche Merkmale. Beiläufige Verwendungen von Attributen wie »wahrscheinlich«, »unwahrscheinlich« oder »unglaublich« in anderen Zusammenhängen lassen sich als (freilich nur angedeutete) Reflexion darauf lesen. Die merkwürdige Geistesabwesenheit des Sohnes, von der wiederholt die Rede ist, zeigen ihn überdies in einem psychischen Zustand, der dem eines Tagträumers ähnlich ist. Einige Kafka-Forscher haben die literarische Darstellungstechnik der Erzählung in ihrer Ähnlichkeit mit den von Freud analysierten Merkmalen der Traumarbeit beschrieben (vgl. Beharriel, 1973). Vor allem aber sind die Themen, Motive und Konstellationen, für die sich Psychoanalyse bevorzugt interessiert, hier leicht zu finden: die familialen Beziehungen zwischen Vater, Sohn und Mutter mitsamt jener Mischung von Liebe, Hass, Schuldbewusstsein und Bestrafungsphantasie, die für das ödipale Drama kennzeichnend sind.[2]

2 Es gibt kaum eine psychoanalytische Interpretation der Erzählung, die nicht auf die ödipale Konstellation in ihr eingeht. Einen vergleichenden Überblick dazu gibt Gerhard Neumann (1981), S. 211ff.

Ein Sohn schickt sich an, die mächtige Posi ters einzunehmen, nicht nur in der Firma, sondern Privatleben. Der Sohn hat eine Frau, die er heiraten m te, der Vater hat keine mehr, denn sie ist vor zwei Jahre gestorben. Wenn der sich besorgt zeigende Sohn den Vater auf den Armen trägt, ihn ins Bett bringt und gut zudeckt, ist der Rollentausch von Vater und Kind gänzlich vollzogen. Im manifesten Text sind um die Figuren Vater, Mutter und Sohn wenige weitere gruppiert: die Verlobte des Sohns, der »Jugendfreund« des Sohns und am Ende seine »Bedienerin«, die »Jesus!« ruft (19), als er die Treppe hinunter eilt. Zu den Entstellungsmechanismen, mit denen psychoanalytische Deutungen rechnen, gehören Aufspaltungen eines Gegenstandes oder einer Person in mehrere: So legt der Text selbst beispielsweise die Assoziation nahe, Georg Bendemann und den Jugendfreund als Partial-Ichs einer Sohn-Figur zu lesen. Immerhin schreibt die Erzählung dem Vater die Sätze zu: »Wohl kenne ich deinen Freund. Er wäre ein Sohn nach meinem Herzen« (16).

Was der Text selbst jedoch überhaupt nicht nahe zu legen scheint, für psychoanalytische Versuche, einen latenten Sinn zu rekonstruieren, aber gerade deshalb besondere Beachtung verdient, ist eine relativ überraschende Deutung: Von der Randfigur der Bedienerin einmal abgesehen, versteht diese Deutung die Verlobte und die Mutter des Sohnes als Aufspaltungen einer Figur. Durch Kontraste sind sie miteinander assoziiert: In der Perspektive des Vaters ist die eine Heilige, die andere Hure, durch die der Sohn »unserer Mutter Andenken geschändet« (17) hat. In der Chronologie des Geschehens taucht die eine auf, als die andere verschwindet.

Der Einfall, die Verlobte als Verschlüsselung der Mutterfigur zu deuten, hat zumindest in psychoanalytischer Perspektive ein hohes Maß an Attraktivität. Denn im Hinblick auf ödipale Beziehungsmuster schildert der manifeste Text lediglich Konflikte, oder besser Machtkämpfe, zwischen lerdings in subtiler Detailliertheit. Sohns zur Mutter schweigt der Text n psychoanalytischer Sicht geradezu man allerdings die Beziehung des als Verschlüsselung der begehrten Be- Mutter, dann liegen in der Geschichte ellation und Dynamik, wie sie in der er wieder beschrieben werden, komplett vor. Was ist Verlobung des Sohns so überaus heikel, dass es ihm derart schwer fällt, sie dem Freund mitzuteilen? Warum sieht sich der Sohn genötigt, dem Vater mitzuteilen, dass er dem Freund die Verlobung angezeigt habe? Warum reagiert der Vater darauf so widersprüchlich und ausweichend, bis er ganz eindeutig seine Wut auf die Beziehung seines Sohnes zu der Verlobten artikuliert? Wie kommt der Vater zu jenem maßlos erscheinenden Urteil, das der ebenso maßlosen Verurteilung zum Tod vorausgeht? »Ein unschuldiges Kind warst du eigentlich, aber noch eigentlicher warst du ein teuflischer Mensch!« (19) Wieso übernimmt der Sohn das Urteil und tötet sich selbst?

Das alles stimmt weitgehend überein mit den Phantasiebildungen, die nach psychoanalytischen Beschreibungen um das ödipale Drama herum angesiedelt sind. Das kindlich unschuldige Begehren nach der Mutter stößt auf den Widerstand des Vaters. Dessen übermächtige, strafende Autorität implantiert in das Kind ein Schuldbewusstsein, dem das Begehren als teuflische Tat erscheint, für die es die Strafe des Todes verdient. *Das Urteil* erscheint so als eine Variation des *Ödipus*- oder *Hamlet*-Dramas. Inzestuöse Wünsche gegenüber der Mutter, die hier zur »Braut« wird, verbinden sich mit mörderischen Impulsen gegenüber dem Vater: »wenn er fiele und zerschmetterte!« (18) Das Schuldbewusstsein wiederum geht mit einem anderen Wunsch einher: mit dem Wunsch, bestraft zu werden.

Neben inzestuösen Wünschen sind es vor allem homosexuelle, die nach psychoanalytischer Perspektive der Verdrängung unterliegen, weil sie mit starken sozialen Tabus konfrontiert sind. Daher gelangen sie in literarischen Texten zumeist nur entstellt an deren Oberfläche. Ihren Spuren gilt die besondere Aufmerksamkeit psychoanalytischer Literaturinterpretation. Im Blick auf *Das Urteil* ist man auch in dieser Hinsicht früh fündig geworden.[3] Was man da gefunden hat, gibt dem Text gegenüber der Lesart nach ödipalen Suchmustern eine partiell andere Bedeutung. Ein erhebliches Maß an Plausibilität hat auch sie.

Psychoanalytische Interpretationen wenden ihre bevorzugte Aufmerksamkeit auf Irritationen, die von einzelnen Textdetails ausgehen. Schon das Ausmaß der Skrupel, mit denen Georg Bendemann die Mitteilung der Verlobung hinauszögert, ist befremdlich. Doch noch irritierender ist die heftige Reaktion der Verlobten auf diese Skrupel: »Wenn du solche Freunde hast, Georg, hättest du dich überhaupt nicht verloben sollen« (10). Rasch atmend unter seinen Küssen bringt sie gleich darauf noch den Satz vor: »Eigentlich kränkt es mich doch« (10). All das bereitet wenig Verständnisschwierigkeiten, wenn man der erzählten Geschichte eine Bedeutung unterlegt, die der Text nicht ausdrücklich anspricht, wenn man sie also als Darstellung eines Konflikts zwischen hetero- und homosexuellen Wünschen liest, als Geschichte auch von den Schwierigkeiten eines in seiner Geschlechtsidentität unentschiedenen Mannes.

Auch einige auffällige Aspekte in der Beziehung zwischen Vater und Sohn und die Widersprüche, die der Vater in der Einschätzung des Freundes zeigt, erhalten nach dieser Lesart einen plausiblen Sinn. Der manifeste Text stellt die Beziehung zwischen Sohn und Vater wiederholt ausdrücklich auch als Liebesbeziehung dar. »Glaubst du, ich hätte dich nicht geliebt«, erklärt der Vater (18), und der Sohn bestätigt am Ende: »Liebe Eltern, ich habe euch doch immer geliebt« (20). In psychoanalytischer Perspektive ist

3 Vgl. Flores (1947); Tiefenbrunn (1973); Hoffmann (1974); Kaus (1998).

die Liebe zwischen Eltern und Kindern nur scheinbar frei von libidinösen Impulsen; die zwischen Vater und Sohn enthält homoerotische Komponenten. Der Ödipuskomplex wird in seiner Vollständigkeit nach Freud nur dann erkannt, wenn man »die ursprüngliche Bisexualität des Kindes« berücksichtige:

> d.h. der Knabe hat nicht nur eine ambivalente Einstellung zum Vater und eine zärtliche Objektwahl für die Mutter, sondern er benimmt sich auch gleichzeitig wie ein Mädchen, er zeigt die zärtliche, feminine Einstellung zum Vater und die ihr entsprechende eifersüchtig-feindselige gegen die Mutter. (Freud, 1975, S. 300)

In der latent homoerotischen Beziehung zwischen Vater und Sohn wird nach dieser Sichtweise für den Vater nicht nur die Braut, sondern auch der Freund zu einem Rivalen im Ringen um die Liebe des Sohns. Im Hinblick auf die heterosexuelle Beziehung des Sohns zur Braut sind Freund und Vater hingegen gemeinsam die von Georg Betrogenen. Dass es um eine Liebesrivalität geht, macht sogar der manifeste Text deutlich, wenn er den Sohn beteuern lässt: »Tausend Freunde ersetzen mir nicht meinen Vater« (14). Sexuelle Komponenten dieser Liebe zeigen sich hinter der karitativen Besorgtheit des Sohnes um den Freund wie um den Vater jedoch allenfalls in Andeutungen oder werden als etwas Begehrenswertes dadurch entstellt, dass sie im Ton des Abscheus angesprochen sind: Der Vater hebt, die von ihm unterstellte Obszönität der Braut simulierend, vor den Augen des Sohnes »sein Hemd so hoch, daß man auf seinem Oberschenkel die Narbe aus seinen Kriegsjahren sah« (17). Oder er hält ihm in verbaler Drastik vor: »Wie du jetzt geglaubt hast, du hättest ihn untergekriegt, so untergekriegt, daß du dich mit deinem Hintern auf ihn setzen kannst und er rührt sich nicht, da hat sich mein Sohn zum Heiraten entschlossen!« (16)

Derartige Interpretationsangebote, die sich an typische Muster psychoanalytischer Deutungspraxis anlehnen, sind in ihren Implikationen freilich selbst vieldeutig. Sie sollen hier zunächst im Rahmen jenes Modells verstanden werden, das der Literatur die Vermittlung der vom Autor intuitiv bzw. ›unbewusst‹ gewonnenen Einsichten zuschreibt, die denen der Psychoanalyse entsprechen und von denen die Psychoanalyse sogar lernen kann, die jedoch erst von der Psychoanalyse auf der empirischen Basis klinischer Erfahrungen systematisch und in elaborierter Begrifflichkeit formuliert werden. Kafka erscheint dann gleichsam als kongenialer Zeitgenosse Freuds.

Eine Variante dieses »Kooperationsmodells« mit freilich ganz anderen Implikationen liegt vor, wenn man auf der Grundlage von Interpretationsansätzen der vorgestellten Art danach fragt, ob oder wie der Autor psychoanalytisches Wissen, das er sich bis zur Niederschrift seiner Erzählung angeeignet hat, literarisch verarbeitete.

Literarische Adaption psychoanalytischen Wissens

Literaturwissenschaftliche Aussagen über das psychoanalytische Wissen eines Autors und darüber, wie er es in seine literarischen Texte transformiert hat, haben einen anderen Status als Übersetzungen literarisch intuitiver Psychologie in psychoanalytisches Vokabular. Das psychoanalytische Wissen, auf das ein Literaturwissenschaftler sich in Aussagen über die psychoanalytischen Kenntnisse des Autors bezieht, ist ein historisches. Es ist Gegenstand und nicht theoretischer Bestandteil seiner Aussagen. Um das in literarische Texte eingegangene Fachwissen zu erkennen und zu beschreiben, muss der Literaturwissenschaftler sich psychologiegeschichtliches Wissen aneignen, doch nicht psychologisches Wissen in dem Sinne zu Eigen machen, dass er dessen Wahrheitsansprüche teilt.

Die philologische Suche nach Spuren von Kafkas Psychoanalyserezeption vor der Niederschrift seiner Erzählung *Das Urteil* war nur von begrenztem Erfolg. Die erste, beiläufige Erwähnung Freuds findet sich in einer Tagebuchnotiz vom 11. Juli 1912, die zweite, die ich eingangs zitiert habe, dann in dem Bericht über die Niederschrift der Erzählung. Erst ab 1917, dem Jahr, in dem Kafka den in Bohemekreisen berühmt-berüchtigten Psychoanalytiker Otto Gross persönlich kennen lernte und Hans Blühers psychoanalytisch orientierte Schrift *Die Rolle der Erotik in der männlichen Gesellschaft* las, häufen sich seine Äußerungen zur Psychoanalyse in Tagebüchern und Briefen.

Historische Vergleiche zwischen Literatur und Psychoanalyse

Historische Vergleiche zwischen Literatur und Psychoanalyse sind auf philologische Nachweise gegenseitiger Kenntnis nicht angewiesen. Sie sind im Falle Kafkas schon dadurch legitimiert, dass literarische Moderne und Psychoanalyse zeitgleiche Phänomene sind und daher beide an zeittypische, Literatur, Kunst und Wissenschaft übergreifende Interessen, Problemlagen, Denk- und Wahrnehmungsmuster, Normen, Werte, Mentalitäten oder Diskursordnungen gebunden sind.

Bemerkenswert sind die Ähnlichkeiten zwischen den Theorien von Otto Gross und Kafkas Erzählung (vgl. Anz, 1989, S. 32ff.). Gross hatte mit seiner wiederkehrenden Formel vom »Konflikt des Eigenen und Fremden« die Mechanismen der Verinnerlichung patriarchaler Autorität beschrieben. Die »ins eigene Innere eingedrungene Autorität« führt nach Gross zum Widerstreit zwischen individuellen, insbesondere sexuellen Bedürfnissen einerseits und des »Anerzogenen und Auferzwungenen« andererseits (Gross,

1980, S. 14).[4] Wenn Georg Bendemann am Ende das Urteil des Vaters übernimmt und an sich selbst vollstreckt, liest sich das wie eine Veranschaulichung dieser Theorie. Die ersten Artikel von Gross, die Kafka zugänglich gewesen sein dürften, erschienen allerdings erst 1913 in der expressionistischen Zeitschrift *Die Aktion*. Der Plan einer gemeinsamen Zeitschrift mit dem Titel *Blätter zur Bekämpfung des Machtwillens* entstand 1917. Freuds *Totem und Tabu* hingegen, 1912/13 in der Zeitschrift *Imago* erschienen, lag bereits vor, als Kafka seine Erzählung schrieb.

Das Therapiemodell: Der Autor als Objekt der Analyse

Psychoanalytisches Wissen bezieht sich jedoch in der Interpretationspraxis häufig auch in der Weise auf Literatur, dass es diese im Hinblick auf die Psyche des Autors liest. Anknüpfend an psychopathographische Studien, in denen Psychiater eine Autorbiographie als Krankengeschichte schrieben, und an biographische Textinterpretationen, machen psychoanalytische Literaturinterpretationen vielfach Aussagen über das Unbewusste im Autor; sie legen ihn gleichsam auf die Couch und suchen seine manifesten Texte, analog zur Traumdeutung, nach verschlüsselten, latenten Bedeutungsschichten ab. Diese Suche folgt den gleichen Mustern wie im Rahmen des »Kooperationsmodells«, sie bezieht sich jedoch ausdrücklich auf unbewusste Konflikte in der individuellen Persönlichkeit des Autors. Die Funktion oder der Effekt dieser nach dem »Therapiemodell«[5] ver-

4 Der hier zitierte Artikel, »Die Überwindung der kulturellen Krise«, erschien zuerst im November 1913 in der expressionistischen Zeitschrift *Die Aktion*.

5 Vgl. die Unterscheidung zwischen »Therapiemodell« und »Kooperationsmodell« des psychoanalytischen Umgangs mit Literatur bei Rutschky (1981), S. 9–19.

fahrenden Interpretationen von Literatur mit psychoanalytischem Wissen ist nicht die Heilung des (zumeist bereits toten) Autors, sondern die Aufdeckung verborgener Aspekte einer Lebensgeschichte.[6] Von biographischen Interpretationen unterscheiden sich psychoanalytische Interpretationen, die nach diesem Modell verfahren, insofern, als sie, zumindest implizit, den Anspruch stellen, Bedeutungsaspekte eines Textes zu ermitteln, die dem Autor selbst nicht bewusst gewesen sind.

Durch etliche Textsignale und Kommentierungen des Geschriebenen hat Kafka biographische und auch psychobiographische Interpretationen geradezu herausgefordert. Wie der Anfangsbuchstabe K. im Namen seiner Romanprotagonisten verweist Georg Bendemann, wie Kafka selbst genau erklärte (KKAT 491f., 11. Februar 1913), durch gleiche Buchstabenzahl im Vornamen und gleiche Vokalverteilung in »Bende« und »Kafka« auf die eigene Person. Und wenn es denn wahr ist, dass er seinem Freund Max Brod erklärte, er habe beim Schlusssatz der Erzählung »an eine starke Ejakulation gedacht« (Brod, 1966, S. 114), dann lieferte er mit dieser Assoziation wie mit zahlreichen anderen Einfällen zu seinem eigenen Text Interpreten ein Material, das mit den freien Assoziationen und Deutungseinfällen des Analysanden in der therapeutischen Analyse vergleichbar ist.

Psychoanalytische Interpretationen eines einzelnen Textes nach dem »Therapiemodell« suchen ihre Anhaltspunkte und Belege immer auch in lebens- und werkgeschichtlichen Kontexten. So wie ein Analytiker nicht nur einen einzigen Traum seines Patienten deutet, sondern diesen eventuell als Wiederholung und Variante anderer Träume, als Verarbeitung aktueller oder bereits lange zurückliegender Ereignisse

6 Dagegen steht das Konzept der »Kultur-Analyse« Alfred Lorenzers (1986). Es rückt nicht den Autor, sondern den Leser in die Position des Analysanden, der durch Autoren und ihre Texte quasi therapeutisch verändert werden kann.

und Konflikte versteht, sucht die autororientierte Werkinterpretation die gesamte Hinterlassenschaft eines Autors nach Assoziationsnetzen, Bildgruppen und wiederkehrenden Figurenkonstellationen ab. Im Falle Kafkas folgt sie damit den Interessen, denen der Autor selbst in seinen Tagebüchern, Briefen und Werken ständig nachging. Da wird also ein Autor analysiert, der sich permanent selbst analysierte, und dies sogar in Kenntnis psychoanalytischer Theorien. Der psychoanalytische Anspruch, in der Deutung von Kafkas Werken und seiner ganzen Person ein Ergebnis vorzulegen, das dem Autor selbst nicht bewusst war, ist in diesem Fall also besonders hoch.

So ist es konsequent, wenn einige psychoanalytisch orientierte Interpreten nicht gewillt waren, die in Kafkas Werk dominante Bedeutung des Vaters und des Kampfes mit patriarchalen Autoritäten zu reproduzieren, sondern stattdessen die auch im *Urteil* eher marginale Bedeutung der Mutter hervorhoben (vgl. Margarete Mitscherlich-Nielsen, 1977). Eine neuere psychoanalytische Interpretation (Kaus, 1998) stellt die in der Geschichte psychoanalytischer Kafka-Interpretationen schon früh ›entdeckte‹ homoerotische Komponente in der fiktiven wie realen Vater-Sohn-Beziehung heraus. Das Todesurteil des Vaters und seine Folgen liest diese Interpretation als paranoide Phantasie, als literarische Entfaltung eines Verfolgungswahns, wie ihn Freud im Blick auf den Fall Schreber als Abwehr homoerotischen Begehrens interpretiert hat. Der Wunsch, von einer begehrten Person intensive Zuwendung zu erfahren, findet in der Phantasie, von dieser Person verfolgt und tödlich bedroht zu werden, Erfüllung und perfekte Entstellung zugleich.

Zu einigermaßen überraschenden Ergebnissen kommt jene Interpretationspraxis, die mehr oder weniger konsequent einer grundlegenden These in Freuds Traum- und Literaturtheorie folgt: dass die Phantasietätigkeit im Traum, im Tagtraum, im Spiel oder in der Fortsetzung kindlichen Spiels, der Literatur, einem dominanten Antrieb folgt, nämlich dem, Wünsche zu erfüllen, deren Befriedigung in der Realität versagt bleibt. In Freuds knappem, doch bedeutenden Vortrag *Der Dichter und das Phantasieren*, der übrigens fast völlig frei ist von Rekursen auf ödipale Konfliktmuster, stehen die Sätze: »Man darf sagen, der Glückliche phantasiert nie, nur der Unbefriedigte. Unbefriedigte Wünsche sind die Triebkräfte der Phantasien, und jede einzelne Phantasie ist eine Wunscherfüllung, eine Korrektur der unbefriedigenden Wirklichkeit.« (Freud, 1969a, S. 173f.) Nach allem, was man über Kafka weiß, kann man sich ihn nur schwer als einen glücklichen Menschen vorstellen. Doch ebenso schwer fällt es, sich Kafkas negative literarische Phantasien als Erfüllung jenes Glücks zu denken, das ihm in der Realität versagt war. Schon Kafkas eigenes Verständnis von Literatur steht dem entgegen. 1904 schrieb er an einen Freund:

> Wenn das Buch, das wir lesen, uns nicht mit einem Faustschlag auf den Schädel weckt, wozu lesen wir dann das Buch? Damit es uns glücklich macht, wie du schreibst? Mein Gott, glücklich wären wir eben auch, wenn wir keine Bücher hätten, und solche Bücher, die uns glücklich machen, könnten wir uns zur Not selber schreiben. Wir brauchen aber die Bücher, die auf uns wirken wie ein Unglück, das uns sehr schmerzt […]. (B 27f.)

Zwischen dem Literaturverständnis Kafkas und dem Freuds scheinen unüberbrückbare Differenzen zu bestehen. Sie könnten Interpreten davon abhalten, literaturtheoretische Perspektiven Freuds auf Kafkas Werk zu übertragen. Zu bedenken bleibt allerdings, dass Kafkas Verlangen nach literarischer Tätigkeit bekanntlich geradezu obsessiv war. »Mein Glück«, schrieb er im Frühjahr 1911, liegt »seit jeher im Litterarischen« (KKAT 34). Den Prozess der Niederschrift gerade dieser Erzählung schilderte er als rauschhaften Glückszustand.

»Die treibenden Wünsche«, so Freud im genannten Vortrag, »sind verschieden je nach Geschlecht, Charakter und Lebensverhältnissen der phantasierenden Persönlichkeit; sie lassen sich aber ohne Zwang nach zwei Hauptrichtungen gruppieren. Es sind entweder ehrgeizige Wünsche, die der Erhöhung der Persönlichkeit dienen, oder erotische.« (Freud, 1969a, S. 174.) In der Erzählung *Das Urteil* scheint immerhin die geschilderte Ausgangssituation ehrgeizigen wie erotischen Wünschen durchaus zu entsprechen. Die von Kafka ausphantasierte Figur Georg Bendemann ist beruflich erfolgreich, und der Text gibt einen kurzen Einblick in die erotische Intensität seiner Beziehung zu der Verlobten. Berücksichtigt man darüber hinaus »Charakter und Lebensverhältnisse« des Autors, kann man die ersten Seiten der Erzählung als eine nahezu perfekte Wunscherfüllungsphantasie beschreiben.

Das ›Unglück‹ Kafkas, wie er es selbst in den Tagebüchern und Briefen eingehend beschrieben hat, bestand in seinen notorischen Schwierigkeiten, die Bindung an den Beruf in der Versicherungsanstalt mit der Bindung an seine Schriftstellerexistenz zu vereinbaren. »Mein Posten ist mir unerträglich, weil er meinem einzigen Verlangen und meinem einzigen Beruf das ist der Litteratur, widerspricht« (KKAT 579). Der Konflikt verschärft sich, als er im August 1912 Felice Bauer kennen lernt. Am 20. September, zwei Tage vor der Niederschrift seiner Erzählung mit der Widmung »Für F.«, schreibt er ihr den ersten Brief. Die Erzählung imaginiert eine Verlobung, die in der Realität noch nicht vollzogen war. Kafka wünschte und fürchtete sie zugleich.

Das Urteil handelt gleich zu Beginn vom Schreiben. An einem Sonntag, also während einer von beruflichen Verpflichtungen freigestellten Zeit, sitzt der junge Kaufmann allein in seinem Privatzimmer und hat gerade einen Brief beendet. Was Kafka in seinen realen Lebensverhältnissen zur Unmöglichkeit erklärt, lässt diese Geschichte anfangs möglich erscheinen: allein zu sein, zu schreiben, einen Beruf und eine Frau zu haben. Man hat den in der Fremde isoliert und beruflich erfolglos lebenden Freund Bendemanns, der sich mit seinen »Eigentümlichkeiten« für »ein endgültiges Junggesellentum« eingerichtet hat, auch als Alter ego Kafkas, als Bild seiner isolierten, doch vom Elternhaus emanzipierten Schriftstellerexistenz interpretiert.

Wie in der Lebensrealität Kafkas scheitert das ausphantasierte Glück jedoch auch in der Erzählung. Zumindest deren zweiter Teil scheint die an Freud angelehnte These, dass die literarische Phantasie eine imaginierte Wunscherfüllung ist, zu widerlegen. Dem lassen sich jedoch wiederum folgende Überlegungen entgegenhalten: Es gibt einige Wünsche Kafkas, deren Erfüllung die Erzählung auch im weiteren Verlauf imaginiert. Bendemann stirbt zwar, doch der Freund nicht. Mit Bendemann hat Kafkas literarische Phantasie den Berufstätigen und den potenziellen Ehemann in sich gleichsam erledigt und die Wünsche nach einer reinen Schriftstellerexistenz überleben lassen. Der drohende Verrat am Freund ist abgewendet. Die aggressiven, gegen den Vater gerichteten Wünsche sind ebenfalls erfüllt: »den Schlag, mit dem der Vater hinter ihm aufs Bett stürzte, trug er noch in den Ohren davon« (19). Und der phantasierte Tod Georg Bendemanns erfüllt das Bedürfnis nach einer Selbstbestrafung, deren Lustkomponenten psychoanalytische Masochismustheorien eingehend beschrieben haben (vgl. Reik, 1977).

Die psychoanalytische Interpretationspraxis im Rahmen des Therapiemodells tendierte bislang dazu, das Werk eines Autors als Ausdruck einer individuellen Konfliktstruktur zu deuten. Das muss (und sollte) jedoch nicht so sein. Gerade das Beispiel Kafka kann zeigen, dass seine persönlichen Konflikte durchaus repräsentativ für eine ganze Schriftstellergeneration waren, die im Konflikt zwischen Schriftsteller- und Berufsrolle sowie in der Auseinandersetzung mit patriarchalen Autoritäten ihr Profil gewann. Kafka selbst analysierte sein Leiden als Leiden einer ganzen

Generation und wandte sich in Übereinstimmung mit Otto Gross gegen psychiatrische und psychoanalytische Tendenzen, solches Leiden zu individuellen und therapiebedürftigen Einzelfällen zu verkürzen (vgl. Anz, 1984).

Rezeptions- und Gegenübertragungsanalyse

Text- wie autororientierte Kafka-Interpretationen psychoanalytischer Provenienz haben, nicht grundsätzlich anders als literaturwissenschaftliche Interpretationen, zu ganz unterschiedlichen Ergebnissen geführt. Sogar da, wo sich Interpreten mit der Beschreibung ödipaler Konstellationen begnügten, brachte dies eine frappierende Vielfalt von Deutungsvarianten hervor. Nicht zuletzt solche Divergenzen zwischen Analysen, die alle mit dem Anspruch auf wissenschaftliche Intersubjektivität auftreten, haben dazu provoziert, den psychoanalytischen Blick vom Autor und zum Teil auch vom Text abzuwenden und vorrangig auf den Leser oder die Leserin zu richten, auf kognitive und affektive Reaktionen, die Texte beim Lesen hervorrufen. Mögliche Objekte psychoanalytischer Aussagen sind dabei historische oder gegenwärtige Rezipienten literarischer Texte. Mögliche Objekte unter noch lebenden Rezipienten sind auch die Interpreten selbst. An die Stelle von Aussagen über andere Rezipienten können, auf der Basis von Introspektion, Aussagen über psychische Prozesse bei der eigenen Lektüre treten.

Bereits die frühen *Ödipus-* und *Hamlet*-Deutungen Freuds sind in Ansätzen Rezeptionsanalysen und versuchen die zeitüberdauernde Faszination dieser Stücke zu erklären: Beide Werke konfrontieren nach Freuds Erklärung den Rezipienten, damals wie heute, mehr oder weniger verhüllt, mit seinen eigenen verdrängten Kindheitswünschen. Die leserorientierte Psychoanalyse ergänzt die literaturwissenschaftliche Rezeptionsforschung um eine unbewusste

Dimension. In der Rezeption »gemeinsamer Tagträume« (Sachs, 1924) antworten unbewusste Wünsche des Lesenden auf die des Schreibenden. Ähnlich wie es Freud am Beispiel der Techniken des Witzes beschrieben hat, dient die formale Gestaltung, die Autoren ihren Phantasien geben, der Überwindung von Widerständen und zensierender Abwehr des ins Unbewusste oder Vorbewusste Verdrängten im Leser. So erst wird ihm der Genuss anstößiger Inhalte möglich.

Nach der Rezeptionstheorie Norman N. Hollands »assimilieren« Leserinnen und Leser literarische Werke an ihr jeweiliges »Identitätsthema«, das aus ihren dominanten Bedürfnissen und den Mustern besteht, mit denen sie abgewehrt werden.[7] Texte erscheinen hier als austauschbare Projektionsflächen, deren Bedeutung erst durch individuelle Konfliktstrukturen einzelner Leser hergestellt wird, und können für diese Art von Leserpsychologie weitgehend oder ganz vernachlässigt werden. Dem entspricht die bereits Jahrzehnte zurückliegende Bemerkung Heinz Politzers, Kafkas Parabeln seien »›Rorschach-Tests‹ der Literatur und ihre Deutung sagt mehr über den Charakter ihrer Deuter als über das Wesen ihres Schöpfers« (Politzer, 1965, S. 43).

Mittlerweile erscheinen allerdings isolierte Untersuchungen zur Psyche des Lesers ebenso problematisch wie diejenigen, die allein auf den Autor oder auf psychoanalytisch relevante Inhalte und Formen literarischer Werke fixiert sind. Autoren, Texte, Leser und Literaturanalytiker sind wechselseitig voneinander abhängige Bestandteile eines kommunikativen Prozesses, der eine zum Teil bewusste, zum Teil unbewusste Dynamik aufweist und in seiner Komplexität zu entsprechend komplexen Untersuchungen herausfordert.

7 Vgl. die Zusammenfassung von Hollands Rezeptionstheorie bei Schönau (1991), S. 45–48.

Weiterentwickelte Ansätze zur Analyse literarischer Kommunikation finden sich heute vor allem in »Übertragungs- und Gegenübertragungsanalysen«.[8] In Analogie zur Interaktionsszene zwischen Patient und Therapeut reflektieren Literaturanalytiker hier kontrolliert, welches Bild ein Autor sich mit seiner literarischen Kontaktaufnahme zum Leser von diesem macht, welche Rolle und Reaktion der Autor (den man dabei nicht unbedingt kennen muss) dabei seinen Lesern (auch dem psychoanalytisch geschulten Interpreten selbst) nahe legt und welche prägenden Beziehungserfahrungen aus früherer Zeit auf diesen Interaktionsprozess ›übertragen‹ wurden. Reflektiert wird zugleich die »Gegenübertragung«, also wie der Leser auf solche Rollen- und Reaktionszuweisungen auf der Basis der für ihn kennzeichnenden Beziehungsstile kognitiv und emotional reagiert.

Für psychoanalytische Kafka-Interpretationen eröffnen sich hier noch weitgehend unbeschrittene Terrains. Wie es begangen werden könnte, lässt sich hier abschließend nur mit ein paar Anhaltspunkten andeuten. Relativ rasche Übereinkunft dürfte sich darüber erzielen lassen, dass Kafka mit literarischen Techniken gezielt eingesetzter Mehrdeutigkeiten und Verrätselungen eine Beziehung zum Leser aufbaut, die diesen in die Rolle des Deutenden drängt. Dieser Zuschreibung sind seine Leser, Literaturwissenschaftler und Psychoanalytiker eingeschlossen, massenhaft gefolgt, ohne die Mechanismen dieser Rollenzuweisung und ihre psychischen wie sozialen Implikationen eingehender zu reflektieren.

Ein Spiegelbild seiner Rolle erhält der Leser in den Bemühungen von Kafkas Protagonisten, die widersprüchlichen und rätselhaften Texte und Zeichen patriarchaler Machtinstanzen zu interpretieren. Im *Urteil* sind es die Reden und Verhaltensweisen des Vaters, die besonders inter-

8 Vgl. Schönau (1991), S. 52–56, und Pietzcker (1992).

pretationsbedürftig sind. Als Autor nimmt Kafka selbst diese Position der undurchschaubaren, unzugänglichen Autorität ein. Die um die Auflösung der Rätselhaftigkeit bemühten Leser befinden sich ihm gegenüber in der Position von Söhnen oder Töchtern, die sich der Autorität seiner Texte nur annähern können. Wie Kindern muss ihnen der Autor-Vater in seiner überlegenen, gottgleichen Größe unverständlich bleiben. Die Autoritätsposition des Autors wird jedoch durch jenes Signalsystem überdeckt, das eine Identität von Autor und Sohn suggeriert. Indem man als Leser für den Sohn und Protagonisten, dessen Perspektive der Autor dominieren lässt, und gegen den Vater Partei ergreift, glaubt man, auch für den realen Autor Partei ergreifen zu müssen. Als selbst vaterähnliche Autorität entzieht sich der Autor dadurch möglicher Aggressionen. Vielleicht lassen sich Kafkas Werke beziehungsanalytisch als ›Briefe‹ an imaginierte Väter oder auch Mütter verstehen, bei denen der Autor einerseits mit dem Gestus eines unschuldigen und bemitleidenswerten Kindes um Verständnis wirbt, denen gegenüber er andererseits eine Konkurrenzposition undurchschaubarer und dadurch schwer angreifbarer Macht aufbaut. So gesehen, wiederholt sich in der *durch* den Text inszenierten Autor-Leser-Beziehung etwas von jenem Rollenwechsel *in* der Erzählung, bei dem der Sohn zum Vater und der Vater zum Kind wird.

Die übermächtige Wirkung der Worte des Vaters auf seinen Sohn gleicht faktisch durchaus der Wirkung, die der Autor auf seine Leser auszuüben versucht und vielfach auch ausgeübt hat. Der Machtanspruch des Autors Kafka war gewaltig, als er erklärte, ein Buch müsse uns wie ein Faustschlag auf den Schädel wecken, es müsse auf uns wirken »wie ein Unglück, das uns sehr schmerzt«, es müsse »die Axt sein für das gefrorene Meer in uns« (B 27f.). Das ist von der Kafka-Forschung immer wieder zitiert, doch als Hinweis auf die Aufgabe, die emotionale Wirkung von Kafkas Texten genauer zu analysieren, kaum aufgegriffen worden. Es bleibt nach wie vor zu klären, was der Autor mit welchen literarischen Techniken mit den Emotionen der Leser zu machen versucht, was seine Leser dabei faktisch mit sich machen lassen und warum sie das *gerne* tun. Denn sie werden in der Regel nicht zur Kafka-Lektüre gezwungen, sondern lesen freiwillig.[9]

Literaturverzeichnis

Anz, Thomas: Jemand mußte Otto G. verhaftet haben ... Kafka, Werfel, Otto Gross und eine »psychiatrische Geschichte«. In: Akzente 31 (1984) H. 2. S. 184–191.

– Franz Kafka. München 1989.

– Literatur und Lust. Glück und Unglück beim Lesen. München 1998.

– (Hrsg.). In Zsarb. mit Christine Kanz: Psychoanalyse in der modernen Literatur. Kooperation und Konkurrenz. Würzburg 1999.

Beharriel, Frederick J.: Kafka, Freud and *Das Urteil*. In: Texte und Kontexte. Studien zur deutschen und vergleichenden Literaturwissenschaft. Festschrift für Norbert Fuerst zum 65. Geburtstag. Hrsg. von Manfred Durzak, Eberhard Reichmann und Ulrich Weisstein. Bern/München 1973. S. 27–47.

Bernheimer, Charles: Letters to an Absent Friend. A Structural Reading. In: The Problem of the *Judgement*. Eleven Approaches to Kafka's Story. Hrsg. von Angel Flores. New York 1977. S. 146–167.

Brod, Max: Über Franz Kafka. Frankfurt a. M. / Hamburg 1966.

Flores, Kate: Franz Kafka and the Nameless Guilt. An Analysis of *The Judgement*. In: Quarterly Review of Literature 3 (1947) S. 382–405.

Freud, Sigmund: Aus den Anfängen der Psychoanalyse. Briefe an Wilhelm Fließ, Abhandlungen und Notizen aus den Jahren 1887–1902. Frankfurt a. M. 1962.

9 Vgl. die u. a. von der Psychoanalyse angeregten Ansätze zu einer literaturwissenschaftlichen Hedonistik in Anz (1998).

Freud, Sigmund: Der Dichter und das Phantasieren. In: S. F.: Studienausgabe. Bd. 10: Bildende Kunst und Literatur. Frankfurt a. M. 1969. S. 171–179. [Zit. als 1969a.]

– Der Wahn und die Träume in W. Jensens *Gradiva*. In: S. F.: Studienausgabe. Bd. 10: Bildende Kunst und Literatur. Frankfurt a. M. 1969. S. 13–85. [Zit. als 1969b.]

– Der Witz und seine Beziehung zum Unbewußten [1905]. In: S. F.: Studienausgabe. Bd. 4: Psychologische Schriften. Frankfurt a. M. 1970. S. 9–219.

– Das Ich und das Es. In: S. F.: Studienausgabe. Bd. 3: Psychologie des Unbewußten. Frankfurt a. M. 1975. S. 273–337.

Gallas, Helga: Das Textbegehren des Michael Kohlhaas. Die Sprache des Unbewußten und der Sinn der Literatur. Reinbek 1981.

Groeben, Norbert: Literaturpsychologie. Literaturwissenschaft zwischen Hermeneutik und Empirie. Stuttgart 1972.

Gross, Otto: Zur Überwindung der kulturellen Krise: In: O. G.: Von geschlechtlicher Not zur sozialen Katastrophe. Hrsg. von Kurt Kreiler. Frankfurt a. M. 1980. S. 13–16.

Hoffmann, Nancy J.: Franz Kafka. His Father's Son. A Study in Literary Sexuality. In: Journal of American Medical Association 229 (1974) S. 1623–1626.

Holland, Norman N.: Einheit Identität Text Selbst. In: Psyche 33 (1979) S. 1127–1148.

Kaus, Rainer J.: Erzählte Psychoanalyse bei Franz Kafka. Eine Deutung von Kafkas Erzählung *Das Urteil*. Heidelberg 1998.

Kyora, Sabine: Psychoanalyse und Prosa im 20. Jahrhundert. Stuttgart 1992.

Lacan, Jacques: Das Seminar über E. A. Poes *Der entwendete Brief*. In: J. L.: Schriften I. Ausgew. und hrsg. von Norbert Haas. Olten 1973. S. 7–60.

Lorenzer, Alfred (Hrsg.): Kultur-Analysen. Psychoanalytische Studien zur Literatur. Frankfurt a. M. 1986.

Matt, Peter von: Literaturwissenschaft und Psychoanalyse [1972]. Stuttgart 2001.

Mitscherlich-Nielsen, Margarete: Psychoanalytische Bemerkungen zu Franz Kafka. In: Psyche 31 (1977) H. 1. S. 60–83.

Neumann, Gerhard: Franz Kafka. *Das Urteil*. Text, Materialien, Kommentar. München/Wien 1981.

Pietzcker, Carl: Lesend interpretieren. Zur psychoanalytischen Deutung literarischer Texte. Würzburg 1992.

Pfohlmann, Oliver: »Eine finster drohende und lockende Nachbarmacht«? Untersuchungen zu psychoanalytischen Literaturdeutungen am Beispiel von Robert Musil. München 2002.
Politzer, Heinz: Franz Kafka, der Künstler. Frankfurt a. M. 1965.
Reik, Theodor: Aus Leiden Freuden. Masochismus und Gesellschaft. Hamburg 1977.
Rutschky, Michael: Lektüre der Seele. Eine historische Studie über die Psychoanalyse der Literatur. Frankfurt a. M. [u. a.] 1981.
Sachs, Hanns: Gemeinsame Tagträume. Leipzig [u. a.] 1924.
Schönau, Walter: Einführung in die psychoanalytische Literaturwissenschaft. Stuttgart 1991. (Sammlung Metzler. 259.)
Thomé, Horst: Autonomes Ich und »Inneres Ausland«. Studien über Realismus, Tiefenpsychologie und Psychiatrie in deutschen Erzähltexten (1848–1914). Tübingen 1993.
Tiefenbrunn, Ruth: Moment of Torment. An Interpretation of Franz Kafkas Short Stories. Carbondale [u. a.] 1973.

Differente Männlichkeiten. Kafkas *Das Urteil* aus gendertheoretischer Perspektive

Von Christine Kanz

Die Gender-Studien

Die Analyse von Geschlechterdifferenzen, der unterschiedlichen Frauen- und Männerbilder in literarischen Texten ist in den vergangenen Jahren zu einem immer wichtigeren Thema innerhalb der Literaturwissenschaft geworden. Mit der Bezeichnung ›Gender Studies‹ werden Ansätze zusammengefasst, die sich (unter Einbeziehung von Sichtweisen eines ›dekonstruktiven Feminismus‹) mit der Konstruktion von weiblichen und männlichen Geschlechtsidentitäten (*gender*) bzw. Geschlechterverhältnissen in der Literatur beschäftigen.

Ausgangspunkt der Gender-Studien ist die These, dass die von jedem und jeder gelebte, täglich neu reproduzierte Geschlechtsidentität (*gender*) nichts anderes ist als ein kunstvoll-künstliches Gewebe von Vorstellungen, Projektionen, Zuschreibungen und Bildern. Konzepte des ›Weiblichen‹ und des ›Männlichen‹ gehen in natur-, sozial- und kulturwissenschaftliche sowie mythische, religiöse oder künstlerische Diskurse ein. Dass es gerade auch literarische Texte sind, in denen sich geschlechtsspezifisches Bewusstsein oder Unbewusstsein ausprägt und in denen Geschlechterbilder reproduziert oder hinterfragt werden, legt nahe, der Kategorie *gender* bei der Analyse von Texten mehr Aufmerksamkeit als bisher zu widmen.

Von dieser Kategorie war in einer früheren Phase der Geschlechterforschung noch das biologisch fundierte Geschlecht (*sex*) unterschieden worden. Diese Differenzierung sollte die Aufmerksamkeit darauf lenken, dass Geschlechterbeziehungen nicht als statisch und naturgegeben (*sex*) zu verstehen sind, sondern dass sie im Gegenteil kulturelle Regelsysteme repräsentieren (*gender*). Geschlechterzuschreibungen sind als kulturelle Konstrukte zu verstehen. Das bedeutet, dass sie je nach Kultur unterschiedlich sind und dass sie sich im Laufe der Zeit verändern. Die Kategorie ›Geschlecht‹ sollte als eine zentrale historisch-soziale Kategorie anerkannt werden. ›Männlich‹ und ›weiblich‹ sind konstruierte Attribute, die äußeren Faktoren unterworfen und damit letztlich auch veränderbar sind. Deborah Cameron (1995, S. 145) formuliert das so: »Gender is not something women and men *have*, it is a sedimentary effect of the things they *do*.«

Anfang der 90er-Jahre stellten Judith Butler, Teresa de Lauretis und andere Gendertheoretikerinnen die Unterscheidung von *sex* und *gender* in Frage. Die Voraussetzung eines vordiskursiven, ›biologischen Geschlechts‹ reproduziere selbst einen Machteffekt des Diskurses, behauptete Butler in ihrem bahnbrechenden Buch *Gender Trouble* (dt. *Das Unbehagen der Geschlechter*). Damit meinte sie, dass die Kategorie *sex* letztlich nichts anderes als *gender* sei, dass *sex* ebenfalls ein Produkt sich ständig wiederholender, sich gegenseitig bedingender und bestätigender diskursiver Prozesse ist, sodass die Unterscheidung zwischen diesen beiden Kategorien hinfällig wird (vgl. Butler, 1991, S. 9ff.).

Die Gender-Studien sind nicht als eine eigenständige, homogene Disziplin zu begreifen. Sie sind weder auf ein geschlossenes Theoriegebäude noch auf ein bestimmtes methodisches Verfahren festzulegen. Vielmehr stellen sie eine interdisziplinäre Forschungsrichtung dar, unter deren Dach sich ganz unterschiedliche Theoreme und Zielsetzungen zusammenfinden bzw. sich aneinander reiben. Der Pluralismus von Methoden und Fragestellungen ist für sie ebenso kennzeichnend wie ihre Trans- und Interdisziplinarität.

Dennoch hat sich bei der Anwendung der Gender-Studien innerhalb der Literaturwissenschaften inzwischen eine Art Fragenkatalog herauskristallisiert, an dem man sich bei jeder literaturwissenschaftlichen Geschlechter-Analyse zunächst orientieren kann: Welche Stereotype von ›Männlichkeit‹ und von ›Weiblichkeit‹ gibt es im Text? Wie wird ›Männlichkeit‹, wie ›Weiblichkeit‹ konstruiert bzw. sogar de(kon)struiert? Werden möglicherweise neue Geschlechterkonzepte entwickelt? Wie werden sie eingesetzt und vermittelt, welche Funktionen haben sie, wie widersprüchlich sind sie? Da es den Gender Studies vor allem um eine Analyse der den Geschlechterverhältnissen zugrunde liegenden Machtmechanismen geht, stellt sich immer auch die grundsätzliche Frage, wie diese Machtmechanismen hergestellt werden und wie sie funktionieren.

Die Reflexion unterschiedlicher Ethnien und Nationalitäten innerhalb der Gender Studies

Vor allem in den USA spielt die Berücksichtigung der Differenzen innerhalb der Geschlechterdifferenz (also jener Kategorien, die das Paradigma der Geschlechterdifferenz ergänzen und durchkreuzen, wie Ethnizität, Nationalität, soziale Herkunft und sexuelle Orientierung) bislang eine weitaus größere Rolle als in Europa. Im deutschsprachigen Raum ist Ethnizität innerhalb der Gender-Studien eine untergeordnete Kategorie, die Konstruktion etwa von *whiteness* kaum ein Thema. Erst neuerdings wird die Verknüpfung von *ethnicity* und *gender* als ein längst überfälliger Forschungszusammenhang betrachtet, über den neuere Perspektiven der Gender-Forschung aufgegriffen und diskutiert werden können. Allerdings gibt es auch hier inzwischen schon Tendenzen, insbesondere die Differenz-Kategorien ›Ethnizität‹ und ›sexuelle Präferenz‹ dahingehend zu idealisieren, dass sie in der Lage seien, das traditionelle binäre Geschlechtermodell zu sprengen.

Sara Lennox, Lola Young, Angela Davis und anderen Gendertheoretikerinnen ist die in den letzten Jahren auch in die westeuropäischen Länder vorgedrungene Einsicht zu verdanken, dass das Gros der feministischen Theorien eurozentristisch ausgerichtet ist und lediglich die Interessen weißer, bürgerlicher Mittelschichtsfrauen (im Unterschied zu Afroamerikanerinnen oder Amerikanerinnen asiatischer, indianischer Abstammung etwa) in den Blick nimmt. Die kursierenden feministischen Theorien fördern die Entwicklung von Meinungen und Praktiken zu wenig, die die Besonderheit der Erfahrungen schwarzer Frauen berücksichtigen. Das zeigen die Forscherinnen an Beispielen auf, die illustrieren, inwiefern Stereotype über schwarze Frauen die Perspektive bestimmen, aus der weiße Frauen sie betrachten. Die kulturhistorischen Studien von Sander Gilman und George Mosse u.a. hingegen haben gezeigt, wie eine Verknüpfung von Männlichkeit, Homosexualität und Judentum hergestellt wird, wie sie funktioniert und wie sie weiter (re-)produziert und damit immer wieder aufs Neue zementiert wird.

Gender Studies in der Literaturwissenschaft

Die Konzentration auf Weiblichkeit, auf Frauenbilder und Frauenliteratur war charakteristisch für die Women's Studies bzw. die Frauenforschung. Sie ist inzwischen – nur so viel sei zusammenfassend zum Unterschied zwischen Frauen- und Genderforschung gesagt – um die Sichtbarmachung eines »geschlechtsspezifischen Feldes literarischer Verfahrensweisen« erweitert worden, »das alle Bedeutungsebenen mit einbezieht«. Zum Vorschein kommt dabei nicht immer wieder aufs Neue eine feste (binäre) Geschlechter-Differenz, sondern eher eine »Vielfalt an Differenzen« (Erhart/Herrmann, 1997b, S. 498).

Geschlechterdifferenz lässt sich wie gesagt historisch analysieren, so etwa in ihren Überschneidungen mit anderen Positionsbestimmungen, z.B. klassenspezifischen und ethnischen. Und man kann die geschlechtsspezifischen Positionen selbst untersuchen: Sie sind eben niemals fest, sondern changieren zwischen den Geschlechtern und den Sexualitäten. Innerhalb von Erzähl- und Handlungsmodellen finden sich Oppositionen, die geschlechtlich interpretierbar sind und die sich dann doch wieder in ihr Gegenteil verkehren oder gar gänzlich aufbrechen:

> »Männlichkeit« und »Weiblichkeit« enthüllen sich in solchen Lektüren als diskursive Effekte und als rhetorische Figuren, die jede binäre Festlegung immer schon unterlaufen, indem die ihnen zugeschriebenen Charakteristika zwischen den vermeintlich getrennten Bereichen hin- und herwechseln. [...] »Geschlecht« ist daher nicht mehr zu denken als ein System von Oppositionen, sondern als ein Ensemble von Positionen und Beziehungen, die sich je nach Kontext anders entfalten und anders gruppieren. Weiblichkeit und Männlichkeit sind weder selbstverständlich noch einheitlich zu denken. Weder weibliche noch männliche Identität lässt sich auf klar umrissene Bilder, auf psychische Einheiten oder auf bestimmte Rollenerwartungen reduzieren, sondern beide verweisen »nur noch auf den komplizierten Prozeß, in dem geschlechtliche Identität und Geschlechtlichkeit selbst hergestellt werden« (ebd., S. 512).

Möglicherweise gerade aufgrund des kritischen Interesses am Zusammenspiel von Strukturen, das Frauen wie Männer gleichermaßen in den Blick nimmt, und wohl auch, weil sie insgesamt theoretisch erheblich komplexer als die Women's Studies sind, die sich, knapp formuliert, auf die Rekonstruktion der *Her*story, einer Geschichte der Frauen, beschränken, werden die Gender Studies innerhalb der universitären Landschaften stärker akzeptiert. Das zeigt sich nicht zuletzt darin, dass es auch immer mehr männliche Wissenschaftler gibt, die an ihnen interessiert sind oder sie betreiben, und zwar mit der Tendenz, sich schwerpunktmäßig auf die sogenannten Men's Studies zu konzentrieren.

Die Männerforschung

Seit den 80er-Jahren konnte sich die Männerforschung als eigener Forschungsbereich innerhalb der Gender-Studien etablieren. Unter dem Label ›Men's Studies‹ setzen sich wie gesagt zunehmend vor allem männliche Wissenschaftler mit (Neu-)Konzeptionen von Männlichkeit(en) auseinander. Dieses gegenwärtig gesteigerte Interesse ist nicht zuletzt der »Irritation über Männlichkeit« geschuldet, wie sie in den 80er-Jahren hervorgebracht wurde. Sie hat zu völlig »gegensätzlichen Stellungnahmen« geführt, zu »Phänomenen« wie der »Weigerung, Mann zu sein« (vorbereitet durch zahlreiche Texte der ›Neuen Subjektivität‹ Ende der 70er-Jahre), und der »Aufforderung, zum ›echten‹ Mann-Sein zurückzufinden« (beispielhaft dafür ist der 1990 erschienene Bestseller *Eisenhans* von Robert Bly, der eine Rückkehr zur archaischen, wahren, wilden Männlichkeit einfordert). Sie führte also einerseits zum »verunsicherten, ›neuen‹ Mann« und andererseits zum »wiedererstarkten Mann«. Diese grundverschiedenen Haltungen sind beide »als Nah- und Fernreaktionen auf die Herausforderung des Feminismus« zu lesen, der in den 70er-Jahren in Europa und den USA »seine ›zweite‹ Welle« erlebte (Erhart/Herrmann, 1997a, S. 4) – nach einer ersten im späten 19. und frühen 20. Jahrhundert.

Kafkas Erzählungen fordern besonders dazu heraus, literarische Konstruktionen von Männlichkeiten zu analysieren, geht es in seinen Texten doch so oft um Krisenerfahrungen von Söhnen, die Schwierigkeiten haben, sich in der Realität (der Väter) zurechtzufinden. Im Zentrum seiner

Texte stehen nicht nur (zur Disposition gestellte) Lebens- und Identitätskonzepte männlicher Subjekte, sondern auch die gescheiterte bzw. scheiternde Kommunikation zwischen Vater(-figur) und Sohn.

Wie kann man nun, mit einer Orientierung an grundsätzlichen Fragestellungen der Men's Studies (vgl. Schülting/ Feldmann, 1998, S. 338), das Männerbild in Kafkas *Urteil* analysieren?

Der Expressionismus als Männerbewegung

Es ist notwendig, *Das Urteil* im Kontext seiner Entstehungszeit zu situieren, um etwas über damals vorherrschende Geschlechterklischees zu erfahren. Die expressionistische Bewegung, zu deren Zeit und in deren einschlägigen Publikationsorganen Kafka geschrieben hat, wird immer wieder als eine ›Revolte der Söhne gegen ihre Väter‹ beschrieben. Bei der Lektüre der heute kanonisierten expressionistischen Texte kann tatsächlich der Eindruck entstehen, es handele sich hier um eine reine Männerbewegung, in der Frauen keine große Rolle spielten und als literarische Figuren allerhöchstens auf bestimmte Stereotype (›Heilige‹ und ›Hure‹) reduziert wurden. Die Funktionalisierung von Weiblichkeit in zahlreichen Texten dieser Zeit lässt sich leicht anhand der immer wiederkehrenden Mutter- und Dirnenbilder verfolgen, die sich nicht zuletzt auf den Einfluss von Otto Weiningers berühmt-berüchtigtes Pamphlet *Charakter und Geschlecht* (1903) zurückführen lassen und die auch in Kafkas Texten feststellbar sind, hier allerdings sehr oft in ambivalenter, zwischen beiden Typen oszillierender Weise (vgl. Stach, 1987, S. 100f.).

Der Schriftsteller, Kultur- und Religionsphilosoph Hans Blüher (1888–1955) hingegen lieferte zahlreiche Belege, die auch bei der Entwicklung der Ansichten und Ängste des Autors hinsichtlich des Zusammenhangs von Maskulinität,

Krankheit und Rasse festzustellen sind. Bei Blüher, der in der ersten Hälfte des 20. Jahrhunderts zur intellektuellen Szene gehörte und der an der Formierung der Wandervogelbewegung um die Jahrhundertwende beteiligt war, spielt der Zusammenhang von Homosexualität und Männergemeinschaft eine große Rolle. Sein zweibändiges Werk über Homoerotik in der Jugendbewegung, *Die Rolle der Erotik in der männlichen Gesellschaft* (1917), und sein Konzept der Bisexualität, die Freuds Frühwerk verpflichtet waren, beeindruckten Kafka. Blüher lehnte die traditionelle Erziehung als Staatstraining ab und sah in den gängigen Erziehungsstrukturen einen Behinderungsversuch der natürlichen Tendenz junger Männer, sich zu Bündnissen zusammenzuschließen. Er interpretierte die Verfolgung Homosexueller innerhalb der Wandervogelbewegung als deren eigene unbewusste Unterdrückung libidinöser Neigungen zum selben Geschlecht. Für ihn war das ein durch Repressionen verursachter neurotischer Prozess. Zur Erklärung dieses Selbsthasses verwendete er Freuds Konzeption der Abwehrmechanismen. Kafka und seinen Zeitgenossen bot er das Bild einer idealen männlichen Gesellschaft an, in der soziale Unterdrückung nicht vorzukommen schien (vgl. Gilman, 1995, S. 158f.). Viele Juden folgten Blühers Aufruf zum Eintritt in die Männergemeinschaft der Wandervogelbewegung. Aber die hier vertretene arische Weltanschauung machte es ihnen unmöglich, wirklich Teil dieser männlichen Welt zu werden. Kafka jedoch begann, seine eigenen Erfahrungen in den Termini Blühers zu formulieren, schrieb auch einmal von einem Traum, in dem er Franz Werfel küsste und dabei über Blühers Buch stolperte (vgl. ebd., S. 159).

Eine Geschlechteranalyse des *Urteils* muss sich, wie oben bereits angedeutet, notwendig auf die Männerbilder konzentrieren – ist im Text (bis auf eine kurz angeführte Bedienerin) doch nur von zwei abwesenden Frauen die Rede, nämlich von der zwei Jahre zuvor verstorbenen Mutter des Protagonisten und von einem Fräulein Frieda Brandenfeld, mit der sich Georg Bendemann gerade verlobt hat. Beide werden in nur wenigen Sätzen in Gesprächen zwischen Georg und seinem Vater erwähnt, mit dem er zusammenwohnt, dessen Geschäft er übernommen hat und der ihn am Ende zum »Tode des Ertrinkens« (19) verurteilen wird: ein Urteil, das der Sohn sofort nach der Verkündung an sich selbst vollstrecken wird. Zwischen Vater und Sohn steht ein abwesender Mann, der ferne Freund in Russland, dem gegenüber es Georg so schwerfällt, seine Verlobung anzuzeigen, und der das größte Konfliktpotenzial im Machtkampf zwischen Vater und Sohn birgt.

Welche unterschiedlichen Positionen von Männlichkeit nehmen nun Georg, der Vater und der ferne Freund jeweils ein bzw. welche Positionen werden ihnen von den anderen Figuren im Text zugewiesen? Gleich zu Beginn wird die Maskulinität Georgs betont, wenn in einem Satz sein Nachname Bende*mann* (7) mit seiner Berufsbezeichnung »Kauf*mann*« (7) verknüpft wird. Kafka selbst erklärte das ›Mann‹ in Bendemann damit, dass das »›Mann‹ [...] wohl aus Mitleid diesen armen ›Bende‹ für seine Kämpfe stärken« solle (Brief an Felice Bauer vom 2. Juni 1913, zit. nach: E 394). Diese hier konstatierte Schwäche wird im Text selbst ebenfalls angedeutet, wohnt der »arme Bende« doch in einem »der niedrigen leicht gebauten Häuser« (7), was auf die generelle Gefährdung seiner Existenz, aber eben auch auf seine (im traditionellen Sinne) ›schwächliche‹, zur Disposition gestellte ›Männlichkeit‹ hinweist. Außerdem scheint der Sohn mit Zügen der Neurasthenie ausgestattet zu sein – dem männlichen Pendant der zeittypischen Frauenkrankheit Hysterie, das mit Judentum oder Homosexualität bzw. Judentum *und* Homosexualität assoziiert wurde (vgl. Radkau, 1998, S. 324). Denn er wird als »gedankenverloren«, »zerstreut« (17), »vergesslich« (18), also allgemein als nervös geschildert, was in der damaligen Zeit mit ›neurasthenisch‹ gleichgesetzt wurde. Darüber hinaus verhält er sich seinem Vater gegenüber oftmals wie ein Kind, betont z.B.:

»ich kann es« (14). Insgesamt handelt der Sohn immer wieder wie jemand, der sich in einer untergeordneten, marginalisierten Position befindet, z.B. wenn er, anstatt offen seinem Vater gegenüber aufzubegehren, zu reichlich versteckten oder – wohlmeinend gesprochen – ›subtilen‹ Strategien greift. So schneidet er Grimassen (18) oder verlacht den Vater (19). Gestisch-mimisch bringt der Sohn kaum jemals anderes als Furcht vor seinem Vater, Angst, Unsicherheit und Verlegenheit zum Ausdruck. So steht er während des Streitgesprächs »in einem Winkel, möglichst weit weg vom Vater« (17), oder er nähert sich dem Vater – gegen dessen Erwartung – nicht, sondern verkriecht sich in einer Ecke (18). Er zeigt also Emotionen, die dem Stereotyp vom mutigen Mann diametral entgegengesetzt sind. Kurzum: Georg entspricht hier ganz und gar nicht dem traditionellen Bild vom starken, autonomen, selbstbeherrschten, rationalen und rationell handelnden Mann, wie es Karin Hausen in ihrem für die Geschichte der Geschlechterdifferenz heute noch grundlegenden Aufsatz *Die Polarisierung der ›Geschlechtscharaktere‹* so eindrücklich als Bestandteil des männlichen Geschlechtscharakters beschrieben hat und wie er sich verstärkt seit dem letzten Drittel des 18. Jahrhunderts, als Folge der »Dissoziation von Erwerbs- und Familienleben«, herausbilden konnte (vgl. Hausen, 1976, S. 368). Georg ist eben kein ›richtiger‹ Mann, sondern nur ein armer, schwächlich-nervöser »Bende«. Stets zögert und zaudert er und ist nicht einmal fähig, dem Freund mit ›männlich‹-stolz geschwellter Brust, zügig und rundheraus, seine bevorstehende Hochzeit anzukündigen, geschweige denn, dass er in der Lage ist, Fräulein Frieda Brandenfeld – immerhin seine Braut – vor dem Vater zu verteidigen, der sich doch in höchst despektierlicher Manier über sie zu äußern wagt: »Weil sie die Röcke gehoben hat […], die widerliche Gans […], hast du dich an sie herangemacht« (17).

Nur ganz kurz vertauschen sich die Machtpositionen von Vater und Sohn, wenn das Alter des Vaters mit einem

Mal ins Zentrum gerückt wird. Der Sohn will »eine andere Lebensweise« (9) für den Vater einführen, ihn zum Patienten erklären (»ich werde den Arzt holen und seinen Vorschriften werden wir folgen«, 14) und einen Zimmertausch vornehmen, bei dem er selbst das Zimmer des Vaters bekommen soll, was sich als Wunsch nach einem grundsätzlichen Rollentausch interpretieren lässt.[1] Doch schaut man sich diese kurzzeitige scheinbare Umkehr des Machtverhältnisses genauer an, so wird man bemerken, dass Georg dem Vater gegenüber in diesem Moment eher eine versorgende, mütterliche, als eine paternalistische Position einnimmt: »jetzt lege dich noch ein wenig ins Bett [...]. Komm, ich werde dir beim Ausziehen helfen« (14). Der Sohn agiert seine »feminine Seite« aus,[2] wenn er dann den Vater wie eine Mutter »auf seinen Armen« ins Bett trägt. Wie ein Kind spielt der Vater »an [Georgs] Brust [...] mit [Georgs] Uhrkette« (15). Es heißt: »Er konnte ihn nicht gleich ins Bett legen, so fest hielt er sich an dieser Uhrkette« (15). Das Bett wird in diesem Moment zwar metaphorisch mit dem Grab in eins gesetzt, doch lässt sich der Vater noch nicht ganz »zudecken«, auch wenn Georg »das Deckzeug besser um ihn« zu legen versucht (16).

In diesem subtilen Ringen um Macht unterliegt Georg. Die alte Machthierarchie stellt sich in dem Augenblick wieder ein, als der Vater sich erhebt, und zwar »mit einer Kraft, daß sie einen Augenblick im Fluge sich ganz entfaltete«. Er steht dann »aufrecht im Bett« – die sexuelle Konnotation dieser Formulierung ist wohl kaum zu übersehen – , und er mutiert in den Augen seines Sohnes wieder zum »Schreckbild« (16), zum viel Stärkeren« (18). Er wird wieder ein »Riese« (12). Doch nicht nur, dass sich das vorheri-

1 So Anz (1992), S. 97, der den Rollentausch allerdings bereits als vollzogen betrachtet.

2 Vgl. Flores (1964), S. 19, und Kaus (1998), S. 49ff., der diese Passsage als Beispiel für Georgs Identifikation mit der Mutter und damit für den »negativen Ödipuskomplex« liest.

ge Machtverhältnis zwischen Vater und Sohn wieder aufbaut: Der Vater im *Urteil* wird zum Verkünder des Todesurteils an Georg und damit tatsächlich zur »letzten Instanz« (BV 11), wie Kafka den Vater im sieben Jahre später entstehenden *Brief an den Vater* von 1919 bezeichnen wird.

Nach außen jedoch vermittelt Georg ein ganz anderes Bild bzw. verkörpert eine ganz andere Position von Männlichkeit als bisher beschrieben. Er ist ein erfolgreicher Geschäftsmann, viel erfolgreicher als sein Vater es jemals war: Es ist nicht nur ausdrücklich von seinen »geschäftlichen Erfolgen« (9) die Rede oder dass er die Geschäfte abschließt, die sein Vater »vorbereitet hatte« (17), sondern es heißt auch, dass sich das Geschäft in den letzten zwei Jahren, nach dem Tod der Mutter, »ganz unerwartet entwickelt« habe und dass man »das Personal« habe »verdoppeln müssen, der Umsatz hatte sich verfünffacht, ein weiterer Fortschritt stand zweifellos bevor« (9). Der Vater hingegen hat sich mehr oder weniger aus dem Geschäftsleben verabschiedet bzw. aufgrund seines körperlichen Verfalls, den er selbst einerseits mit dem »Tod unseres Mütterchens« (13), andererseits mit dem »Ablauf der Natur« (13) erklärt, verabschieden müssen. Er muss sich angesichts der, seine eigenen weit übersteigenden, Erfolge Georgs im Nachhinein sogar als Versager fühlen.

Als Geschäftsmann, genauer: als Kaufmann ist Georg nicht nur seinem Vater überlegen, sondern auch weitaus erfolgreicher als sein Freund im fernen Russland, dessen anfangs gut gehendes »Geschäft in Petersburg […] seit langem […] schon zu stocken« scheint. Der Freund »klage« darüber »bei seinen immer seltener werdenden Besuchen«, und er arbeite »sich in der Fremde nutzlos ab« (7). Seine »bisherigen Versuche« als Geschäftsmann werden von Georg als »mißlungen« abqualifiziert (8).

Doch nicht nur auf der beruflichen Ebene, auch körperlich gibt es eine anders markierte ›Männlichkeit‹ Georgs. Nicht nur beziehen sich die letzten Gedanken vor seinem

Tod auf seine früheren sportlichen Erfolge als »ausgezeichnete[r] Turner, der er in seinen Jugendjahren zum Stolz seiner Eltern gewesen war« (19), sondern Georg muss auch am Ende noch einen ›athletischen‹ Körperbau haben.[3] Denn ohne Anstrengung kann er sich über das Geländer schwingen und ins Wasser fallen lassen (explizit heißt es im Text, dass er sich »als der ausgezeichnete Turner« über das Geländer »schwang«). Er *inszeniert* sich in seinem letzten Lebensmoment aber nicht nur als Athlet; weil ihm der Schwung über das Geländer tatsächlich ohne Schwierigkeit gelingt, *realisiert* er sich auch als solcher.

Der Sohn verfügt über weitere, traditionellerweise für besonders maskulin gehaltene Eigenschaften. Er legt »größere Entschlossenheit« (9) seit dem Tod der Mutter an den Tag, dazu (männlich konnotiertes) Kontrollverhalten,[4] und in uralt-patriarchaler Manier beansprucht er die Entscheidungsgewalt innerhalb der Beziehung zu seiner Verlobten für sich alleine. Ziemlich spontan, ohne Frieda Brandenfeld vorher zu fragen oder sich mit ihr abzusprechen, entscheidet er sehr bestimmt, dass sein Vater in den gemeinsamen, zukünftigen Haushalt mitgenommen und dort gepflegt werde (15). Und dies geschieht vor dem Hintergrund, dass sein Vater kein einziges positives Wort für Frieda Brandenfeld einfallen mag, sein degradierendes Urteil über sie sogar von einer gewissen Eifersucht geprägt zu sein scheint, sodass Georg von vornherein klar sein dürfte, dass es seine Verlobte nicht besonders gut haben wird in seines Vaters Nähe. Berücksichtigt man diesen eindeutig patriarchalen Gestus, die Entscheidung über den Kopf seiner Braut hinweg, fällt es schwer, die anfangs naheliegende These, dass der Sohn im *Urteil* einen effeminierten Mann oder gar den ›neuen Mann‹ verkörpern könnte, zu bejahen.

3 Vgl. hier auch Boa (1996), S. 109, die von dem »athletic Georg Bendemann« spricht.

4 Etwa wenn er es für seine Aufgabe hält, »über den Wäschewechsel seines Vaters zu wachen« (15).

Dies fällt umso schwerer, wenn man die Nähe von Georgs Tod zum Topos des Heldentods berücksichtigt. Mit ihr wird man dann konfrontiert, wenn man sich, entsprechend einer derzeit üblichen Fragestellung innerhalb der Men's Studies, überlegt, ob im Text möglicherweise »heroische Männlichkeitsmythen« demontiert werden (vgl. Schülting/Feldmann, 1998, S. 338). Der Tod Georgs ist nicht durch Egoismus und Selbsterhaltungstrieb motiviert, sondern es scheint einen höheren Wert zu geben, dem sich Georg ›opfert‹. Georg stirbt sozusagen in ›Verachtung‹ des Todes, was schon zu Zeiten von Sokrates als ›heroisch‹ galt und der noch Mitte des 19. Jahrhunderts kursierenden Vorstellung entspricht, dass der Tod geheiligt werde, wenn er »einer übergeordneten Sache« verschrieben ist (Mosse, 1997, S. 73). Ein Held ist, so Thomas Carlyle 1841 in *Heroes and Hero Worship*, wer »von ernsten Vorstellungen beseelt« ist (zit. nach: ebd, S. 73). Ein weiteres Merkmal signifiziert Georg als Helden: Nach Michail Bachtin und nach Roland Barthes ist in einem literarischen Text derjenige ein Held, der das letzte Wort hat.[5] Tatsächlich endet *Das Urteil* mit den Worten Georgs. Es heißt: »[Georg] rief leise: ›Liebe Eltern, ich habe euch doch immer geliebt‹, und ließ sich hinabfallen. In diesem Augenblick ging über die Brücke ein geradezu unendlicher Verkehr« (20). So lauten die letzten Sätze.

Dass der »Fall« Georgs aus der Sicht des Autors selbst einer männlichen ›Heldentat‹ entspricht bzw. gar als Bestätigung einer phallizistisch-sportlichen Maskulinität gelesen werden kann, legt eine Bemerkung Kafkas gegenüber Max Brod im Herbst 1912 nahe, in der es heißt: »weißt du, was der Schlußsatz bedeutet? – Ich habe dabei an eine starke Ejakulation gedacht« (Brod, 1966, S. 114). Auch wenn man Georg insgesamt kaum zum Helden küren mag, so ist doch

5 Vgl. Bachtin (1990), S. 86 und S. 93f., sowie Barthes (1984), S. 212. – Für diesen Hinweis danke ich Yahya Elsaghe.

nicht zu übersehen, dass Kafka mit der Figur des Selbstmord begehenden oder – nach einer anderen Lesart – seine Hinrichtung vollziehenden Sohns zumindest mit Versatzstücken des Heldenmythos spielt. Was am Ende vorliegt, ist der »Fall« eines kindlich-effeminierten, zugleich seine Maskulinität immer wieder hervorkehrenden bzw. künstlich betonenden Vater-Sohnes, dessen Tod – der wie gesagt als Suizid oder als Hinrichtung gelesen werden kann – zwischen Erbärmlichkeit und Heroentum changiert. Der Sohn wirft mit seinem Sprung in den Fluss gleichsam ein mögliches Konzept ›neuer Männlichkeit‹ über Bord, er, der sich stattdessen als leistungsstarker Turner in die traditionelle Maskulinität einreiht bzw. einzureihen versucht.

Ähnlich ist es um die ›Männlichkeit‹ des Vaters sowie des Freundes bestellt. Sie nämlich ist, so meine These, ebenfalls schillernd-changierend oder jedenfalls ambivalent. Aus Georgs Sicht ist der Vater wie gesagt immer noch ein »Riese«: der mit »Kriegsnarbe« (17) versehene und daher als soldatisch markierte Mann wird am Ende auch zum teuflisch-vernichtenden Richter, wenn er den eigenen Sohn zum Tode verurteilt. Zugleich aber ist er ein kränklicher bis »invalider« (so Gilman, 1995, S. 92) alter Mann mit seinem »struppigen weißen Haar« und Kinderaugen (»übergroßen Pupillen«, 14), in einem »müden Gesicht« (14) mit »zahnlose[m] Mund« (13), der um seine verstorbene Frau trauert, den ganzen Tag in seinem dunklen Zimmer sitzt, kaum mehr Appetit hat (14) und seine Körperpflege vernachlässigt,[6] der jedoch zugleich versucht, seinen so offensichtlichen körperlichen Verfall zu verbergen,[7] ein alter Mann also, mit dem man Mitleid haben kann. Insgesamt präsentiert der Vater im *Urteil* also höchst widersprüchliche Positionen von Männlichkeit, die sich nicht in ein bestimmtes Männlichkeits-Schema einfügen wollen und eben

6 Es ist von seiner »nicht besonders reinen Wäsche« die Rede (15).

7 Vgl. z. B. »die Brille, die er mit der Hand bedeckte« (13).

nur teilweise in das traditionelle bipolare Geschlechtermodell passen.

Der ferne, fremdartige, gelbgesichtige, vollbärtige, in Russland lebende Freund verkörpert einerseits Abenteuer, Freiheit, Exotik und ist – ganz im Gegensatz zu Georg – ein Sohn nach dem »Herzen« des (soldatischen) Vaters (16). Er repräsentiert also ein Bild ›wilder‹ und ursprünglicher Männlichkeit. Andererseits aber verweist sein Erscheinungsbild auf eine kranke und damit anti-typische Männlichkeit. Dass seine »gelbe Hautfarbe«, von der immer wieder die Rede ist, auf Kränklichkeit und Schwäche schließen lässt, expliziert der Text selbst, scheint sie doch »auf eine sich entwickelnde Krankheit hinzudeuten« (7). Der Vater gibt dem Sohn sogar die Schuld daran, dass der Freund »schon vor drei Jahren [...] gelb zum Wegwerfen« war (19). Die »gelbe Gesichtsfarbe« des Freundes verweist einerseits auf die Gelbsucht, die wiederum als Begleiterscheinung einer Reihe ›orientalischer‹ Krankheiten auftritt, so der Malaria und der Thallassämie, andererseits signalisiert sie unmittelbar ethnische Differenz. Der »Vollbart« (7), der nicht nur Männlichkeit betont, sondern der sowohl auf den jüdisch-orthodoxen Gauben als auch auf den angeblich vermehrten Haarwuchs bei Juden rekurriert und somit als kulturalistischer *und* als biologistischer Hinweis auf das Judentum gelesen werden kann, sowie die immer wieder betonte Fremdartigkeit (vgl. u.a. 7 und 8) stigmatisieren den Freund zum jüdischen Mann (vgl Mosse, 1997, S. 90), wobei ›jüdisch‹ und ›krank‹ in eins zu setzen sind. Die gelbe Hautfarbe wurde im 19. Jahrhundert (wieder) zur Markierung des kranken, jüdischen Mannes erhoben. Zuvor galt sie im 17. Jahrhundert als Reflex des Judentums, als Spiegel der hartnäckigen Weigerung, die ›Wahrheit‹ des Christentums anzuerkennen (vgl. Gilman, 1995, S. 107, und Weininger, 1997, S. 405). Für unsere Perspektive ist interessant, dass die »gelbe Hautfarbe« auf eine generelle Schwäche hinweist (vgl. Mosse, 1997, S. 83), die so ganz im Gegensatz zur modernen Männlichkeit steht. Der jüdische, männliche Körper wird damit zum Zeichen des Ausschlusses von jeglichen, mit gesunder, starker Maskulinität assoziierten Eigenschaften (vgl. Gilman, 1995, S. 108).

Beim Freund im *Urteil* kommen dessen im Text immer wieder betonte Unstetigkeit, seine Nichtsesshaftigkeit und Heimatlosigkeit hinzu, die ihn als »ewigen Juden« markieren.[8] Die Legende vom »ewigen Juden«, die von einem Juden handelt, »der sich weigerte, Christus auf seinem Weg nach Golgatha bei sich rasten zu lassen, und deshalb dazu verdammt wurde, in alle Ewigkeit zu wandern« (vgl. Mosse, 1997, S. 82), hatte bereits im 17. Jahrhundert ›Konjunktur‹ gehabt und war Mitte des 19. Jahrhunderts erneut populär geworden. Im Deutschland des 19. Jahrhunderts wurde die angebliche »Ruhelosigkeit« des Juden von den Antisemiten »als gerechte Strafe für seine Sünde« betrachtet, jüdische Menschen wurden als »ewige Vagabunden« denunziert (Mosse, 1997, S. 82).

Dass die Thematisierung des Jüdischen im *Urteil* aus der Sicht Kafkas selbst zentral ist, zeigt ein Tagebucheintrag vom 23. September 1912, in dem er nicht nur die »Gedanken an Freud« während der Niederschrift hervorhebt, sondern auch auf die »an Arnold Beer« verweist (KKAT 460f.). Diese Bemerkung zielt auf Max Brods im gleichen Jahr erschienenen Roman *Arnold Beer. Das Schicksal eines Juden.*[9]

Neben den konkreten Hinweisen auf das Judentum des Freundes im *Urteil*, dessen Attribute insgesamt dem von George Mosse beschriebenen »Anti-Typus« des modernen Mannes entsprechen – er erklärt ihre Entstehung, Fixie-

8 Er hat »keine rechte Verbindung« zu seinen Landsleuten und »keinen gesellschaftlichen Verkehr mit einheimischen Familien« (7), »keine Heimat« (8) und »keine Freunde« (8), dazu kommt der Verweis auf sein »endgültiges Junggesellentum« (7). Überdies hat er sich »verrannt« (7) und ›findet‹ sich auch »nicht […] zurecht« (8).

9 Vgl. den Kommentar zum genannten Tagebucheintrag, in: *Dichter über ihre Dichtungen* (1969), S. 20.

rung, Verbreitung mit der Tendenz, traditionelle Männlichkeitsvorstellungen vom starken, gesunden, wehrhaften Mann gegenüber dem »Anti-Typen« neu stärken zu wollen – gibt es weitere Hinweise auf die effeminierte ›Männlichkeit‹, die Weiblichkeit oder gar die Weibischkeit des Freundes. So sind viele der ihm zugeschriebenen Eigenschaften traditionell mit ›Weiblichkeit‹ konnotiert: er ist »unzufrieden« (7), er »klagt« (7), ist konfus und irrational (»verrannt«, 7). Zudem ist von seiner »Unsicherheit« (8) die Rede. Man muss ihn »schonen« (8), kann ihn nur »bedauern«, ihm »aber nicht helfen« (7), außerdem heißt es, er »litte an Beschämung« (8). Doch allein schon die Tatsache, dass der Text ihn als ›jüdisch‹ markiert, genügt zu Kafkas Zeiten, ihn zugleich mit ›Weiblichkeit‹ zu assoziieren (vgl. Mosse, 1997, S. 95; Boa, 1996, S. 115): Verbreitet wurde diese klischeehafte Verknüpfung v. a. durch Otto Weiningers populäres Pamphlet *Geschlecht und Charakter.* Zugleich wurde der jüdische Mann mit einer bestimmten sexuellen Ausrichtung, nämlich mit Homosexualität, assoziiert (vgl. Mosse, 1997, S. 95). Um die Jahrhundertwende war der beschnittene Körper des Juden zum äußeren Zeichen einer angeblich differenten Natur geworden, die als Spiegel der Psychopathologie des Juden betrachtet wurde. Ungeachtet seiner sexuellen Präferenz wurde er daher eng mit der ebenfalls als ›pathologisch‹ begriffenen Kategorie des Homosexuellen verknüpft. Medizinisch wurde gar von einer speziellen Prädisposition für Homosexualität bei den Juden gesprochen. Diese ›Disposition‹ wurde als Quelle der feminisierten Natur des Juden betrachtet (vgl. Gilman, 1995, S. 157). Für die Homosexualität des Freundes im *Urteil* sprechen nicht nur seine Familienlosigkeit, sein Junggesellentum, die Tatsache, dass er als Störfaktor zwischen Georg und seiner Braut steht,[10] die Befürchtung Georgs, dass

10 »Wenn Du solche Freunde hast, Georg, hättest du dich überhaupt nicht verloben sollen«, sagt die Braut (10).

er über seine Hochzeit gekränkt sein könnte, sondern auch die Bezichtigung des Vaters, Georg habe »den Freund verraten« (17), der explizite Verweis auf die lange Dauer der Beziehung zwischen Georg und dem Freund, der ein »seit den Kinderjahren wohlbekannte[s] Gesicht« (7) hat, ein »Jugendfreund« (7) ist, dem er allerdings zuletzt vor drei Jahren begegnet ist, oder die Buhlerei zwischen Vater und Sohn um ihn sowie nicht zuletzt das *male bonding* – das Männerbündnis – zwischen Vater und Freund, auf das der Sohn vom Vater explizit hingewiesen wird. »Mit deinem Freund habe ich mich verbunden« (18), hört er und wird zugleich auf den engen Briefkontakt zwischen Vater und Freund aufmerksam gemacht. So changieren also auch die Positionen des Freundes zwischen urwüchsiger, wilder Männlichkeit und effeminierter (Un-)Männlichkeit. Größer könnte die Vielschichtigkeit und Widersprüchlichkeit von ›Männlichkeiten‹ innerhalb eines Mannes nicht sein. Die Frage nach männlichen Bindungen und Gemeinschaften betrifft nicht nur einen der wichtigsten Problemkomplexe innerhalb der Men's Studies, sondern sie wird Kafka selbst später noch extensiver beschäftigen, als es sich in diesem Text bereits ankündigt. Wie gesagt war seine Auseinandersetzung mit Blüher wichtig für die Meinungsbildung des Autors hinsichtlich der Verknüpfung von Männlichkeit, Meinungsbildung, Krankheit und Rasse.

Handelt es sich hier nun um eigene homophile Neigungen, die Kafka literarisch durchspielte?[11] Tatsache ist, dass er in seinen Werken immer wieder erotisch konnotierte Männerbeziehungen thematisiert. Nicht nur der Freund, auch der Sohn und sogar der Vater zeigen hier jeweils homoerotische Tendenzen. Sogar Hinweise auf eine mögliche homoerotische Verbindung zwischen Vater und Sohn lassen sich finden, so etwa die durchaus als erotische Anbiederungsversuche zu lesenden Entblößungssituationen des Va-

11 Vgl. u.a. Kaus (1998), S. 37 und 60ff., und Mecke (1982), S. 104ff.

ters (vgl. 14 und 17) sowie Georgs eigenes Interesse an dessen Körper: »jetzt lege dich noch ein wenig ins Bett [...]. Komm, ich werde dir beim Ausziehen helfen« (14), oder auch sein Wunsch, den Vater in den gemeinsamen, zukünftigen Haushalt mitzunehmen.[12]

Differenzen in der Männlichkeit

Die hier aufgezeigten gegensätzlichen, ambivalenten Positionen von Vater und Sohn spiegeln jeweils die Differenzen innerhalb beider Männer, wobei der in persona niemals auftretende Freund die von beiden unterdrückten Gemeinsamkeiten verkörpern könnte. Kafka jedenfalls versuchte, sich die Funktion des Freundes selbst so zu erklären. Im November 1913 schrieb er an Felice Bauer:

> Der Freund ist kaum eine wirkliche Person, er ist vielleicht eher das, was dem Vater und Georg gemeinsam ist. Die Geschichte ist vielleicht ein Rundgang um Vater und Sohn, und die wechselnde Gestalt des Freundes ist vielleicht der perspektivische Wechsel der Beziehungen zwischen Vater und Sohn. (F 366f.)

Der »Verrat« am Freund (17) wäre dann nicht nur als Selbstverrat Georgs, sondern als Verrat der Vater-Sohn-Beziehung zu lesen, die am Ende »gelb zum Wegwerfen« ist.

Hierarchische Machtverhältnisse, so machen die unterschiedlichen Männlichkeiten der drei Männerfiguren im *Urteil* deutlich, gibt es eben nicht nur zwischen Frau und Mann, sondern auch zwischen Männern untereinander oder sogar, zumal wenn man den ›Freund‹ im *Urteil* als unausgelebte Seite Georgs (und des Vaters) sehen will, im ein-

12 Eine homoerotische Vater-Sohn-Beziehung im *Urteil* sehen auch Kaus (1998), u. a. S. 27f.; Flores (1964), S. 19 (die argumentiert, die feminine Seite in Georg liebe den Vater), und Mecke (1982), S. 104ff.

zelnen Mann selbst. Diese Differenzen von Männlichkeiten innerhalb eines Mannes können hierarchisch geordnet sein. Dazu passt, dass die Beziehung etwa zwischen Georg und dem Freund tatsächlich wie ein hierarchisches Machtverhältnis geschildert wird: Georg versucht immer wieder, Kontrolle über den ›Freund‹ zu erzwingen bzw. zu behalten,[13] diesen gänzlich zu ignorieren oder gar zum Verschwinden zu bringen. Die unterschiedlichen Positionen von Männlichkeit sind jeweils mehr oder weniger stark ausgeprägt, kämpfen möglicherweise auch gegeneinander oder gegen eine feminine Seite.

Auf das Jüdische als dem »Gemeinsamen« zwischen Vater und Sohn verweist eine Parallele im *Brief an den Vater*. Hier wirft Kafka dem Vater vor, dass er ihm das Judentum nicht näher gebracht und damit gewissermaßen ihre Beziehung verraten habe. Das Judentum, so schreibt der Sohn hier, hätte für sie beide doch eine »Rettung« werden können: »es wäre denkbar gewesen, daß wir uns beide im Judentum gefunden hätten« (BV 37). Im *Urteil* nun ist es der Sohn, der zuletzt als Verräter am Judentum und an der – homoerotisch gefärbten – Vater-Sohn-Beziehung erscheint.

Sind diese hier skizzierten ambivalenten Positionen von Männlichkeit, die die drei Männerfiguren im *Urteil* verkörpern, als Literarisierungen der von Albrecht Koschorke, George Mosse, Joachim Radkau u.a. so vielzitierten und -beschriebenen Krise der Männlichkeit Ende des 19., Anfang des 20. Jahrhunderts anzusehen? Der männliche Körper musste nach dieser These eine »Serie von Demütigungen« erfahren. Als »Arbeitskörper« verlor er aufgrund der zunehmenden Substituierung durch Maschinen an Bedeutung, als »Kriegerkörper« musste er wegen der Entwicklung der Waffentechnik immer mehr als unzulänglich erscheinen. Da die Zeugungs- und Fruchtbarkeitsmythen zu-

13 Vgl. etwa die »spielerische Langsamkeit« (7), mit der er den an den Freund adressierten Brief verschließt.

nehmend an Bedeutung verloren, fühlte er sich als »Geschlechtskörper« nicht mehr so wichtig, und schließlich schien er sich »überhaupt als selbstbeherrschter, orientierungsfähiger Organismus« zu verlieren, angesichts der Reizüberflutung in der modernen Stadtwelt, die eine »Fülle von nervlichen Funktionsstörungen« nach sich zog (Koschorke, 2000, S. 145).

Gay and Lesbian Studies und Queer Studies

Möglicherweise spiegeln diese vielschichtigen, differenten Männlichkeiten sogar die »Aufhebung eines festgelegten Schemas, das über die Geschlechter-Differenz entscheidet«. Statt »festgelegter Bilder« wären es dann die »rhetorischen Effekte unterschiedlichster Geschlechter-Merkmale« (Erhart/Herrmann, 1997b, S. 513), mit denen wir es hier zu tun haben und die eine Festlegung nach dem alten Schema maskuliner oder weiblicher Geschlechtscharaktere unmöglich machen.

Eine solche Interpretation entspräche neuesten Gender-Theorien, nach denen es keine konstante, sexuelle, geschlechtliche und sogar körperliche Identität gibt. Vielmehr ist Geschlecht immer das Ergebnis »unterschiedlicher Inszenierungen, zeitlich befristeter Identitätskonstellationen und wechselnder Subjekt-Positionen«. In den USA orientieren sich immer mehr literaturwissenschaftliche Arbeiten an den so genannten Gay and Lesbian Studies. Sie haben sich als weitere Lektürepraxis unter dem neu erfundenen Logo Queer Studies durchgesetzt und interessieren sich vor allem für »eine gegen den Strich gelesene, ›verkehrte‹ Sexualität, um die semantische Offenheit und Instabilität aufzuzeigen, aufgrund derer Sexualität ebensowenig auf eindeutige binäre Codierungen festzulegen ist wie Körper und Geschlecht« (ebd., S. 514).

Literaturhinweise

Anz, Thomas: Franz Kafka. 2., durchges. Aufl. München 1992.

Bachtin, Michail: Literatur und Karneval. Zur Romantheorie und Lachkultur. Frankfurt a. M. 1990.

Barthes, Roland: Fragmente einer Sprache der Liebe. Frankfurt a. M. 1984.

Blüher, Hans: Die Rolle der Erotik in der männlichen Gesellschaft. Eine Theorie der menschlichen Staatsbildung nach Wesen und Wert. [1917.] Stuttgart 1962.

Bly, Robert: Eisenhans. Ein Buch über Männer. München 1990.

Boa, Elizabeth: Kafka. Gender, Class, and Race in the Letters and Fictions. Oxford 1996.

Brod, Max: Arnold Beer. Das Schicksal eines Juden. Berlin 1912.

– Über Franz Kafka. Frankfurt a. M. / Hamburg 1966.

Bußmann, Hadumod / Hof, Renate (Hrsg.): Genus. Zur Geschlechterdifferenz in den Kulturwissenschaften. Stuttgart 1995.

Butler, Judith: Das Unbehagen der Geschlechter. Frankfurt a. M. 1991. (Engl. u. d. T. Gender Trouble. London / New York 1990.)

Cameron, Deborah: Verbal Hygiene for Women. Performing Gender Identity. In: Ursula Pasero / Friederike Braun (Hrsg.): Konstruktion von Geschlecht. Pfaffenweiler 1995. S. 143–152.

Davis, Angela: Rassismus und Sexismus. Schwarze Frauen und Klassenkampf in den USA. Berlin 1982. (Engl. u. d. T. Women, Race and Class. New York 1981.)

Dichter über ihre Dichtungen. Franz Kafka. Hrsg. von Erich Heller und Joachim Beug. München 1969.

Erhart, Walter / Herrmann, Britta: Einleitung. Der erforschte Mann. In: Walter Erhart / Britta Herrman (Hrsg.): Wann ist der Mann ein Mann? Zur Geschichte der Männlichkeit. Stuttgart 1997. S. 3–23. [Zit. als 1997a.]

Erhart, Walter / Herrmann, Britta: Feministische Zugänge – ›Gender Studies‹. In: Heinz Ludwig Arnold / Heinrich Detering (Hrsg.): Grundzüge der Literaturwissenschaft. 2. Aufl. München 1997. S. 498–515. [Zit. als 1997b.]

Flores, Kate: The Judgement. In: Angel Flores / Homer Swander (Hrsg.): Franz Kafka Today. Madison 1964. S. 5–24.

Gilman, Sander: The Jew's Body. New York 1991.

– Franz Kafka, the Jewish Patient. New York [u. a.] 1995.

Hausen, Karin: Die Polarisierung der »Geschlechtscharaktere« –

Eine Spiegelung der Dissoziation von Erwerbs- und Familienleben. In: Werner Conze (Hrsg.): Sozialgeschichte der Familie in der Neuzeit Europas. Neue Forschungen. Stuttgart 1976. S. 363–393.

Kaus, Rainer J.: Erzählte Psychoanalyse bei Franz Kafka. Die Deutung von Kafkas Erzählung *Das Urteil*. Heidelberg 1998.

Koschorke, Albrecht: Die Männer und die Moderne. In: Wolfgang Asholt / Walter Fähnders (Hrsg.): Der Blick vom Wolkenkratzer. Avantgarde – Avantgardekritik – Avantgardeforschung. Amsterdam/Atlanta 2000. S. 141–162.

Lauretis, Teresa de: Technologies of Gender. Essays on Theory, Film, and Fiction. Bloomington/Indianapolis 1987.

Lennox, Sara: Einige Vorschläge für eine Feministische Literaturwissenschaft. In: Johannes Janota (Hrsg.): Kultureller Wandel und die Germanistik in der Bundesrepublik. Vorträge des Augsburger Germanistentags 1991. Bd. 4: Germanistik, Deutschunterricht und Kulturpolitik. Tübingen 1993. S. 262–268.

Mecke, Günter: Franz Kafkas offenbares Geheimnis. Eine Psychopathographie. München 1982.

Mosse, George L.: Das Bild des Mannes. Zur Konstruktion der modernen Männlichkeit. Frankfurt a. M. 1997.

Radkau, Joachim: Das Zeitalter der Nervosität. Deutschland zwischen Bismarck und Hitler. München/Wien 1998.

Schülting, Sabine / Feldmann, Doris: Artikel »Männlichkeit«. In: Ansgar Nünning (Hrsg.): Metzler Lexikon Literatur- und Kulturtheorie. Ansätze – Personen – Grundbegriffe. Stuttgart/Weimar 1998. S. 338.

Stach, Reiner: Kafkas erotischer Mythos. Eine ästhetische Konstruktion des Weiblichen. Frankfurt a. M. 1987.

Weininger, Otto: Geschlecht und Charakter. Eine prinzipielle Untersuchung. [Von 1903.] München 1997.

Young, Lola: Fear of Dark. ›Race‹, Gender and Sexuality in the Cinema. London / New York 1996.

DISKURSANALYSE

»ein Sohn nach meinem Herzen«: Kafkas *Das Urteil* im Diskursfeld der zeitgenössischen Goethe-Nachfolge

Von Lothar Bluhm

Auf dem Weg ins Naturheilsanatorium »Jungborn« am Fuße des Brocken besucht Kafka Ende Juni/Anfang Juli 1912 für einige Tage die Goethestadt Weimar. Das Goethehaus und seine »Repräsentationsräume« werden zu einem der ersten Ziele (vgl. Tagebucheintragungen vom 29. und 30. Juni 1912, KKAT 1024f.). Die Liebelei mit Margarethe Kirchner, der schönen Tochter des Hausmeisters, gestattet ihm bald, dort sogar außerhalb der Besuchszeiten ein und aus zu gehen. Das Techtelmechtel am Ort Goethes wird im Reisetagebuch zum Spiel mit historischen und literarischen Mustern, das den Bezugspunkt Goethe sinnfällig umkreist (Tagebucheintrag vom 2. Juli 1912, KKAT 1028). Das Liebes- und Vexierspiel bleibt indes eine flüchtige Episode. – Was auf den ersten Blick eine allein biographische Anekdote zu sein scheint, ist doch mehr: Kafkas Besuch in Weimar, sein Interesse an Goethe und auch sein spielerisches Nach(er)leben goethisch-wertherischen Liebesglücks und -scheiterns stehen im Kontext eines zeitgenössischen Goethekults, der Kafkas Schreiben im Jahr 1912 nachhaltig geprägt hat.

In der Folge der Reichsgründung hatte sich im Kaiserreich das Bild vom ›Olympier‹ Goethe entwickelt,[1] das

1 Dazu umfassend Mandelkow (1980), Bd 1, S. 201–205; insbes. S. 202f.: Im Unterschied zu früheren Verwendungsformen »erstarrt der Olympier-Topos im neuen Reich zur jederzeit verfügbaren Schablone eines weihrauchdampfenden Goethekults, wird zur Chiffre eines zeit- und weltentrückten Heros-Bildes.«

auch und besonders in der Prager deutschen Literatur seine Anhänger fand. Der Goethe-Kult der Zeit war umfassend und manifestierte sich im späteren 19. und frühen 20. Jahrhundert in verschiedenster Form in vielen Bereichen des gesellschaftlichen Lebens: Im öffentlichen Veranstaltungswesen ebenso wie in der Schule oder im privaten Bücherschrank. In der Wissenschaft etablierte sich eine eigene Goethe-Philologie, die zum Leitbild der ganzen Fach-Wissenschaft wurde, und im politischen Bewusstsein avancierte der Dichter gemeinsam mit Bismarck zu einem nationalen Identifikationsmodell, zum »Modell einer konfliktlosen Kooperation von Macht und Geist« (Mandelkow, 1980, Bd. 1, S. 209). Besondere Bedeutung kam ihm natürlich in der Literatur selbst und in der Rede über Literatur zu. Im Rahmen dieses Diskurses zeigt sich das Modell Goethe vor allem in zwei gegenläufigen Entwicklungssträngen, wobei der dominierende Strang auf eine ›Nachfolge‹ Goethes ausgerichtet war. Die Literatur sah sich hier im ›Schatten‹ bzw. auf den ›Schultern‹ eines ›Riesen‹; sie verstand sich im positiven Sinne als traditional oder wurde aus einer entgegengesetzten Perspektive als epigonal abqualifiziert. Um 1900 wird Goethe zum zentralen Identifikationsmodell in der Kunst, um dessen Repräsentation so unterschiedliche Dichter wie Hugo von Hofmannsthal, Gerhart Hauptmann, Hans Carossa oder Thomas Mann konkurrieren. Eine durch die gesellschaftliche Entwicklung zunehmend marginalisierte und verunsicherte Dichtergeneration sucht in der Anlehnung und ›Imitatio‹ »Selbstabstützung und -bestätigung«, letztlich »Legitimation« und einen verlässlichen Maßstab: Sie will, was sie »bewundert, in der Nachahmung erreichen und übertreffen« (Wysling, 1982, S. 214, »Die imitatio Goethes«).

Das Identifikationsmodell Goethe ist auch im zweiten, schwächer ausgeprägten Entwicklungsstrang präsent, der sich oft nur oder wenigstens zuerst in sezessionistischer Subkultur bemerkbar macht. Vor allem jüngere Schriftsteller suchen in den ersten Jahren und Jahrzehnten der Klassischen Moderne die kritische Auseinandersetzung mit dem erdrückenden ›Über-Vater‹ und die augenfällige Entgegensetzung zu ihm. Der Diskurs ist Teil eines facettenreichen Generationenkonflikts, der sich in der Psychoanalyse Freuds ebenso niedergeschlagen hat wie in den vielfältigen Vater-Sohn-Konflikten der expressionistischen Literatur. Literarhistorisch spiegelt sich in ihm nicht zuletzt auch der wohl konstitutive Streit zwischen den (jeweils) ›Alten‹ und den ›Jungen‹ innerhalb der Geschichte der literarischen Moderne seit dem Naturalismus.[2] Die Literatur im späteren 19. und im frühen 20. Jahrhundert ist durch einen frontenreichen Erbfolge-Krieg gekennzeichnet, der mit Blick auf Goethe als ein Streit um die eigene Identität im Verhältnis zum überragenden Vorbild und um die adäquate Fortschreibung der klassisch-romantischen Tradition bezeichnet werden kann.

Der Goethe-Kult selbst und seine Diskussion sind Teil einer ›diskursiven Formation‹, um Michel Foucaults berühmten Beschreibungsmodus heranzuziehen.[3] Das besagt konkret: Im umrissenen Zeitraum hat man über einen gemeinsamen Bezugspunkt (Goethe) in verschiedenster Form (Reden, Editionen, Anspielungen usw.), unter Zuhilfenahme einer spezifizierenden Begrifflichkeit (›Olympier‹, ›Dichterfürst‹, ›Riese‹ u. Ä.) und im Rahmen unterschiedlicher Strategien (von der Verehrung über die Funktionalisierung bis hin zur krassen Ablehnung oder zum beredten Verschweigen) gesprochen, geschrieben und gedacht. Dies geschah nicht isoliert und auf den Gegenstand beschränkt, sondern im Kontext vergleichbarer über-, neben- oder

2 So schon Hermann Bahrs Mutmaßung von 1892, dass mit dem kaum 18-jährigen Hugo von Hofmannsthal »die zweite Periode der Moderne beginnt, die […] uns […] ihrerseits nun als die ›Alten‹ behandeln wird.« Hermann Bahr, »Loris«, in: *Freie Bühne für den Entwicklungskampf der Zeit* 3 (Januar 1892) H. 1, S. 41.

3 Foucault (1981), S. 156. Es sind allesamt »Aussagen, die einem gleichen Formationssystem zugehören.«

nachgeordneter Erscheinungen, wie die Stichworte ›Bismarck‹ und ›Wissenschaft‹ schon angedeutet haben: Wenn Goethe etwa neben Bismarck als nationales Identifikationsmodell herangezogen wurde, manifestiert sich darin nicht nur ein kultureller, sondern ebenso ein politischer Diskurs. Dieser ist wie die korrespondierenden literarischen, wissenschaftlichen oder sonstigen Diskurse einer bestimmten Grundstruktur verpflichtet, die sich in der Fixierung auf paternalistische Autoritäten zeigt. Innerhalb des politisch-gesellschaftlichen Systems spiegelt sich diese Grundstruktur im scheinparlamentarischen Autoritarismus und einem zeittypischen obrigkeitsstaatlichen Denken. In den historisch-philologischen Wissenschaften konkretisiert sich die Fixierung in der Karriere des Historismus, der Überzeugung »Männer machen die Geschichte« (Heinrich von Treitschke) oder – wieder mit Blick auf Goethe – in editorischen Mammutprojekten seiner Werke, insbesondere der (heute noch weitgehend gültigen) *Weimarer Ausgabe* (1887–1919). Die Beispiele ließen sich fortsetzen; sie alle gehören, wie die Goethe-Nachfolge oder das ›Dichterpriestertum‹ der zeitgenössischen Literatur, zur genannten ›diskursiven Formation‹.

Eine solche ›Formation‹ ist ein System, innerhalb dessen die Beziehungen zwischen den einzelnen Elementen ein eigenes Regelwerk bilden. Eine Diskursanalyse im engeren Sinne arbeitet an der Aufdeckung solchen Regelwerks; die Bedeutung von Autor und Werk, von Kunst überhaupt, tritt zurück hinter dem Interesse an den übergreifenden Äußerungsformen, eben den Diskursen (dem klinischen, dem ökonomischen, dem in Kafkas *Urteil* schon im Titel anklingenden juridischen oder dem Diskurs der Naturgeschichte, um nur einige zu nennen). Da hier ein einzelnes Werk im Blickfeld steht, muss dieses Erkenntnisinteresse erweitert und modifiziert werden. Demgemäß soll gewissermaßen in Umkehrung der ›klassischen‹ Diskursanalyse das Einzelwerk vor dem Hintergrund beziehungsweise im Diskursfeld des zeitgenössischen Goethe-Kults gelesen werden.

Wie weit Kafka sich in diesem Diskursfeld bewegte, zeigt nicht nur der Rekurs auf die Weimar-Reise; die Tagebücher des Jahres 1912 sind insgesamt Zeugnisse einer intensiven Beschäftigung mit Goethe. »Man bemerkt in Kafka einen Goethe-Leser, der nicht den historischen Abstand akzentuiert, sondern im Gegenteil den zeitgenössischen Kunstverwandten aufspürt«, betonte Christoph Perels jüngst mit allem Recht: »Goethe wird zum Helfer bei der Ausübung des epischen Handwerks: bewundernswert, beneidenswert und vor allem studierenswert.«[4] Aber auch erschreckend: Goethe ist für den Prager deutschen Dichter ein höchst ambivalentes Arkanum. So ist Kafkas Urteil über die Wirkung Goethes auf die weitere Literatur auch von kritischen Vorbehalten geprägt.[5] Mit Blick auf die zeitgenössische Literatur ist sein Urteil geradezu verheerend. Kafka beschreibt sie – nicht ohne ironischen Zungenschlag – als lustvoll abhängig, als in ihrer Entwicklung zurückgehalten von der ›Macht‹ des ›Über-Vaters‹. Seine eigene Goethelektüre in den ersten Wochen und Monaten von 1912 ist begleitet von der Reflexion der eigenen Aneignungsversuche und der Wirkung des als übermächtig empfundenen Giganten auf das eigene Schreiben: »Ich glaube diese Woche ganz und gar von Goethe beeinflußt gewesen zu sein, die Kraft dieses Einflusses eben erschöpft zu haben und daher nutzlos geworden zu sein« (Tagebucheintrag vom 7. Januar 1912, KKAT 358).

Die Einsicht in die ambivalente Wirkung Goethes eröffnet Kafka das mit der Annäherung verbundene Bedrohungspotenzial. Die Hinwendung befördert zum einen

4 Perels (2000), S. 92. Siehe auch ebd., S. 91: »Franz Kafka hat seine Prosa geradezu an Goethe geschult, neben Kleist und Flaubert wurde er ihm zum Stilvorbild, insbesondere Goethes autobiographische Prosa der hoch- und spätklassischen Zeit«.

5 Siehe etwa den Tagebucheintrag vom 25. Dezember 1911 (KKAT 318).

zwar die Produktivität, führt auf Grund der Intensität und Kraft des Beeinflussungsfaktors aber auch zu Abhängigkeit und einer Erschöpfung der eigenen Kreativität. Der Eindruck der Gefährdung steigert sich im Laufe der Auseinandersetzung; die Goethelektüre verursacht »zerstreute, nirgends anwendbare Aufregung«, die im – nie realisierten – Plan mündet, einen Aufsatz mit dem Titel »Goethes entsetzliches Wesen« zu schreiben (Tagebucheintrag vom 31. Januar 1912, KKAT 367). Nicht nur das Werk, sondern Goethe als Gesamtphänomen wird zu einer Bedrohung. Der Anblick von »Goethes schöne[r] Silhouette in ganzer Gestalt« lässt das Miteinander und Ineinander von Faszination und Schrecken offen zutage treten: »Nebeneinander des Widerlichen beim Anblick dieses vollkommenen menschlichen Körpers, da ein Übersteigen dieser Stufe außerhalb des Vorstellbaren ist« (Tagebucheintrag vom 5. Februar 1912, KKAT 372f.). Es ist gerade diese Unübersteigbarkeit des ›Über-Vaters‹, die das Bedrohungspotenzial Goethes begründet. Für den Künstler Kafka ist es – wie für die zeitgenössische Kunst überhaupt – die Gefahr des Scheiterns durch allzu große Nähe. Kafkas diarische Auseinandersetzung mit Goethe mündet in der im Subtext verborgenen Einsicht, dass eine Fixierung auf das faszinierende, aber in seiner Unerreichbarkeit auch destruierende Vorbild letztlich den künstlerischen Tod nach sich ziehe. Goethe-Nachfolge bedeutete in diesem Horizont dann eine Form von künstlerischer (Selbst-)Verurteilung zum Tode.

Mit der intensiven räumlichen wie emotionalen Annäherung im Rahmen des Weimar-Besuchs und der spielerischen ›Imitatio‹ scheint allerdings auch eine Bewältigung des Phänomens Goethe einhergegangen zu sein – jedenfalls nimmt die Auseinandersetzung in der Folge keinen nennenswerten Raum in den Tagebüchern mehr ein. Stattdessen erfolgt in der Nacht vom 22. zum 23. September 1912 die Niederschrift der Erzählung *Das Urteil.* Kafkas intensive Beschäftigung mit Goethe in den Wochen und Monaten zuvor gehört unzweifelhaft zur Entstehungsgeschichte dieser Kafka nach eigenem Bekunden wohl »liebste[n] Arbeit«,[6] die er in besonderer Weise »in seinem eigenen lebensgeschichtlichen Zusammenhang zu nutzen und wirksam zu machen suchte.«[7] In der diarischen Selbstanalyse verbindet sich mit dem nächtlichen Schreibakt das Bewusstsein eines künstlerischen Neuanfangs, die Überwindung der »schändlichen Niederungen« des bisherigen »Romanschreiben[s]« und das Moment des ›Freischwimmens‹.[8] Die Niederschrift »bezeugt den Übergang von der realistischen zur gleichnishaften Erzählung« (Hartwich, 1993, S. 531).

Die diskursanalytische Skizze des *Urteils* geht von der entstehungsgeschichtlich fundamentierten Beobachtung aus, dass die Erzählung im Diskursfeld der Goethe-Nachfolge situiert ist. Die Vater-Sohn-Konstellation, die den Text auf der erzählerischen Ebene bestimmt, wird deshalb nicht auf Kafkas problematisches Verhältnis zum eigenen Vater bezogen,[9] sondern unter poetologischen Vorzeichen gelesen: In den Figuren Georg Bendemanns und seines in Russland weilenden Jugendfreundes spiegelt Kafka unterschiedliche Einschreibungen der zeitgenössischen Literatur in die (klassisch-romantische) Tradition und insinuiert im Zuge eines Perspektivwechsels deren Beurteilung bezie-

6 Brief vom 14. August 1916, in: *Kurt Wolf. Briefwechsel eines Verlegers. 1911–1963*, hrsg. von Bernhard Zeller und Ellen Otten, Frankfurt a. M. 1966, S. 39.

7 Neumann (1981), S. 38f. – Siehe vor allem Kafkas Tagebuchnotate vom 11. und 12. Februar 1913 (KKAT 491–493).

8 »Die fürchterliche Anstrengung und Freude, wie sich die Geschichte vor mir entwickelte wie ich in einem Gewässer vorwärtskam« (KKAT 461 und 460). – Dem Bewusstsein eines Neuanfangs korrespondiert Kafkas spätere Beschreibung des Schreibakts als eines Geburtsvorgangs: »[…] die Geschichte ist wie eine regelrechte Geburt mit Schmutz und Schleim bedeckt aus mir herausgekommen« (KKAT 491). – Die Erzählung (KKAT 442–460).

9 Prägnant dazu Jürgen Born (2001), S. 125: »Denn gewiß erschöpft sich diese [Erzählung] nicht in der autobiographischen Bedeutung, die sie – das geht aus seinen Aufzeichnungen und Briefen hervor – *auch* für ihn hatte.«

hungsweise die Verurteilung des Einen aus der Sicht des maßstabgebenden Vorbilds, der Erzähl-Figur des Vaters. Die diskursanalytische Lektüre des *Urteils* wird daher mit einem besonderen Augenmerk für die poetologische Konturierung der Erzähl-Figuren einhergehen.

Im Diskursfeld der zeitgenössischen Goethe-Nachfolge kommt der Figur des Vaters natürlich eine herausragende Bedeutung zu. Der Topik des Diskursfeldes entsprechend erscheint er dem Sohn und Nachfolger im Geschäft nicht zufällig als »Riese« (12). Der Figur ist alle Ambivalenz eigen, die schon im Goethebild Kafkas begegnete: »Georg sah zum Schreckbild seines Vaters auf« (16). Neben dem Eindruck des ›Alten‹ und Hinfälligen steht der des kraftstrotzenden Übermenschen, der erhöht auf dem Bett stehend in alttestamentarischem Duktus seine Prädominanz behauptet: »[...] ich, von dem du ausgingst« (18). Dem Bild des Vaters ist verdeckt der Dichter-Topos des ›puer senex‹ eingeschrieben,[10] der bezeichnenderweise auch die Figur des Freundes – »[...] daß er ein altes Kind sei [...]« (8) – bestimmt:

> Auf seinen Armen trug er den Vater ins Bett. Ein schreckliches Gefühl hatte er, als er während der paar Schritte zum Bett hin merkte, daß an seiner Brust der Vater mit seiner Uhrkette spielte. Er konnte ihn nicht gleich ins Bett legen, so fest hielt er sich an dieser Uhrkette. (15)

10 Der Topos erscheint in der ›Verjüngungsvariante‹, wie sie seit Goethes *Faust I* (Szene »Hexenküche«) in der deutschen Literatur populär ist; zur älteren Variante des ›greisenhaften Knaben‹ siehe noch immer Curtius (1978), S. 108–112 (§ 8:7 Knabe und Greis). – Als Dichter-Topos war die Trope der zeitgenössischen Literatur wohlvertraut; so verweist Thomas Mann 1910 in seinem Essay zum ›alten Fontane‹ auf den Typus der »klassische[n] Greise«, »berufen, die idealen Vorzüge dieser Lebensstufe, als Milde, Güte, Gerechtigkeit, Humor und verschlagene Weisheit, kurz jene höhere Wiederkehr kindlicher Ungebundenheit und Unschuld, der Menschheit auf[s] vollkommenste vor Augen zu führen« (Thomas Mann, *Gesammelte Werke in dreizehn Bänden*, Bd. 9, Frankfurt a. M. 1990, S. 9).

Der Dichter-Topos realisiert sich im Bild des ›Alten‹ als eines ›spielenden‹ ›Kindes‹, das ›auf den Armen‹ getragen und ›an der Brust‹ gehalten[11] wird. Die poetologische Metapher des ›Spielens‹, die spätestens seit Nietzsche eine zentrale Bedeutung als Künstler-Signum innehat, unterstreicht die entsprechende Topik der Passage. In der Gestaltung der Szene zeigt sich erneut jene die gesamte Figurenzeichnung beherrschende Ambivalenz: Das Bildfeld der Fürsorge erfährt durch den expliziten Hinweis auf die subjektive Wahrnehmung des Sohnes (»[e]in schreckliches Gefühl«) sofort eine Brechung. Eine vergleichbare Ambivalenz ist schon dem korrespondierenden Motiv des »zahnlosen Mund[es]« (13) unterlegt, das vordergründig auf eine Greisenhaftigkeit des Vaters abzielt und dessen Hinfälligkeit unterstreicht, als Subtext aber auch den Dichter-Topos des ›puer senex‹ anklingen lässt, insofern Zahnlosigkeit gleichermaßen auf (früheste) Kindheit anspielt. Mit Blick auf das Verhältnis des Vaters zu seinem Sohn lässt sich die Doppelschichtigkeit besonders schön am Motiv der »Uhrkette« aufzeigen: Während das Requisit für den Vater Gegenstand eines scheinbar unbefangenen ›Spiels‹ ist, erweist es sich für den Sohn als eine Fessel.

Projiziert man das Ganze auf den dichtungsgeschichtlichen Hintergrund und das Diskursfeld der Goethe-Nachfolge, eröffnet sich die folgende, betont allgemein gehaltene Lesart: Während das vorgängige autonome, ›naive‹ Künstlertum des klassisch-romantischen Zeitalters, wie die Literaten der Klassischen Moderne es im Vorbild des Dichter-›Heros‹ Goethe personifiziert sahen, frei und unbefangen mit den Bedingtheiten der gegenständlichen Welt umging, ähnlich wie der scheinbar kindische ›Alte‹ eben mit der »Uhrkette« ›spielt‹,[12] zeigt sich die nachfolgende Literatur durch die Last dieses Erbes, an das sie gekettet ist, zu solchem ›Spiel‹, einer

11 Die traditionell als Signum mütterlicher Fürsorge fungierende ›Brust‹ fehlte in der diarischen Fassung noch; vgl. KKAT 454.

12 Die Uhrkette als »Verankerung in der Zeitlichkeit« liest etwa auch Beckmann (1990), S. 54.

vergleichbaren schöpferischen Gestaltungskraft, außerstande. Nietzsches Kritik am Historismus seines Zeitalters und die Sehnsucht dieses Philosophen der Moderne nach einem von der Last der Tradition befreiten ›Übermenschentum‹ scheinen unverkennbar durch. Das Bewusstsein der Differenz zwischen Erblasser und Erbnehmer trägt nicht unwesentlich zur Befangenheit der Nachgeborenen bei. Was bleibt, ist ein »schreckliches Gefühl« und das Schwanken zwischen Anbetung und dem Wunsch nach Zerstörung. Die Erbfolger entwickeln vor diesem Hintergrund eine scheinhafte Fürsorge dem Erbe gegenüber, betreiben tatsächlich aber die stillschweigende Entsorgung der erdrückenden Erblast. Mit Blick auf den Goethe-Kult erweist sich Traditionspflege so als eine verdeckte Strategie des Vergessens – zumindest der sperrigen und gefährdenden Teile dieses Erbes.

Damit ist bereits die Figur des Sohnes, Georg Bendemann, angesprochen, die sich in einem Spannungsfeld bewegt: Ihre Erbnachfolge bedeutet neben der Nutznießung des Erbes zugleich Abhängigkeit und Gefangenschaft. In der Erzählung scheint das Bild des Sohnes als Erbfolger auf den ersten Blick ungetrübt zu sein: Er hat das Geschäft übernommen und erfreut sich eines außergewöhnlichen ökonomischen und sozialen Erfolges, der durch das Verlöbnis mit »einem Mädchen aus einer wohlhabenden Familie« (11) gekrönt wird. Sein nach außen hin so sichtbarer Erfolg korrespondiert allerdings mit einem gewissen Verlust an Kommunikationsfähigkeit, wie der Blick auf das häusliche Zusammenleben mit dem Vater oder die zögerliche Korrespondenz mit dem Petersburger Freund zeigt. Ohne Zweifel klingt in dieser Konstellation die 1912 längst topische Entgegensetzung von Leben und Kunst bzw. Bürger und Künstler an, wie sie etwa der von Kafka als Autor hoch geschätzte Thomas Mann 1903 im *Tonio Kröger* literarisch umgesetzt hat.[13]

13 Kafka kannte und schätzte die Erzählung; vgl. B 31.

Der ökonomische und soziale Erfolg bezeichnet lediglich die äußere Seite der Figur des jungen Bendemann. Georg erscheint nicht zufällig bereits zu Beginn der Erzählung in einer typisch romantischen Dichter-Pose – der des sinnierenden Schreibers am Fenster. ›Erbe‹ ist somit doppelt besetzt: Auf der Handlungsebene bezieht sich die Vorstellung auf eine geschäftliche Nachfolge, vor dem Hintergrund der Künstler-Topik jedoch auf eine poetische. Bei der Beurteilung der Erbnachfolge muss diese Diskrepanz berücksichtigt werden. Die Fensterperspektive wird durch weitere Züge romantischer Dichter-Topik in der Erzählung noch verstärkt – entsprechende Signalfunktion kommt etwa dem Brief bzw. dem Schreiben zu, der Akzentuierung des ›Spielerischen‹ (»in spielerischer Langsamkeit«, 7), der geistigen Abwesenheit des Handlungsträgers oder dem Moment der Heiterkeit (»hatte er kaum mit einem abwesenden Lächeln geantwortet«, 11).

So wie in verschiedenen Thomas-Mann-Novellen der 1900er-Jahre eine zwischen Leben und Kunst zerrissene Existenz beim Versuch, sich ganz der Kunst anheim zu geben, scheitert und – oft genug – zu Tode kommt, steht auch der junge Bendemann im *Urteil* an diesem Scheideweg, wobei seine Entscheidung in die gänzlich andere Richtung weist: Mit dem Brief an den Freund und dem Gespräch mit dem Vater werden innerhalb des Spannungsfeldes Leben und Kunst die Gewichte endgültig auf das Leben, den geschäftlichen Erfolg und die soziale Anerkennung hin verschoben. Mit der Akzentverlagerung verbunden ist eine zunehmende Geringwertung des Vaters. Sohn und Braut waren, wie der Leser en passant erfährt, »stillschweigend« darin übereingekommen, »daß der Vater allein in der alten Wohnung bleiben würde« (15). Der Erbfolger bereitet sich offensichtlich darauf vor, sich dieser störenden Erblast zu entledigen.

Die narrative Kritik am Umgang mit dem Erbe eröffnet sich in Kafkas Erzählung sinnfällig in der Gestik des ›Zudeckens‹.[14] Nachdem das Gespräch mit dem Vater eine für den Sohn unerwartete und unerfreuliche Wendung zu nehmen beginnt, sucht der Sohn den Vater ins Bett zu befördern und ruhig zu stellen. In einer dramatischen Retardation wird im Spiel mit dem Begriff die diesem innewohnende Ambivalenz augenfällig; handlungstechnisch wird dabei der tragische Schluss vorbereitet:

> »Bin ich jetzt gut zugedeckt?« fragte der Vater, als könne er nicht nachschauen, ob die Füße genug bedeckt seien.
> »Es gefällt dir also schon im Bett«, sagte Georg und legte das Deckzeug besser um ihn.
> »Bin ich gut zugedeckt?« fragte der Vater noch einmal und schien auf die Antwort besonders aufzupassen.
> »Sei nur ruhig, du bist gut zugedeckt.«
> »Nein!« rief der Vater, daß die Antwort an die Frage stieß, warf die Decke zurück mit einer Kraft, daß sie einen Augenblick im Fluge sich ganz entfaltete, und stand aufrecht im Bett. [...] »Du wolltest mich zudekken, das weiß ich, mein Früchtchen, aber zugedeckt bin ich noch nicht. Und ist es auch die letzte Kraft, genug für dich, zuviel für dich. [...]« (16)

Das vom Sohn als Akt der Fürsorge behauptete ›Zudecken‹ decouvriert der Vater als einen Vorgang des *Ver*deckens. Die Absicht des Sohns erscheint aus dieser Perspektive als der Versuch, eine unbequeme Wahrheit zu verstecken, zu verdrängen oder zu verleugnen.

Eines solchen Vorgangs des Verdeckens und Verdrängens hat sich der Sohn auch gegenüber dem abwesenden Petersburger Freund schuldig gemacht: »Wie du jetzt geglaubt hast, du hättest ihn untergekriegt«, attackiert der Vater den Sohn, »so untergekriegt, daß du dich mit deinem Hintern auf ihn setzen kannst und er rührt sich nicht, da

14 Zur Ambivalenz der Gebärden siehe vor allem Häntzschel (1993).

hat sich mein Herr Sohn zum Heiraten entschlossen!« (16) In dem betont vulgären Vergleich versteckt sich eine dem zeitgenössischen Literaturstreit durchaus vertraute Topik der Entgegensetzung von Leben und Kunst oder Bürger und Künstler (berühmt-berüchtigt etwa in Alfred Kerrs Verdikt über Thomas Mann[15]). Mit Blick auf die der Vater-Sohn-Konstellation eingeschriebene Problematik einer künstlerischen Erbnachfolge verbirgt sich in den Vorwürfen des Vaters eine Kritik an einem allzu handwerklichen Künstlertum, das nach dem Erfolg schielt und künstlerische Inspiration durch Arbeit und Fleiß ersetzt. Als Künstler begeht der Sohn damit Verrat an dem Erbe, das er verwaltet; er erweist sich letztlich als Prasser und Erbevertilger, der lediglich die Früchte genießt, ohne selbst Eigenes hinzugegeben zu haben (so bemerkte der Vater, der Sohn »[…] schloß Geschäfte ab, die ich vorbereitet habe«, 17).

Vor dem Hintergrund der Bürger-Künstler-Antinomie realisiert sich in der Erzählung der Kampf zweier Lesarten bezüglich der Erbnachfolge des Sohns. Zu Beginn dominiert dessen Perspektive: Evoziert wird der Eindruck eines geschäftlichen und sozialen Erfolgs, dem der Misserfolg des Freundes und die Hinfälligkeit des Vaters gegenüber stehen. Allerdings macht sich sehr schnell die Ambivalenz der Figurenzeichnung bemerkbar. Der Deutung des Sohnes ist verdeckt bereits ein Moment der Skepsis eingeschrieben, insofern er nicht nur als Bürger figuriert, sondern mittels topischer Signale auch als Künstler. Im Zuge des Gesprächs mit dem Vater geht die Deutungshoheit zunehmend auf diesen über, wobei der ›bürgerliche‹ Maßstab durch den des ›Künstlers‹ ersetzt wird. Als Erblasser fungiert der Vater

15 Siehe Kerr im *Berliner Tageblatt* vom 5. Januar 1913 über Thomas Manns *Fiorenza*: »Der Verfasser ist ein feines, etwas dünnes Seelchen, dessen Wurzel ihre stille Wohnung im Sitzfleisch hat. Was zu ersitzen war, hat er hier ersessen« (zit. nach: *Thomas Mann. Ein Leben in Bildern*, hrsg. von Hans Wysling und Yvonne Schmidlin, Zürich 1994, S. 157).

gleichermaßen als Ankläger, Richter und Gegenstand der Verhandlung. Im Zuge der Auseinandersetzung wird die Lesart des Sohnes destruiert und als unwahr entlarvt. Der Wirklichkeit der vom Vater offen gelegten tatsächlichen Verhältnisse vermag sich der Sohn nicht zu entziehen. Mit der Annahme der Verurteilung im Akt der Selbstrichtung bestätigt der Sohn die Lesart des Vaters und bekennt die Lügenhaftigkeit des eigenen Deutungsversuchs.

Das Auftreten des Vaters als Ankläger und Richter wird als eine Rückkehr angestammter Macht und Autorität vorgestellt. An der entscheidenden Stelle, an der die Erzählfigur ihre Deutungshoheit gegenüber dem Sohn zurückgewinnt, spielt Kafka mit einem Wiedererkennungs-Motiv der klassischen Epik: »Weil sie die Röcke gehoben hat«, sei der Sohn zur Heiratsabsicht verführt worden, verspottet der Vater den Freier, »›weil sie die Röcke so gehoben hat, die widerliche Gans‹«, und er hob, um das darzustellen, sein Hemd so hoch, daß man auf seinem Oberschenkel die Narbe aus seinen Kriegsjahren sah« (17).

In der literarischen Tradition insbesondere des 19. Jahrhunderts verweist das Motiv der Narbe als Wiedererkennungssignal auf die Rückkehr des Odysseus.[16] Im Kontext der Kafka-Erzählung evoziert es die Vorstellung des strafenden Königs, der zurückgekehrt sein bedrohtes Erbe gewaltsam von den unrechtmäßigen Prassern und Erbevertilgern befreit und dem wahren Nachfolger zu seinem Recht verhilft. Das Todesurteil des Vaters ist gegenüber dem epischen Modell ›humanisiert‹, wobei in der Modifikation – mögli-

16 Eine alte Dienerin wäscht dem heimkehrenden, als Bettler verkleideten Odysseus die Füße, entdeckt dabei eine alte Narbe und erkennt so den Helden wieder (19. Gesang, 390 ff.). Später gibt sich Odysseus durch seine Narbe dem Schweinehirten Eumaios zu erkennen (21. Gesang, 221). Zum gesamten Komplex vgl. Auerbach (1959), S. 5–27. Das Motiv ist zu unterscheiden von der sexuell besetzten ›Amfortas‹-Metapher etwa in *Ein Landarzt* (Wunde »in der Hüftengegend«) oder in *Ein Bericht für eine Akademie* (Schuss-Narbe »unterhalb der Hüfte«); vgl. KKAD 258 und 300 f.

cherweise – sogar ein Goethe-Anklang zu finden ist: Dass dieser wegen seiner Aversion gegen alles Pathologische »von Todesarten die des Ertrinkens bevorzugt«,[17] gehörte zum Goethe-Bild der ästhetischen Moderne. Doch handelt es sich bei dieser Todesart primär natürlich um den in der zeitgenössischen Literatur durchaus topischen Tod durch ›Auflösung‹, wie er sich bei Thomas Mann etwa in *Der kleine Herr Friedemann* zeigt und im *Tod in Venedig* sowie in anderer Form im *Zauberberg* wenigstens andeutet. Die Wirksamkeit des Todesurteils beruht in Kafkas Geschichte auf der vom Sohn (an-)erkannten Rechtmäßigkeit der väterlichen Position. Sie beruht auch auf der eigenen Identitätslosigkeit, »weil er«, wie Kafka im Rückblick zu definieren suchte, »selbst nichts mehr hat, als den Blick auf den Vater« (Tagebucheintrag vom 11. Februar 1913, KKAT 492).

Die inaugurierte ›Rückkehr des Königs‹ dient der letztgültigen Erbregelung. Sie ist – wenn man den juridischen Diskurs begrifflich umsetzt – die narrative Ersetzung einer ›Intestat-‹, also der gesetzlich-genealogischen, durch eine ›gewillkürte (Testaments-) Erbfolge‹. Der Verprasser des Nachlasses, der sich dessen als unwürdig erwiesen hat, wird verurteilt und der Platz frei gemacht für den rechten Nachfolger, in der Erzählung die Figur des Petersburger Freundes. Die Anwesenheit des physisch Abwesenden im Gespräch[18] und

17 So etwa Hofmannsthal in einer Notiz zum Vortragsprojekt Tasso (vgl. Hugo von Hofmannsthal, *»Die Wege und die Begegnungen« sowie Reden und Aufsätze zwischen 1901 und 1907*, krit. und komm. Edition, bearb. von Konrad Heumann, Diss. (Ms.) Wuppertal 2001, S. 113. – Im Februar 1912 besuchte Kafka in Prag einen Vortrag Hofmannsthals, wobei er diesem vorgestellt wurde. Kafka kannte auch den Artikel zu Hofmannsthals Prager Vorträgen aus dem Prager Tagblatt, Nr. 41 vom 11. Februar 1912; Willy Haas wies in seiner Vorschau explizit auf die Goethe-Imitatio Hofmannsthals (und Rudolf Borchardts) hin: »Ist es überhaupt noch dichterisches Schaffen zu nennen, wenn Hofmannsthal in den Aufbau einer Goethischen Erzählung ein paar neue Steine so geschickt einfügt, daß sie von den alten nicht zu unterscheiden sind?«

18 Zum Problemfeld der ›Anwesenheit‹ des ›Abwesenden‹ mit Bezug auf Foucault vgl. Bogdal (1993), S. 59f.

die für die jüdische Gottesvorstellung konstitutive Namenlosigkeit verleihen dem Freund dabei eine gewisse sakrale Aura. Die religiöse Konnotierung weist augenfällige jesuanische Züge auf, wie sie in der Literatur seit dem späten 19. Jahrhundert insbesondere zur Konturierung von Künstlerfiguren bezeichnend sind.[19] Sie zeigt sich etwa im Akt der Verleugnung: Wie Jesus vor der Passion dreimal von Petrus verleugnet wird (Mt. 26,69–75 u. ö.), »verleugnet« auch der Sohn »[w]enigstens zweimal« den vorgeblichen Freund vor dem Vater (15). Aus der dem Vater in der Erzählung unterlegten Perspektive ist der Freund indes der ›rechte‹ Nachfolger. Der Vater selbst kann die von ihm qua Urteilsspruch frei gemachte Funktionsstelle nicht (mehr) ausfüllen; seine Aufgabe ist mit der Verurteilung des unwürdigen Erben und der Inauguration des rechtmäßigen Erbfolgers erfüllt: »Ich war sein Vertreter hier am Ort« (17). Die Fortsetzung der Tradition ist an den Freund delegiert, mit dem der Vater – im doppelten Wortsinn – durch eine geheime Korrespondenz verbunden ist. Sie ist damit an eine Figur gebunden, die anders als Georg Bendemann nicht durch den scheinhaften – sozialen und ökonomischen – Erfolg markiert ist, sondern durch Eigenschaften, die seit der Romantik zum Beschreibungskatalog modernen Künstlertums gehören: Fremdheit, Heimatlosigkeit, Erfolglosigkeit im bürgerlichen Leben, Isolation; auch die Spezifizierung als (altes) Kind und das Moment der Krankheit gehören hierhin.[20] In der Entgegensetzung zu Ge-

19 Hartmut Binder weist in seiner biographischen Skizze zudem darauf hin, dass während des Kuraufenthalts im Sanatorium Kafkas »erste intensive Berührung mit der christlichen Lehre« stattfand (*Kafka-Handbuch in zwei Bänden*, 1979, Bd. 1, S. 415).

20 Siehe die den Gegensatz zu ihm selbst bezeichnende Beschreibung durch Georg Bendemann: »So arbeitete er sich in der Fremde nutzlos ab, der fremdartige Vollbart […]«, »dessen gelbe Hautfarbe auf eine sich entwikkelnde Krankheit hinzudeuten schien«, »[…] fast keinen gesellschaftlichen Verkehr« (7), »ein altes Kind«, »vielleicht gelang es nicht einmal, ihn überhaupt nach Hause zu bringen«, »daß er die Verhältnisse in der Heimat nicht mehr verstünde«, »verbittert«, »entfremdet« (8).

org ist es verdeckt außerdem die Beschreibung zweier Kunstrichtungen: Während die eine erfolgreich und publikumsorientiert in einer scheinbaren Traditionspflege tatsächlich aber alles Disparate aus dem Nachlass eskamotiert und das Erbe als in sich spannungsreiche Kunst damit entwertet, zeigt sich die andere zwar als sezessionistisch und – am Publikumsinteresse gemessen – erfolglos,[21] erweist sich in ihrer geheimen Korrespondenz mit der Tradition aber als deren wirkliche Fortschreibung: »Er wäre ein Sohn nach meinem Herzen« (16). Wirkliche Nachfolge, beglaubigt der Vater den (künstlerischen) Weg des Freundes, heißt Eigenständigkeit, nicht das harmonisierende Gedenken eines in seiner Eigenheit unübersteigbaren Vorbilds. Das ursprüngliche Werk bleibt dank seiner künstlerischen Substanz trotz aller zweifelhaften Erbeverwaltung nach wie vor lebendig und vermag sich selbst gegen die Traditionsklitterung zu behaupten: »Daß du dich nicht irrst!«, frohlockt die Erzählfigur des Vaters: »Ich bin noch immer der viel Stärkere. [...] mit deinem Freund habe ich mich herrlich verbunden, deine Kundschaft habe ich hier in der Tasche!« (17) Wenn es gelingt, dem Publikum die Substanz des klassischen Erbes in all seiner Komplexität – »Goethes entsetzliches Wesen« – wieder bewusst zu machen, so der hoffnungsvolle Subtext der Rede, werde die ›Kundschaft‹ sich vom platten Epigonentum in der zeitgenössischen Literatur abwenden und den Weg zu den wirklichen Erbnachfolgern finden.

Auf den Hintergrund des Diskursfeldes des zeitgenössischen Goethe-Kults projiziert, zeigt sich die Erzählung als narrative Umsetzung des von einem Teil der ästhetischen Moderne initiierten Aufstands gegen den Vorgang der ›Verkleinerung‹ des Dichters im Bild des »artigen und verständigen Goethe«. Das vielleicht bekannteste Zeugnis dieser Entgegensetzung ist Richard Dehmels Protest von 1908 ge-

21 Wie sich im frühen 20. Jahrhundert die endgültige Spaltung von Publikum(sgeschmack) und moderner Kunst entwickelt hat, beschreibt überzeugend Bollenbeck (1994), S. 263 ff.

gen das harmonisierende Goethe-Gedenken »von allerlei strebsamen Bürgersleuten«, die in ihrer verfälschenden Lektüre den »chaotischen Nebelbrodem von Schmerzen, Leidenschaften und Zweifeln« ausblendeten.[22] Dehmels Protest entspricht einer Verlagerung der Blickrichtung vom jungen und mittleren auf den hoch- und spätklassischen Goethe, wie sie in dieser Zeit im Rahmen einer innovativen Goethe-Rezeption, die unverkennbar auch die Kafkas ist, festzumachen war. In Kafkas Erzählung sucht der Vater als Haupthandlungsträger die seinem Werk eigene komplexe und vom Sohn mühsam ›zugedeckte‹ Wahrheit in einem Kraftakt der Entgegensetzung zu behaupten; »Goethes entsetzliches Wesen« ertrotzt sich seine Autorität zurück und gibt den Staffelstab an eine neue Künstlerschaft, an einen ›Sohn nach seinem Herzen‹, weiter. Die nahe liegende Behauptung, dass Kafka sich selbst in diese Figur eingeschrieben haben könnte, widerspricht diskursanalytischer Beschreibungspraxis, ist aber natürlich ein verlockender Gedanke.

Die Diskursanalyse ist als Methode wenig geeignet, einzelne Werke einer Interpretation zuzuführen; ein solcher Versuch widerspricht ihrem Selbstverständnis und ihren Möglichkeiten.[23] Ihr Vermögen liegt darin, mittels einer ›symptomalen‹, nicht mittels ›symbolischer Lektüre‹[24] zeittypische Zusammenhänge und Hintergründe zu eröffnen, die – unter Umkehrung des diskursanalytischen Erkenntnisinteresses – ein Einzelwerk dann durchaus in einem neuen Licht erscheinen lassen können.

In der vorliegenden Skizze ist das versucht worden, indem der schon so oft interpretierte und scheinbar längst er-

22 Richard Dehmel, *Der Olympier Goethe. Ein Protest* [1908], zit. nach: Mandelkow (1980), Bd. 1, S. 354f.

23 Siehe auch den Vorbehalt bei Kittler (1995, S. 24): »Die Diskursanalyse ist kein Verfahren zur Beschreibung einzelner literarischer Texte«.

24 Zur Fragwürdigkeit einer ›symbolischen Lektüre‹ vgl. Zeller (1986), S. 176f. – Zum Begriff einer ›symptomalen Lektüre‹ siehe Bogdal (1993), insbes. S. 50f.

schöpfte Text auf das Diskursfeld der Goethe-Nachfolge projiziert und damit eine poetologische Lesart der Erzählung eingeleitet wurde. Die werkgeschichtliche Absicherung dieser Projektion erfolgte mit Hilfe einer entsprechenden Rekonstruktion der weiteren Entstehungsgeschichte des *Urteils*. Die Fokussierung stellt natürlich eine erhebliche Verengung des komplexen und letztlich polyvalenten Textes dar. Es ist die Herausnahme eines einzelnen Diskurses, der neben vielen anderen steht, die jeweils für sich gleichfalls stimmige – möglicherweise sogar gegensätzliche – Ausdeutungen mit sich bringen. Diese Ausdeutungen sind alle gestattet und vermitteln Erkenntnisgewinn, sofern sie mit dem Text in Übereinstimmung zu bringen sind und in einen zeitgenössischen Kontext – einen Diskurs – integriert werden können. Für den diskursanalytisch geleiteten Zugang zum *Urteil* gilt, was Rolf Selbmann (2001, S. 46) jüngst mit Blick auf seine intertextuelle Deutung von *Vor dem Gesetz* formulierte: »Der Zugang [...] durch die Seitentüre [...] ist erlaubt, nicht etwa, weil er nun die gültige Interpretation [...] geliefert hätte, sondern weil er das Textverständnis und damit das Interpretationsspektrum erweitert hat.«

Literaturhinweise

Auerbach, Erich: Mimesis. Dargestellte Wirklichkeit in der abendländischen Literatur. 2., überarb. und erw. Aufl. Bern 1959.

Beckmann, Martin: Franz Kafkas Erzählung *Das Urteil*. Versuch einer Deutung. In: Literatur für Leser (1990) H. 1. S. 44–59.

Bogdal, Klaus-Michael: »Das Urteil kommt nicht mit einemmal«. Symptomale Lektüre und historische Diskursanalyse von Kafkas *Vor dem Gesetz*. In: K.-M. B. (Hrsg.): Neue Literaturtheorien in der Praxis. Textanalysen von Kafkas *Vor dem Gesetz*. Opladen 1993. S. 43–63.

Bollenbeck, Georg: Bildung und Kultur. Glanz und Elend eines deutschen Deutungsmusters. Frankfurt a. M. / Leipzig 1994.

Born, Jürgen: Kafkas Erzählung *Das Urteil*: Schuld oder Schuldgefühle? In: J. B.: »Daß zwei in mir kämpfen …« und andere Aufsätze zu Kafka. Furth i.W. / Prag 2001. S. 123–135.

Curtius, Ernst Robert: Europäische Literatur und lateinisches Mittelalter. 9. Aufl. Bern/München 1978.

Fohrmann, Jürgen: Diskurs. In: Reallexikon der deutschen Literaturwissenschaft. Hrsg. von Klaus Weimar. Bd. 1. Berlin 1997. Sp. 369–372.

– Diskurstheorie(n). In: Reallexikon der deutschen Literaturwissenschaft. Hrsg. von Klaus Weimar. Bd. 1. Berlin 1997. Sp. 372–375.

Foucault, Michel: Archäologie des Wissens. Übers. von Ulrich Köppen. Frankfurt a. M. 1981.

Häntzschel, Jörg: Zu den Gebärden in Franz Kafkas Erzählung *Das Urteil*. In: Poetica 25 (1993) S. 153–168.

Hartwich, Wolf-Daniel: Böser Trieb, Märtyrer und Sündenbock. Religiöse Metaphorik in Franz Kafkas *Urteil*. In: Deutsche Vierteljahrsschrift für Literaturwissenschaft und Geistesgeschichte 67 (1993) S. 521–540.

Kafka-Handbuch in zwei Bänden. Hrsg. von Hartmut Binder. Bd. 1: Der Mensch und seine Zeit. Stuttgart 1979.

Kittler, Friedrich A.: Ein Erdbeben in Chili und Preußen. In: David E. Wellbery (Hrsg.): Positionen der Literaturwissenschaft. Acht Modellanalysen am Beispiel von Kleists *Das Erdbeben von Chili*. 3. Aufl. München 1993. S. 24–38.

Mandelkow, Karl Robert: Goethe in Deutschland. Rezeptionsgeschichte eines Klassikers. 2 Bde. München 1980.

Neumann, Gerhard: Franz Kafka: *Das Urteil*. Text, Materialien, Kommentar. München/Wien 1981.

Perels, Christoph: Bewundert viel und viel gescholten – Goethe unter den Dichtern des 20. Jahrhunderts. In: Jörg Drews (Hrsg.): Mitwelt – Nachwelt – Internet. Vorträge und Materialien zur Rezeption Goethes zwischen 1800 und 2000. Bielefeld 2000. S. 83–99.

Selbmann, Rolf: Der Prozeß ohne Gesetz. Eine neue Deutung von Kafkas *Vor dem Gesetz* oder nur das alte Dilemma der Interpretation? In: Wirkendes Wort 51 (2001) H. 1. S. 42–47.

Wysling, Hans: Narzissmus und illusionäre Existenzform. Zu den

Bekenntnissen des Hochstaplers Felix Krull. Bern/München 1982.

Zeller, Rosmarie: Kafkas *Urteil* im Widerstreit der Interpretationen. In: Wilhelm Vosskamp / Eberhard Lämmert (Hrsg.): Historische und aktuelle Konzepte der Literaturgeschichtsschreibung. Zwei Königskinder? Zum Verhältnis von Literatur und Literaturwissenschaft. Tübingen 1986. S. 174–182.

SYSTEMTHEORIE

Zum Gelingen und Scheitern von Kommunikation. Kafkas *Urteil* – aus systemtheoretischer Perspektive

Von Nina Ort

Was ist Systemtheorie?

In der Mitte der 80er-Jahre des 20. Jahrhunderts schlug das Buch *Soziale Systeme* von Niklas Luhmann in die durch Strukturalismus, Dekonstruktion und vor allem Diskurstheorie geprägte Literaturdebatte wie ein Meteorit ein. Systemtheorie war skandalös, da sie das Subjekt, das Individuum als theorieunfähig aus ihrem Diskurs verbannte. Es gibt keine Subjekte. Es gibt nur Kommunikation. Kommunikationen schließen an Kommunikationen an. Ist Kommunikation nicht anschlussfähig, so hört Kommunikation auf. Und es gibt Systeme. Systeme unterscheiden sich von einer Umwelt, in der andere Systeme vorkommen können. Mit derart abstrakten Formulierungen argumentiert Systemtheorie.

Systemtheorie ist eine Theorie, die sich im Laufe der Jahre stark weiterentwickelt hat und dies immer noch tut; aus diesem Grunde ist eine Definition der Luhmannschen Systemtheorie nicht einfach, wenn nicht gar unmöglich. Um auf den Punkt zu bringen, worum es Systemtheorie geht, könnte man vielleicht ganz allgemein formulieren: um die Beobachtung systemkonstituierender Kommunikation.

Woher kommt die Theorie sozialer Systeme? Tatsächlich hat die (Luhmannsche) Systemtheorie verschiedene Wurzeln. Eine davon ist die allgemeine Systemtheorie des Biologen Ludwig von Bertalanffys. Der formulierte sie in den 30er-Jahren mit dem Anspruch, verschiedenen wissenschaftlichen Gebieten, wie zum Beispiel der Biologie, der Physik, aber eben auch der Theorie sozialer Systeme eine allgemeine, wissenschaftlich formalisierte Rationalität zugrunde zu legen.

Eine andere wesentliche Wurzel der Luhmannschen Systemtheorie stellt die strukturell-funktionale Theorie sozialer Systeme nach Talcott Parsons dar, der sich seinerseits auf die in der Biologie entwickelte Systemanalyse stützte. Der grundlegende Baustein dieser Theorie war die Annahme systemischer Zusammenhänge in sozialen Systemen. Ähnlich wie in der biologischen Beobachtung von lebenden Organismen sollten nun nicht mehr einzelne Elemente und das Ganze als deren Summe beschrieben werden, sondern vielmehr die Relationen zwischen diesen Elementen und ihre funktionale Bezogenheit auf das Ganze als System[1]: Es ging um (selbst-)organisierte Komplexität.

Der Paradigmenwechsel in der Systemtheorie, der noch die aktuelle systemtheoretische Diskussion beherrscht, liegt in der Übernahme des Konzepts der Autopoiesis in den 80er-Jahren. Auch dieser Begriff stammt aus der Biologie. Er wurde von den chilenischen Wissenschaftlern Francisco J. Varela und Umberto Maturana als Neologismus eingeführt und bedeutet etwa ›Selbsterzeugung‹. Autopoietische Systeme können somit als selbsterzeugende und selbst-reproduzierende Systeme beschrieben werden. Damit war in der Tat ein Paradigmenwechsel verbunden, denn nun konnten soziale Systeme als selbstreferenzielle Systeme beschrieben werden, das heißt als Systeme, die sich mit ihren Beobachtungen und Handlungen auf sich selbst beziehen.

Der Autopoiesisbegriff bringt noch eine weitere Scharfstellung systemtheoretischer Beobachtung mit sich: selbstreferenzielle Systeme werden in diesem neuen Paradigma

1 Siehe beispielsweise Parsons (1976). – Eine gute Einführung in die Systemtheorie bieten Kneer/Nassehi (1993).

weniger über Elemente, Strukturen und Funktionen definiert als vielmehr über die System-Umwelt-Differenz, die autopoietische Systeme fortwährend rekonstruieren bzw. reproduzieren.[2]

Mit diesen Eckdaten ist der Universalitätsanspruch von Systemtheorie markiert: Systemtheorie ist eine Supertheorie (also eine Theorie über Theorie), die eben nicht nur in der Soziologie, sondern interdisziplinär anwendbar ist und die darüber hinaus auch auf sich selbst anwendbar ist. Systemtheorie ist ein Objektbereich der Systemtheorie.

Niklas Luhmann unterscheidet zunächst wesentliche Systemtypen, nämlich die sozialen und die psychischen Systeme. Diese beiden Systemtypen sind konstitutiv aufeinander bezogen, das heißt, sie kommen nur gemeinsam vor, dennoch unterscheiden sie sich. Beide Systemtypen operieren im Medium Sinn; Sinn wird in sozialen Systemen durch Kommunikation prozessiert, in psychischen Systemen hingegen durch Gedanken. Alle soziale Realität wird somit kommuniziert, oder anders gewendet: Nur das, was kommuniziert wird, wird als soziale Realität beobachtbar. Was Bewusstseine prozessieren (Gedanken), ist hingegen aus der sozialen, kommunikativen Realität insofern ausgeschlossen, da Gedanken eben bewusst sind (und zwar nur jeweils dem, der sie denkt), aber nicht kommuniziert werden. Wird ein Gedanke kommunikativ mitgeteilt, ist er kein Gedanke mehr, sondern Kommunikation.[3] Und in diesem Punkt liegt die so skandalös wirkende Behauptung, Subjekte befänden sich außerhalb des sozialen Systems.

Schon mit dieser ersten Annäherung an das Modell sozialer Systeme bei Luhmann wird deutlich, wie universal der Anspruch der Systemtheorie ist. Denn Kommunikation erscheint als so universell, dass tatsächlich im Grunde die ganze Realität beobachtbar wird. Psychische Systeme sind

2 Siehe Luhmann (1984), S. 35.
3 Siehe hierzu Jahraus/Marius (1997).

zwar Umwelt des sozialen Systems, und man kann schlichtweg nie wissen, was der andere denkt oder fühlt, aber man kann darüber kommunizieren.

Autopoietische Systeme unterscheiden sich von einer Umwelt und prozessieren Beobachtungen – im Fall sozialer Systeme Kommunikation. Kommunikationen sind Selektionen aus dem Medium Sinn, das bedeutet: Kommunikationen sind Unterscheidungen. Allgemein kann man daher formulieren: Systemtheorie ist eine Differenztheorie, da ihre Operationen mit Differenz beginnen: die Unterscheidung zwischen Kommunikation und Bewusstsein, die Unterscheidung zwischen System und Umwelt, die Unterscheidung zwischen Beobachtung und Reflexion usw. Die Differenz ist konstitutiv für Systeme.

Die moderne Gesellschaft beschreibt Luhmann als eine funktional ausdifferenzierte Gesellschaft. In der modernen Gesellschaft entscheidet weder eine bestimmte soziale Schicht über soziale Ordnungen und Handlungen, noch ist die Übernahme von sozialen Handlungsrollen an die Herkunft aus einer bestimmten sozialen Schicht gebunden. Auch diese Beobachtung liefert einen weiteren Grund dafür, von der zuvor in sozialen Theorien üblichen Systemreferenz, dem Menschen oder dem Subjekt, umzustellen auf die Systemreferenz der Kommunikation. Ohne den Anspruch zu erheben, damit eine vollständige Aufzählung solcher Funktionsbereiche zu liefern, die das Gesamtsystem Gesellschaft konstituieren, spricht Luhmann in diesem Sinne von Funktionsbereichen wie Politik, Wirtschaft, Recht, Religion und Kunst.[4] In allen diesen Funktionsbereichen wird: kommuniziert. Funktionsbereiche sind also ihrerseits autopoietisch geschlossene Systeme; sie operieren dabei mit

4 Und vielen dieser Funktionsbereiche widmete Luhmann im Laufe der Jahre einzelne Publikationen, etwa: *Die Wirtschaft der Gesellschaft* (1988), *Die Wissenschaft der Gesellschaft* (1990), *Das Recht der Gesellschaft* (1993), *Die Kunst der Gesellschaft* (1995), schließlich: *Die Gesellschaft der Gesellschaft* (1997).

einem binären Code, der eine Leitdifferenz darüber installiert, was zu dem Funktionsbereich gehört und was nicht. Es gibt nur diese beiden Möglichkeiten: deshalb ist der Code binär.

Die Leitdifferenz erscheint in den Funktionsbereichen meist in doppelter Hinsicht. Im Funktionsbereich des Rechts wird beispielsweise zum einen kommuniziert, was überhaupt zum Recht gehört (Referenzunterscheidungen), also was juristisch relevant ist (was demgegenüber etwa moralisch, sportlich oder ästhetisch ist, gehört in die Umwelt des Funktionsbereichs Recht). Zum anderen wird innerhalb des Funktionsbereichs Recht die Differenz zwischen spezifisch ›recht‹ und spezifisch ›unrecht‹ prozessiert (Codeunterscheidungen).

Systemtheorie als Literaturtheorie

Da Systemtheorie soziale Systeme, also Kommunikationssysteme, beobachtet, kann auch ein Text als System aufgefasst werden, das eine Umwelt hat. Je nach Perspektivierung lässt sich sowohl der Fokus des Systembegriffs scharf stellen als auch die Umwelt spezifizieren: Als eine erste Umwelt eines literarischen Textes kann so zum Beispiel Literatur insgesamt beobachtet werden. Literatur ist aber auch selbst ein System in einer Umwelt (als Umwelt können z. B. außerliterarische Texte angenommen werden).

Auch einzelne literarische Gattungen können aber beispielsweise als System beobachtet werden (etwa das System der Gattung ›Novelle‹), das sich ausdifferenziert gegenüber anderen Gattungen. Das Kriterium ist dabei stets, ob es gelingt, einen binären Code zu beobachten, der die Systemhaftigkeit einer Gattung gewährleistet. Es stellt sich die Frage, ob also beispielsweise die Systemgrenzen der Novelle beobachtbar werden können, das heißt, ob die Novelle als ein autopoietisch geschlossenes System beobachtet werden kann, oder, lapidar ausgedrückt, ob die Novelle etwas macht, was keine andere literarische Gattung macht.

Im Schube der Autoreflexivierung differenzierte sich um 1800 außer dem Literatursystem selbst in Ansätzen auch das System der Literaturwissenschaft aus, das Funktionen wie Literaturkritik und Literaturgeschichte schuf bzw. autonomisierte. Aus der theoretischen, wissenschaftlichen Beschäftigung mit Literatur entstand eine Vielzahl von Methoden und Modellen, die zum Teil im hier vorliegenden Band vorgestellt werden.

Auf ebendiese Situation reagiert nun Systemtheorie mit einem universalistischen Anspruch als Kommunikationstheorie. Zunächst wird dabei ein Aspekt sinnfällig: Nachdem literaturästhetische Debatten sich über ›Kunst an sich‹ nicht mehr einig zu werden schienen, da literaturwissenschaftliche Forschung in die verschiedensten Einzeldisziplinen aufgesplittert wurde (etwa in »Literaturgeschichte, Literatursoziologie, Epochengeschichte, Stilgeschichte, Biographik, Motivgeschichte usw.«, Plumpe/Werber, 1995, S. 10), kann Systemtheorie nun auf abstrakter Ebene das System Literatur trennscharf rekonstruieren. Auf diese Weise kann darüber also die Einheit des Fachs Literaturwissenschaft formuliert werden.

Literaturwissenschaft oder Literaturtheorie sind dabei keine Subsysteme des Systems Literatur, sondern des Systems Wissenschaft: Von hier aus beobachtet Literaturtheorie unter wissenschaftlichen Modalitäten das System Literatur. Literatur und Literaturtheorie sind wechselseitig Umwelt füreinander.

Akzeptiert man, moderne Literatur als System zu beobachten, so ist nun zu fragen, wie die literarische Kommunikation selbst systemtheoretisch rekonstruiert werden kann, das heißt, wie Systemtheorie als text-beobachtendes Werkzeug eingesetzt werden kann. Literatur soll also nicht nur als *Sozialsystem*, sondern auch als *Symbolsystem* beobachtbar werden. Das, was Systemtheorie beobachtet, ist das von ihr Konstruierte. Die systemtheoretische Beobachtung konstruiert das System ›Recht‹ ebenso wie das System ›Kunst‹ mit einem Set von Unterscheidungen.

Wie jedes Sozialsystem muss also auch Literatur über einen Code verfügen, der differenziert, was zum System Literatur gehört und was nicht. Wie dieser Code formuliert werden kann, ist in der systemtheoretischen Debatte allerdings noch nicht endgültig geklärt. Nachdem Luhmann in seinem Beitrag *Ist Kunst codierbar?*« den Code *schön* versus *hässlich* vorgeschlagen hat (Luhmann, 2001, S. 162), ist dieser in der systemtheoretischen Debatte mehrfach überarbeitet worden. So schlagen etwa Plumpe und Werber den Code *interessant* versus *langweilig* vor, Georg Jäger den Code *geschmackvoll* versus *geschmacklos*, Siegfried J. Schmidt *literarisch* versus *nicht-literarisch*, Peter Fuchs ganz abstrakt den Code *Kunst/Nicht-Kunst*.

Insbesondere an der von Peter Fuchs vorgeschlagenen »sinnleeren« oder tautologischen Codierung von Literatur (Literatur versus Nicht-Literatur) wird jedoch ein Aspekt deutlich, nämlich der der Autoreflexivität von Literatur bzw. von literarischen Texten selbst. Ein literarischer Text thematisiert nicht nur Aspekte aus seiner Umwelt (das, worüber er erzählt), sondern auch, dass er ein literarischer Text ist. Ein literarischer Text reflektiert somit auf die eigenen Konstitutionsbedingungen, und zu diesen zählt auf abstraktester Ebene: die Unterscheidung zwischen Kommunikation und Bewusstsein. Genauer gesagt: Aus systemtheoretischer Perspektive ist ein literarischer Text ein Sozialsystem, das Kommunikationen dadurch provoziert, dass es als Literatur wahrgenommen wird und so das (psychische System) Bewusstsein fasziniert.[5] Kunst, so bringt es Dirk Baecker (1993, S. 3) auf den Begriff, ist »auf die kommunikative Unzugänglichkeit der Wahrnehmung [spezialisierte] Kommunikation«. Zwar konstituieren sich Wahr-

5 Siehe hierzu Werber (1996) oder etwa Werber (1997).

nehmung (Bewusstsein) und Kommunikation wechselseitig und spielen gewissermaßen stets zusammen, aber nur Kunst thematisiert gerade die Unterscheidung zwischen beiden.

Das *Urteil* als Sozialsystem

Insbesondere Texte von Kafka wurden in der Forschungsliteratur immer wieder in Bezug auf die biographische Situation des Autors hin reflektiert – eine Option, die die systemtheoretische Beobachtung literarischer Texte nicht favorisiert. Gerade bei einem Autor wie Kafka stellt sich natürlich die Frage, wie weit dessen literarische Produktion und damit die literarische Kommunikation reicht: Zählen die Tagebücher dazu, die Briefe und insbesondere der *Brief an den Vater*? Die Grenze systemtheoretischer Beobachtung bildet jedenfalls das Bewusstsein des Autors. Denn der Bezug auf den Autor Kafka würde den Bezug auf das Subjekt Kafka bedeuten, man müsste sich letztlich auf Kafkas Bewusstsein beziehen: dieses ist der Kommunikation aber schlichtweg unzugänglich.

In der Systemtheorie kann das *Urteil* aber als Sozialsystem beobachtet werden: Es gerät dabei einerseits die Umwelt dieses Systems in den Blick, also das, was der Text aus seiner Umwelt als Material und Thema auswählt, und andererseits seine Funktion hinsichtlich des Systems Literatur und hinsichtlich des Systems der Gesellschaft. In diesem Sinne kann die Funktion literarischer Texte darin gesehen werden, Umweltsysteme, also Ordnungsmodelle, zu de- bzw. re-funktionalisieren.

Literaturhistorisch betrachtet ist die Erzählung *Das Urteil* typisch modern. Ihr Thema ist vor allem die Destruktion oder Infragestellung lebensweltlicher und gesellschaftlicher Ordnungsmodelle. Das bedeutet, systemtheoretisch ausgedrückt, die Infragestellung der Sozialsysteme oder

Funktionsbereiche wie etwa Recht, Macht, familiale Beziehungen usw. Die Infragestellung unmittelbar gewisser Wertesysteme kombiniert Kafka mit einer tief greifenden Verunsicherung über die Beobachtungsperspektiven, die seine Texte entfalten. Auch auf die Sprache selbst ist kein Verlass mehr. Das groteske und unheimliche Geschehen im *Urteil* kontrastiert mit der scheinbar einfachen, fast lapidaren Sprache, in der es dargestellt wird. Die Labilität der (gesellschaftlichen) Ordnungsgefüge wird bei Kafka durch die Labilität ihrer literarischen Beobachtungen demonstriert.

Diese moderne Position wird im *Urteil* so weit zugespitzt, dass es beinahe unmöglich wird zu beobachten, welche Umwelten als Ordnungsmodelle überhaupt thematisiert werden. Umwelten werden zum Teil nur noch angedeutet oder genannt, die stabile inhaltliche Entfaltung dieser Sozialsysteme der Gesellschaft jedoch radikal verweigert. Sozialsysteme scheinen im *Urteil* hochgradig zweifelhaft: Zunächst geht es um ein Urteil, das heißt, der Text bezieht sich auf das Rechtssystem. Das Rechtssystem wird auf diese Weise jedoch nur noch zitiert, oder deutlicher, es wird beinahe bis zur Groteske aufgelöst bzw. destruiert: Der Vater fällt zwar ein Urteil, aber dieses Urteil wird nicht begründet. Zwar nimmt der Sohn es an; dennoch bleibt vollkommen fraglich, was (oder sogar: ob) dabei im Funktionsbereich Recht kommuniziert wird. Denn auf das Sozialsystem Recht wird allenfalls noch angespielt. Eine Kommunikation im Sozialsystem Recht kann im Text nicht beobachtet werden, es bleibt allein das Skelett des Rechtssystems übrig: das Urteil und seine Vollstreckung. Vielleicht könnte man formulieren, die Destruktion gesellschaftlicher Ordnungsgefüge wird im *Urteil* auf die Weise vollzogen, dass Funktionsbereiche der Gesellschaft zwar genannt, aber funktional-inhaltlich als sinnentleert dargestellt werden. Es wird allein ein Urteil gefällt und akzeptiert. Recht wird somit in jeglicher Hinsicht zweifelhaft: Welches Recht hat der Vater, über seinen Sohn ein Urteil zu fällen?

Auch die Familie kann systemtheoretisch als Sozialsystem beschrieben werden. In die (moderne) Familie wird das Medium Liebe aus dem Intimsystem kopiert, dies aber so, dass Liebe hier in gewisser Weise obligatorisch ist, sie immer vorhanden sein muss. Die Konstruktion obligatorischer Liebe wird im *Urteil* erst dort als soziales Phänomen beobachtbar, wo sie eine Krise erfährt: in der Auseinandersetzung zwischen Vater und Sohn, in der dann Machtverhältnisse anstelle von Vertrauen kommuniziert werden, bzw. dort, wo der Vater dem Sohn gerade vorwirft, die obligatorische Liebe (insbesondere der Mutter gegenüber) nicht aufgebracht zu haben. Die Möglichkeit einer Umlenkung oder Konvertierung von Medien wie obligatorischer Liebe in Macht ist leicht nachzuvollziehen, sie scheinen die beiden Seiten einer Medaille zu sein, wenn es darum geht, für die Familie als System jene Grenze zu reproduzieren, die »wir« von »den andern« trennt.[6] Im Sinne der Autopoiesis der Familie kann das Medium Macht zur Abgrenzung nach außen (exklusiv) und gleichzeitig das Medium Liebe zur Reproduktion familialer Kommunikation nach innen (inklusiv) funktionalisiert werden. Durch das Medium Macht wird allerdings auch die interne Struktur der Familie organisiert, zum Beispiel durch Autoritätsgefälle zwischen den Generationen der Familienangehörigen. Gerade das in der bürgerlichen Gesellschaft so hoch bewertete Ordnungssystem Familie wird in der Literatur der Moderne und prominent bei Kafka ebenfalls in Frage gestellt. Die Macht, die traditioneller Weise in der Familie dem Vater als Familienoberhaupt in Form von Autorität zugesprochen wird, gerät im *Urteil* zu einem in keiner Weise mehr zuverlässig adressierbaren Machtverhältnis. Macht wird unterschiedlich adressiert an den Vater, den Sohn und den Freund, jede Adressierung macht jedoch die jeweils vorhergehende zunichte. Nicht Macht wird also in Frage gestellt,

6 Siehe zum Thema ›Macht‹ etwa Luhmann (1975).

sondern allein das Ordnungsgefüge, innerhalb dessen Macht erwartbar beobachtet werden kann.

Grotesk erscheint im *Urteil* die abermalige Konvertierung des Mediums Macht in das Medium der Liebe, wenn Georg zuletzt aufschreit: »Liebe Eltern, ich habe euch doch immer geliebt« (20). Der Appell an die Liebe als unmittelbare Reaktion auf ein Todesurteil stellt hier die extremste Form einer Darstellung der grotesken Verzerrung und des Zusammenbruchs des Sozialsystems Familie dar. Hierin liegt Kafkas Meisterschaft – in der Darstellung einer Art paradoxer doppelter Negation: Liebe wird vernichtend negiert, doch selbst noch diese Negation wird negiert.

Das Urteil beobachten

Die Erzählung *Das Urteil* kann aber nicht nur als Sozialsystem, sondern auch als Symbolsystem beobachtet werden. In diesem System geht es nicht um die Thematisierung der Umwelt des Literatursystems, sondern um die textimmanente Entfaltung von Beobachtungen. Das *Urteil* kann, anders formuliert, als die Thematisierung von Beobachtung und Kommunikation rekonstruiert werden, genauer: als Thematisierung des Erfolgs und des Scheiterns von Beobachtung und Kommunikation. Kommunikation hat, systemtheoretisch gesprochen, zwei Seiten: die Informationsseite (*was* kommuniziert wird) und die Mitteilungsseite (*wie* etwas kommuniziert wird).[7] Das Gelingen oder Scheitern von Kommunikation hängt also davon ab, was kommuniziert wird und was nicht (was also überhaupt beobachtbar wird und was nicht) und wie etwas kommuniziert wird (also etwa, ob unmissverständlich oder mehrdeutig kommuniziert wird). Zu untersuchen wäre also zunächst, was in der Erzählung als Information und

7 Siehe hierzu Fuchs (1993).

was als Mitteilung verstanden werden kann. Die systematische Verunsicherung über diese Unterscheidung erweist sich dabei als das strategische Spiel Kafkas. Der Text beginnt mit einer Verführung des Lesers, das zu Beobachtende als unproblematische Information zu werten. Ein junger Mann wird beschrieben, der einen Brief an seinen im fernen Russland lebenden Freund schreibt. Die Kommunikation dieser einleitenden Passagen läuft auf den ersten Augenschein gewissermaßen so problemlos, dass die Mitteilungsseite einfach ausgeblendet werden kann. Der Handlungsverlauf scheint ebenso krisenlos wie unauffällig – bis hinunter auf die sprachliche Ebene: kein einzelnes Wort, keine syntaktische oder stilistische Holperigkeit in der einfach erzählten Handlung lenkt die Aufmerksamkeit auf das Wie der Erzählung (höchstens Kafka-Kenner würden möglicherweise von vornherein dieser beinahe idyllischen Ruhe misstrauen).

Der Briefeschreiber Georg hat sich nach einigem Zögern dazu entschlossen, seinem Freund die bevorstehende Hochzeit mit seiner Verlobten anzuzeigen. Zu diesem Entschluss bringt ihn seine Braut in einem Gespräch. Und vielleicht ist es zuerst die Bemerkung der Braut über den Freund in Russland, die den Leser aufhorchen lässt: »Wenn du solche Freunde hast, Georg, hättest du dich überhaupt nicht verloben sollen« (10). Es geht um ein Beobachtungsproblem: denn die Braut beobachtet etwas, das der Leser (als Beobachter) nicht beobachten kann. Was sie aber beobachtet, wird nur durch den indexikalischen Hinweis »solche« markiert.

Die Bemerkung der Braut erscheint daher merkwürdig übertrieben. Denn auf welche Eigenschaft auch immer sich das »solche Freunde« bezieht, diese Eigenschaft scheint einen möglichen Hinderungsgrund für Verlobung und Heirat darzustellen. Im Text lässt sich bis zu dieser Stelle nicht plausibel beobachten, was an dem unterstellten Verhalten des Freundes derart drastische Aussagen rechtfertigen könnte. Die Beobachtung von »solche Freunde« wird aus Mangel an konkret Beobachtbarem (etwa: irgendwelche Eigenschaften) umgelenkt auf den Freund selbst. Hier findet die erste Verunsicherung der Beobachtung statt: Was wird beobachtet, wenn der Freund beobachtet wird? Das bedeutet, die Eigenartigkeit der Bemerkung der Verlobten, also die Mitteilungsseite dieser Kommunikation, wird als Information beobachtet, allerdings nur als Information darauf, dass der Leser nicht beobachten kann, was er nicht beobachten kann. Es wird gleichsam indiziert, dass es da etwas zu beobachten gäbe, wenn der Beobachter es nur beobachten könnte.

So bildet diese dennoch recht unscheinbare Szene den Übergang der bisher eher harmlos anmutenden Erzählung zu dem zweiten Teil, der völlig durch das Gespräch und die Auseinandersetzung Georgs mit seinem Vater bestimmt wird.

Noch dieser zweite Teil der Erzählung beginnt ruhig und nachvollziehbar, wenngleich einige abwegige, schräge Beobachtungen (»Georg staunte darüber, wie dunkel das Zimmer des Vaters selbst an diesem sonnigen Vormittag war«) schon die traumartige Verdüsterung und die beklemmende Absurdität des folgenden Geschehens ankündigen. Auch dieser Satz stellt eine irreführende Kommunikation dar. Denn wozu dient diese Kommunikation als Information? Letztendlich stellt sie sich doch als Mitteilung heraus; es handelt sich weniger um eine Information etwa über das Interieur der Wohnung, als vielmehr um eine Mitteilung über den sich verdüsternden Charakter des Textes selbst. Man kann nur das beobachten, was man beobachten kann. Allerdings scheint der ganze Text zu kommunizieren, dass der Leser eben nicht beobachten kann, was er nicht beobachten kann.

Niels Werber paraphrasiert Niklas Luhmanns Thesen über Kunst folgendermaßen:

> Wenn der erste Strich auf der Leinwand plaziert oder das erste Wort geschrieben ist, sind die Möglichkeiten für die Anschlußoperationen schon stark limitiert (gleiches gilt für die Rezeption). […] über der Beliebigkeit des Anfangs verdichtet sich ein Ordnungsgefüge, das aus einer Folge von codeorientierten Formentscheidungen besteht. (Werber, 1996, S. 171)

Die These ist hier, dass Kafka sich gerade dieser Formbildung systematisch entzieht und stattdessen die unglaubliche und geradezu monströse Dichte im zweiten Teil seiner Erzählung dadurch erreicht, dass er die Handlung mit verschiedenen Unterscheidungen durchkreuzt.

Eine Unterscheidung wird getroffen und mit dem Freund in Russland markiert. Diese Unterscheidung regelt, was im weiteren beobachtet werden kann. Die höchst beunruhigende Verunsicherung darüber, ob der Freund in Russland denn überhaupt existiert, demonstriert gleichsam die anti-ontologische Vorgehensweise der Systemtheorie: Der Freund existiert, *weil* er unterschieden wird, er existiert *als* diese Unterscheidung. Und nur insofern wird er beobachtbar. Der Freund befindet sich in Russland, er ist nicht anwesend. Nur die Kommunikation, die ihn unterscheidet und konstituiert, ist vorhanden.

Der zweite Teil der Erzählung beginnt mit dem Bericht über das Zusammenleben Georgs mit seinem Vater und seinem Besuch in dessen Zimmer. Diese neuerliche Unterscheidung, die die Beziehung zwischen Vater und Sohn beobachtbar macht, liegt gewissermaßen orthogonal, senkrecht zur ersten: beobachtungstechnisch stellt das noch kein Problem dar. Es wird einfach eine zweite Szene eröffnet, die obendrein noch an die erste anzuschließen scheint: Zur Beobachtung des aufstrebenden Georg passt die Beobachtung des alten Vaters, dessen Kräfte sich nach einem tätigen Leben erschöpft haben. Verantwortungsvoll scheint der Sohn nun dem Vater die Zuwendung zukommen zu lassen, die sonst Kinder durch ihre Eltern erfahren. Tatsächlich verdichtet Kafka diese Beobachtung, schließt an sie an.

Schräg zu den Handlungen der beiden verläuft allerdings deren Kommunikation. Der Vater, dem Georg von dem Brief erzählt, reagiert zunächst nur wenig interessiert, als müsste er erst an den Freund erinnert werden: »Wieso nach Petersburg?« – und dann erinnernd: »Ja. Deinem Freunde«. (12) Sogleich misst der Vater nun aber dem Freund eine eindringlich schwere Bedeutung bei, die er dennoch gleichzeitig herunterzuspielen scheint (»Es ist eine Kleinigkeit, es ist nicht des Atems wert, also täusche mich nicht«), und fragt schließlich: »Hast du wirklich diesen Freund in Petersburg?« (13) Diese vordergründig absurde Frage ist es, durch die die folgenden Ereignisse wie eine Lawine losgetreten werden. Georg versucht, der Frage auszuweichen, und schließt nun kommunikativ an die Beobachtung des gesundheitlich schlechten Zustands seines Vaters an: »Lassen wir meine Freunde sein. Tausend Freunde ersetzen mir nicht meinen Vater.« (13 f.) Doch der Vater insistiert auf seinem Zweifel an dem Freund in Petersburg, und Georg bemüht sich daher, ihm den Freund wieder in Erinnerung zu rufen.

Unterdessen bringt Georg den Vater ins Bett. Die nun umgekehrte Fürsorge des Sohnes für seinen gebrechlichen Vater ermöglicht eine eigenartige Beobachtung. Denn Georg bemerkt mit einem »schreckliche[n] Gefühl«, dass jener in den Armen des Sohnes zum Säugling sich zurückzuverwandeln scheint, indem er mit der Uhrkette an der Brust des Sohnes spielt. Nur deshalb, weil der Text diese Wahrnehmung Georgs kommuniziert, ist sie für den Leser beobachtbar. Dabei wird deutlich, inwiefern verschiedene Unterscheidungen zu verschiedenen Beobachtungen führen. Das Bett, in das der Vater gebracht wird, wird von diesem nicht als Wiege, sondern als Grab beobachtet, in das der Sohn ihn bringen will. Den Beobachtungen der beiden liegen konträre Unterscheidungen zugrunde. Gegen die Beobachtung, ins Grab gebracht zu werden, lehnt der Vater sich auf, die Beziehung zwischen beiden wird vollkommen subvertiert: »Georg sah zum Schreckbild seines Vaters auf« (16).

Der Vater schließt nicht an Georgs Kommunikation über den Freund in Russland an (»›Nicht wahr, du erinnerst dich schon an ihn?‹ fragte Georg«, 16), sondern trifft eine gänzlich neue Unterscheidung, genauer: er trifft die Unterscheidung »Freund« auf eine andere Weise. In der Folge ist es diese Unterscheidung, die determiniert, was nun beobachtet werden kann: »Wohl kenne ich deinen Freund. Er wäre ein Sohn nach meinem Herzen« (16). Dies ist also nicht mehr der Freund Georgs, sondern ein Verbündeter des Vaters. Mit ihm unterhält der Vater eine lebhafte Beziehung, wohingegen die Beziehung Georgs zu dem Freund sich als nichtig herausstellt. Zum Sohn sagt der Vater: »deine Briefe zerknüllt er ungelesen in der linken Hand, während er in der Rechten meine Briefe zum Lesen sich vorhält!« Diese Unterscheidung des Vaters konstituiert den Freund als Verbündeten in einem Machtkampf zwischen Vater und Sohn, in dem der Sohn unterliegt: »Ich bin noch immer der viel Stärkere«, triumphiert der Vater. Der Freund »weiß alles tausendmal besser!« (18), und dieses Wissen begründet scheinbar die Verurteilung des Sohnes durch den Vater.

Vater und Sohn beobachten den Freund *mittels* unterschiedlicher Unterscheidungen; sie treffen verschiedene Unterscheidungen und konstituieren dadurch verschiedene ›Freunde‹, die kommunikativ nicht miteinander vermittelbar sind. Die Feststellung des Vaters, »Du hast keinen Freund in Petersburg« (14), bezeichnet genau, dass Vater und Sohn verschiedene (und inkompatible) Unterscheidungen ›Freund‹ treffen.

Was beide aber beobachten, determiniert, *wie* sie beobachten: denn die Beobachtung des Freundes schlägt zurück auf deren eigene Beziehung. Georgs Beobachtung des Freundes scheint den Vater als gebrechlichen alten Mann sichtbar zu machen. Der Vater beobachtet den Freund hingegen so, dass alle Erfolge des Sohnes als Fehlschläge oder Verfehlungen beobachtbar werden. Tatsächlich hängt es also von der Unterscheidung des Freundes ab, was und wie in der Folge beobachtet werden kann. Die Art und Weise, wie der Freund unterschieden ist, determiniert, wie Vater und Sohn sich gegenseitig beobachten können.

In seinem Tagebuch notiert Kafka: »Der Freund ist die Verbindung zwischen Vater und Sohn« (T 217). Dass der Freund jene Unterscheidung ist, die die wechselseitige Beobachtung von Vater und Sohn determiniert, scheint der Text insofern zu bestätigen, als sich bestimmte Merkmale des Freundes beim Sohn oder beim Vater wiederholen. Denn ähnlich wie gemäß der Unterscheidung des Sohnes der Vater als alt, kränklich und gebrechlich beobachtet wird, heißt es über den Freund schon zu Beginn der Erzählung: »So arbeitete er sich in der Fremde nutzlos ab, der fremdartige Vollbart verdeckte nur schlecht das seit den Kinderjahren wohlbekannte Gesicht, dessen gelbe Hautfarbe auf eine sich entwickelnde Krankheit hinzudeuten schien.« (7) Dieser Eindruck wird vom Vater bestätigt und zugleich verschärft: »der Freund geht zugrunde in seinem Russland, schon vor drei Jahren war er gelb zum Wegwerfen« (19). Andererseits verfügt nach der Unterscheidung des Vaters der Freund über jene Überlegenheit und somit Macht (»Er weiß alles tausendmal besser!«), die zuvor der Sohn zu haben schien, als er sich überlegte, wie dem armen Freund zu helfen sei. Im Machtkampf mit dem Vater (»mein Vater ist noch immer ein Riese«, 12) zeigt sich, dass die Macht des Freundes noch ungleich größer ist als die des Vaters (dieser sagt zum Sohn: »Ich war sein Vertreter hier am Ort«, 17). Macht ist demnach auf alle drei verteilt, und nur die jeweilige Unterscheidung des Freundes gewichtet das Machtverhältnis zwischen Vater und Sohn.

Wenn der Freund die Verbindung zwischen Vater und Sohn ist, dann wird sie in der knappen Wendung deutlich,

»daß er ein altes Kind sei« (8). Und folgerichtig taucht das »alte Kind« auch in der Figur des Vaters (in der Säuglingsszene) und des Sohnes auf (»Ein unschuldiges Kind warst du ja eigentlich [...]!«, 19).

Je nachdem, wie die Unterscheidung ›Freund‹ getroffen wird, werden Eigenschaften von Vater und Sohn durch die Eigenschaften des Freundes beobachtbar. Und hierin besteht die Paradoxie des Beobachtens: Wie in einem Vexierbild klappen beide Beobachtungen (bzw. Unterscheidungen) des Freundes um, und Georg beobachtet etwas, das er bisher nicht beobachten konnte: Er beobachtet seine eigene Blindheit. »Jetzt weißt du also, was es noch außer dir gab, bisher wußtest du nur von dir!« (19)

Ein Beobachter kann nur beobachten, was er beobachtet; er kann nicht beobachten, dass er nicht beobachtet, was er nicht beobachtet. Ein Beobachter kann in einem weiteren Schritt beobachten, dass er beobachtet hat. Der jeweils aktuellen Operation der Beobachtung gegenüber ist der Beobachter blind. Ein Beobachter kann Beobachtungen bzw. Beobachter beobachten. Dies macht ihn, systemtheoretisch gesprochen, zum Beobachter 2. Ordnung. Diese Rolle nimmt der Leser des *Urteils* ein.

Der Leser als Beobachter unterscheidet den Freund auf eine weitere, dritte Weise. Als Beobachter der Erzählung sieht er etwas, das weder Vater noch Sohn sehen. Denn er beobachtet eben das Vexierbild, von dem Georg nur die eine Hälfte beobachten zu können scheint. Er beobachtet den Freund in Russland als Alter ego – vielleicht weniger Georgs, als vielmehr der Vater-Sohn-Beziehung –, als eine Projektion abgespaltener Aspekte der Persönlichkeiten beider oder ihrer Beziehung. In gewisser Weise operiert der Leser hier als Beobachter 2. Ordnung im Gegensatz zu Georg als einem Beobachter 1. Ordnung: Georg kann nur den Freund unterscheidend beobachten. Er sieht nicht, dass er nicht sieht, was er nicht sieht: die Anschlussbeobachtungen der Unterscheidung des Freundes durch den Vater. Dies sieht erst der Leser als Beobachter 2. Ordnung. Er beobachtet nicht allein Georg, den Vater und den Freund, sondern er beobachtet, *wie* beide den Freund beobachten.

Die Erzählung kann somit als die allmähliche Entfaltung dieser Beobachtungsebene 2. Ordnung rekonstruiert werden. Erst beim zweiten Lesen der Erzählung kann der Leser als Beobachter des Textes versuchen, dies als Mitteilungsseite im ersten Teil der Erzählung zu fokussieren und dann die Mitteilungsseite als Information über den Text zu beobachten.

Die Erzählung lässt sich insofern rekonstruieren als eine Erzählung über diese Schwierigkeiten und Paradoxien von Kommunikation und Beobachtung, weil der Vater zwar nicht erklärt (bzw. beobachtbar macht), *was* der Sohn bislang nicht beobachten konnte, aber doch immerhin darauf hinweist, *dass* der Sohn nicht beobachtet, was er nicht beobachtet.

Wenn über das, was zu beobachten wäre, nicht kommuniziert wird, bleibt noch eine andere Möglichkeit, nämlich die Möglichkeit zu fragen, was das Bewusstsein wahrnimmt. Dies kann hier natürlich nur kommuniziert werden, das heißt, wir können nicht direkt das Bewusstsein Georgs adressieren. Der Text gibt jedoch einen Hinweis auf eine Bewusstseinslage, und zwar durch den Begriff »Freund«.

Die Bezeichnung »Freund« ruft geradezu die systemtheoretische Einsicht auf den Plan, dass Bewusstseine füreinander intransparent sind. Die Bezeichnung »Freund« evoziert das Vorliegen eines Gefühls in der Beziehung zwischen Georg bzw. dem Vater und dem Freund in Russland, das aber eben nur postuliert, nicht aber beobachtet werden kann. In der Forschungsliteratur wird häufig auf die scheinbare Unfähigkeit Georgs hingewiesen, emotionale Bindungen einzugehen. Einige Bemerkungen im Text deuten dies an. Die steife oder formelle Weise, in der Georg in seinem Brief dem Freund die bevorstehende Hochzeit ankündigt, die Fürsorglichkeit gegenüber dem Vater, die sich, genauer betrachtet, allerdings allein auf organisatorische Fragen beschränkt, die angeblich fehlende Trauer um die gestorbene Mutter oder das ihm vom Vater unterstellte, allein sexuelle Interesse an seiner zukünftigen Frau. Möglicherweise ist auch Georgs letzte Beobachtung des unendlichen Verkehrs auf der Brücke ein Indiz für jene emotionalen Beziehungen, die er in seinem Leben gerade nicht einging.

Diese Beobachtungen liegen jedoch auf der Ebene von Unterstellungen. Kommunikationen und Beobachtungen werden beobachtet, doch Rückschlüsse aus ihnen auf Georgs Gefühle bleiben spekulativ. Sein Bewusstsein bleibt der Kommunikation unzugänglich. Im Extrem bezeichnet dies das Paradox der Liebe. Allein die Aussage »Ich liebe Dich!« provoziert förmlich den Zweifel an ihrer Wahrheit. Und so scheint gerade der Ausruf Georgs, »Liebe Eltern, ich habe euch doch immer geliebt« (20), beinahe zu beweisen, was Systemtheorie meint, wenn sie sagt, dass das Bewusstsein (Wahrnehmungen, Gefühle) der Kommunikation schlichtweg unzugänglich sei. Diese Paradoxie wird im *Urteil* in der letzten Szene unmittelbar deutlich: Georg kommuniziert etwas, das eigentlich inkommunikabel ist, nämlich die Liebe, und er kommuniziert dies ohne Kommunikationspartner, denn auf der Brücke ist er allein. Der Verkehr, der möglicherweise menschliche (Liebes-)Beziehungen symbolisiert, wird zwar durch die Erzählung kommuniziert, der Verkehr selbst kommuniziert jedoch nicht, er findet einfach statt.

An die Frage nach dem Status oder der Funktion des Freundes lässt sich die Frage nach dem Verstehen anschließen. Der Text zerstört die Grundlagen von Kommunikation und Beobachtung dadurch, dass er die Sozialsysteme, in denen Sinn prozessiert und somit Verstehen ermöglicht wird, desemantisiert, ihnen ihre Bedeutung nimmt. Recht, Wirtschaft, Familie und Verlobung bleiben sinnentleerte

Bezugsgrößen. Auf dieselbe Weise wird Verstehen an sich in Frage gestellt. Systemtheorie beschreibt Kommunikation mit der Trias aus Information (was kommuniziert wird), Mitteilung (wie etwas kommuniziert wird) und Verstehen. Verstehen zeigt sich, wenn selektiv an die Informationsseite oder die Mitteilungsseite einer Kommunikation kommunikativ angeschlossen werden kann. Die Unmöglichkeit des Beobachtens und des Verstehens resultiert aus der Unmöglichkeit, an das, was beobachtet wird, sinnvoll anzuschließen. Der Leser kann sowohl die Beobachter der Erzählung (Vater und Sohn) beobachten, als auch *wie* diese Beobachter beobachten. Dies kann er allerdings nicht vollständig. Die entscheidende Beobachtung ist für den Leser nicht möglich.

Denn unklar bleibt, ob Georg am Ende der Erzählung doch mehr als den blinden Fleck allen Beobachtens sieht. Vielleicht wird Georg im Verlauf der Diskussion mit dem Vater zum Beobachter 2. Ordnung. Der Übergang von der Beobachtung 1. zur Beobachtung 2. Ordnung vollzieht sich wie der Sündenfall: erst auf dem Niveau der Beobachtung 2. Ordnung kann die Unterscheidung zwischen Beobachtungen 1. und 2. Ordnung beobachtet werden, dies aber so, dass hinter dieses Niveau nicht mehr zurückgegangen werden kann. Sobald man weiß, dass man beobachtet, kann man dieses Wissen nicht einfach wieder vergessen. Nachdem aber Georg dies beobachten kann, ist es zu spät: »Jetzt paßt es ja gar nicht mehr« (19).

Verstehen wird dennoch ausgewiesen: Georg versteht das Urteil – er vollstreckt es selbst an sich. Dem Beobachter dieser Kommunikation wird das Verstehen verwehrt. Er sieht nicht, was Georg sieht. Der Beobachter der Erzählung sieht gewissermaßen, dass er nicht sieht, was er nicht sieht. Dies ist vielleicht das Unheimliche am *Urteil*: Obwohl undurchschschaubar, zweifelhaft oder sinnlos – das System Recht funktioniert, obgleich dieses Funktionieren allein durch das Urteil und dessen Vollstreckung beobachtbar wird. Ebenso paradox funktioniert das Verstehen, denn eigentlich wird das Unverständliche verstanden.

Die Erzählung selbst hält die Ambivalenz von Verstehen und Nicht-Verstehen aufrecht. Kommunikation ist geglückt: Der Sohn hat verstanden. Er nimmt sich das Leben. Damit bricht die Kommunikation ab. Es kann nicht mehr angeschlossen werden. Die Kommunikation ist gescheitert.

Aber das Verstehen wird nur signalisiert. Die Paradoxie bleibt: Der Leser als Beobachter kann nicht verstehen. Das Verstehen wird nicht verstanden. Der Leser ist förmlich dazu gezwungen, an die Kommunikation dort anzuschließen, wo sie abbricht.

Die überbordende Zahl der Interpretationen dieser Erzählung Kafkas macht dies beobachtbar.

Literaturhinweise

Baecker, Dirk: Kommunikation über Wahrnehmung. Thesenpapier zur Konferenz »Wahrnehmung und ästhetische Reflexion«. Berlin 28.–30. Oktober 1993.

Fuchs, Peter: Moderne Kommunikation. Zur Theorie des operativen Displacements. Frankfurt a. M. 1993.

Jahraus, Oliver / Marius, Benjamin: Systemtheorie und Dekonstruktion. Die Supertheorien Niklas Luhmanns und Jacques Derridas im Vergleich. Siegen 1997.

Kneer, Georg / Nassehi, Armin: Niklas Luhmanns Theorie sozialer Systeme. Eine Einführung. München 1993.

Luhmann, Niklas: Macht. Stuttgart 1975.

– Soziale Systeme. Grundriß einer allgemeinen Theorie. Frankfurt a. M. 1984.

– Ist Kunst codierbar? In: N. L.: Aufsätze und Reden. Hrsg. von Oliver Jahraus. Stuttgart 2001. S. 159–197.

Parsons, Talcott: Zur Theorie sozialer Systeme. Hrsg. von Stefan Jensen. Opladen 1976.

Plumpe Gerhard / Werber, Niels: Umwelten der Literatur. In: G. P. /

N. W. (Hrsg): Beobachtungen der Literatur. Aspekte einer polykontexturalen Literaturwissenschaft. Opladen 1995. S. 9–33.

Werber, Niels: Nur Kunst ist Kunst. In: Soziale Systeme. Zeitschrift für soziologische Theorie (1996) H. 1. S. 166–177.

– Das Kunstwerk im Zeitalter seiner systemtheoretischen Beobachtbarkeit. Zu Niklas Luhmanns Buch *Die Kunst der Gesellschaft*. In: Weimarer Beiträge. Zeitschrift für Literaturwissenschaft, Ästhetik und Kulturwissenschaften 43 (1997) H. 3. S. 339–349.

Literatur ist Zitat – »Korrespondenzverhältnisse« in Kafkas *Das Urteil*

Von Susanne Schedel

Zum Begriff der Intertextualität und seinen Ursprüngen

Eine Möglichkeit der ersten Annäherung an die Theorie der Intertextualität besteht in der Zerlegung ihres Namens. Die Begriffsbestandteile »Inter« und »Text« verdeutlichen, worum es bei dieser Methode geht: »um das, was sich zwischen Texten abspielt, d. h. den Bezug von Texten auf andere Texte« (Broich/Pfister, 1985, S. IX). Wer also *Das Urteil* mit Hilfe dieses methodischen Ansatzes analysiert, wird den Text auf seine Verbindungen zu anderen Texten hin untersuchen und ihn damit auch als einen Knotenpunkt in einem Netzwerk schon bestehender Texte lesen. Aus dieser Lesart können sich folgende Einzelfragen an *Das Urteil* ergeben: Bezieht sich Kafkas Prosastück auf andere Texte, und wenn ja, auf welche? Welche Spuren haben die Bezugstexte darin hinterlassen? Woran sind diese Spuren zu erkennen und wie gestaltet Kafka die Bezugnahmen im Einzelnen (z. B. als wörtliche Zitate oder als versteckte Anspielungen)? Welche Funktionen weist ihnen das künstlerische Gefüge des Textes zu? Und schließlich: Welche möglichen Interpretationen ergeben sich unter intertextuellen Aspekten?

Derartige Fragen sind in ihrem Kern keine Errungenschaft der jüngeren Literaturtheorie, denn das Interesse daran, wie Texte Autoren beeinflussen und in welcher Form und welchem Maß sie somit in anderen Texten anwesend sind, ist so alt wie die Literaturwissenschaft selbst und firmierte traditionell unter dem Etikett der Quellen- und Einflussforschung. Im Laufe der vergangenen Jahrzehnte ist das Interesse an Textbezügen jedoch beinahe untrennbar mit dem Begriff der Intertextualität verwachsen und hat dadurch enorme Ausweitung und Differenzierung erfahren. Der Grund dieser Verbindung liegt in den Entwicklungen der Sprach- und Literaturphilosophie der 60er-Jahre des 20. Jahrhunderts. Ich werde im folgenden Abschnitt die wichtigsten Positionen und Entwicklungen der Intertextualitätstheorie skizzieren, zumal diese inzwischen ein Gemenge zahlloser, unterschiedlichst akzentuierter Debatten und Theorieansätze bilden.[1]

Die Anfänge der Intertextualitätstheorie: Michail Bachtin und Julia Kristeva

1967 veröffentlicht die französische Philosophin und Literaturtheoretikerin Julia Kristeva, eine Schülerin Jaques Derridas, ihren Epoche machenden Aufsatz *Bakhtine, le mot, le dialogue et le roman*.[2] Darin prägt sie den Begriff »Intertextualität«. Kristeva setzt sich in ihrem Aufsatz mit der Theorie des russischen Sprach- und Literaturtheoretikers Michail Bachtin auseinander, genauer mit seinem Konzept der Dialogizität. Bachtins Grundgedanke besteht dabei in der Auffassung, dass die Sprache ein kommunikationsorientierter, dynamischer Vorgang ist, der Gegenrede herausfordert. Auf die Literatur übertragen bedeutet Dialogizität zum einen die jeweils Rede und Gegenrede ein-

1 Einen ersten Überblick bietet für Interessierte die Bibliographie von Udo Hebel (1989). Sie reicht zwar nur bis 1988, ist aber bisher die einzige ihrer Art und gibt einen guten und umfassenden Einblick in die Differenzierungen, die der Forschungsbereich der Textbeziehungen bereits erlebt hat.

2 Die deutsche Fassung, die hier verwendet wird, trägt den Titel *Bachtin, das Wort, der Dialog und der Roman* (Kristeva 1972).

schließende Stimmenvielfalt innerhalb eines Textes. Bachtin fordert den polyphonen Roman als »Mikrokosmos der Redevielfalt«, der die »sozioideologischen Stimmen einer Epoche« in sich vereinen müsse (Bachtin, 1979, S. 290). Zum anderen bedeutet die Dialogizität in der Literatur aber auch die Mehrstimmigkeit der einzelnen Äußerungen eines Textes, denn ein Romandialog führt wiederum selbst einen Dialog mit Wörtern und Reden außerhalb des konkreten Textes, da »jedes konkrete Wort [die Äußerung] jenen Gegenstand, auf den es gerichtet ist, immer schon [...] besprochen, umstritten bewertet« vorfindet »und von einem ihn verschleiernden Dunst umgeben oder umgekehrt vom Licht über ihn bereits gesagter, fremder Wörter erhellt« ist (Bachtin, 1979, S. 169). Weiterhin überführt Bachtin sein Dialogizitätskonzept in einen ideologiekritischen Zusammenhang, der vor allem vor dem politischen und kulturellen Hintergrund der russischen Revolution verständlich wird: Bachtin hält Monologizität und Dialogiziät/Redevielfalt nicht nur für Grundprinzipien literarischer Gattungen, sondern auch für Grundprinzipien gesellschaftlicher Strukturen. Dialogizität und Gegenrede sind imstande, autoritäre, ›monologische‹ Gesellschaften zu unterwandern.

Die enge Verwobenheit von Text, Sprache und Gesellschaft bei Bachtin ist der zentrale Anknüpfungspunkt für Julia Kristevas eigene Texttheorie. Sie selbst gehörte zur kommunistisch revolutionär orientierten Gruppe TelQuel, die in Frankreich am Ende der 1960er-Jahre das Ziel der Abschaffung der »bürgerlichen Ideologie von der Autonomie und Identität individuellen Bewusstseins sowie der Abgeschlossenheit von Texten und ihres Sinnes« (Broich/Pfister, 1985, S. 6) verfolgte. Das texttheoretische Äquivalent zum bürgerlichen Feindbild sah Kristeva im statischen Strukturalismus mit seinen »klassifikatorischen Schemata für werkinterne Strukturen« (Pfister, 1994, S. 215). Bei Bachtin glaubte sie diesen statischen Strukturalismus überwunden zu finden:

> Bachtin gehört zu den ersten, die die statische Zerlegung der Texte durch ein Modell ersetzen, in dem die literarische Struktur nicht *ist*, sondern sich erst aus der Beziehung zu einer *anderen* Struktur *herstellt*. Diese Dynamisierung des Strukturalismus wird erst durch eine Auffassung möglich, nach der das ›literarische Wort‹ nicht ein *Punkt* [nicht ein feststehender Sinn] ist, sondern eine *Überlagerung von Text-Ebenen*, ein Dialog verschiedener Schreibweisen: der des Schriftstellers, der des Adressaten [oder auch der Person], des gegenwärtigen oder vorangegangenen Kontextes. (Kristeva, 1972, S. 346)

Auf diesen Gedanken basiert auch ihre Uminterpretation der Bachtinschen Dialogizität:

> […] jeder Text baut sich als Mosaik von Zitaten auf, jeder Text ist Absorption und Transformation eines anderen Textes. An die Stelle des Begriffs der Intersubjektivität tritt der Begriff der *Intertextualität,* und die poetische Sprache läßt sich zumindest als eine *doppelte* lesen. (Ebd., S. 348)

Dieses Zitat deutet das Charakteristische, Neue an, das Kristeva von Bachtin unterscheidet und das vor allem in ihrer Vorstellung davon besteht, was eigentlich ein Text ist: Kristeva nämlich weitet den Textbegriff auf radikale Weise aus, indem sie Intertextualität als eine allgemeine und allen Texten ursprünglich zugehörige Eigenschaft definiert. Textualität, also ›Text sein‹, ist für sie nur noch als Intertextualität denkbar und damit »als der gesamte Bestand soziokulturellen Wissens« (Holthuis, 1993, S. 15), an dem jeder Text teilhat, auf den jeder Text verweist, aus dem jeder Text entsteht und in dem er sich auch wieder auflöst. Kristeva bevorzugt also Dynamik und Beziehungshaftigkeit als primäre Eigenschaften von Texten und verneint in ihrem

Textmodell damit die Vorstellung vom Text als statischer Struktur. Wenn sich darüber hinaus aber die poetische Sprache durch zahllose Kombinationen, Querverstrebungen und Sinnvervielfältigungen auszeichnet, muss jeder Versuch der Festlegung von Textsinn dogmatisch und willkürlich erscheinen.

Dieser total entgrenzte Textbegriff, den Kristeva keineswegs auf literarische Texte als sprachliche Zeichensysteme beschränkt, sondern in den sie sämtliche Sinnsysteme und kulturelle Codes (z.B. Filme, Mode) einbezieht, hat weitreichende Konsequenzen: Für Kristeva absorbiert, transformiert, reproduziert sich der entworfene universale Intertext selbst, und zwar subjektlos. Der Autor wird damit als origineller Schöpfer literarischer Kunstwerke ausgeschaltet. Er fungiert bestenfalls noch als Ort dieser Transformation, als Anordner schon bestehender Texte, als Knotenpunkt, als »Echokammer« (Barthes, 1978, S. 81). Der französische Zeichen- und Kulturtheoretiker und zeitweilige Kristeva-Anhänger Roland Barthes proklamierte in diesem Zusammenhang gar den »Tod des Autors« (Barthes, 2000), dies jedoch vor allem als Spitze gegen Interpretationen, die nur die Psychologie und die Biographie des Autors als Grundlage ihrer Arbeit zulassen und unreflektiert direkte Beziehungen zwischen Autor und Werk behaupten (die französische *explication du texte*).

Wie deutlich geworden sein dürfte, hat Kristevas Konzept mit den eingangs aufgeworfenen Fragen nach den konkreten Beziehungen zwischen literarischen Texten und ihrer Funktionalisierung für eine Interpretation nichts mehr zu tun. Eine Textauslegung war jedoch auch nie ihr Erkenntnisziel. Stattdessen suchte sie (ähnlich wie Jacques Derrida mit seinem Konzept der Dekonstruktion) mittels ihrer Deutung gesellschaftlicher Phänomene als Text nach einem kritischen Korrektiv für Bestehendes sowohl in Literatur als auch in Gesellschaft. Es ging ihr »darum, den Ort zu wechseln, und ein einengendes System anzugreifen, nicht indem man ihm frontal entgegentritt, sondern dadurch, daß man ein anderes Territorium erschließt, eine andere Redeweise, einen anderen Horizont« (Kristeva, 1977, S. 125).

Kristevas Theorieentwurf entfachte in der damaligen akademisch-intellektuellen Szene heftige Debatten, begleitet von einer Flut theoretischer Schriften zur Intertextualität, die Kristevas Entwurf folgten oder ihn in Gegenkonzeptionen zu widerlegen suchten. Kristevas Anhänger rekrutierten sich vor allem aus dem Kreis um die Gruppe TelQuel, deren Ziele ebenfalls weniger textanalytischer als vielmehr allgemein literatur- und kulturkritischer Natur waren.

Gegenentwürfe zu Julia Kristevas Intertextualitätskonzept

Schon in den 1970er-Jahren kristallisierten sich im Zuge der Debatten um Kristevas Theorieentwurf verschiedene Schulen der Intertextualitätsforschung heraus. Eine Gegenbewegung formierte sich, deren Vertreter Kristevas entgrenzten Intertextualitätsbegriff wegen seiner Unbrauchbarkeit für den hermeneutisch-interpretatorischen Umgang mit Literatur angriffen. Sie unternahmen Anstrengungen, Kristevas globales Intertextualitätskonzept wieder literaturwissenschaftlich fruchtbar zu machen (vgl. Hempfer, 1991, S. 7 ff.), jedoch mit unterschiedlichen Akzentuierungen. Gemeinsam ist den meisten Theoretikern jedoch, dass sie den Intertextualitätsbegriff wieder auf die Beziehung zwischen konkreten Texten verengten und den Autor, im Gegensatz v. a. zu Barthes' Postulat, am Leben ließen. In den USA gab die Gruppe der so genannten Yale Critics die Richtung vor: Hier ist vor allem Harold Bloom zu erwähnen, der 1973 mit seinem Buch *The Anxiety of Influence* (›Einflussangst‹) eine verstärkt psychoanalytisch geprägte Intertextualitätsforschung auf den Weg brachte.[3] In Deutschland haben Wissenschaftler wie Renate Lachmann,[4] Ulrich Broich und Manfred Pfister (Broich/Pfister, 1985) sowie Karlheinz Stierle (1984) Ansätze und Systematiken erarbeitet, die als Beschreibungsinstrumentarien für konkrete Textbeziehungen dienen und zugleich den Boden für eine Textinterpretation unter intertextuellen Aspekten bereitet haben. Neben den Schriften Lachmanns zählt beispielsweise auch das strukturalistisch orientierte Werk von Ulrich Broich und Manfred Pfister *Intertextualität. Formen, Funktionen, anglistische Fallstudien* (1985) zu den wichtigsten Theorieentwürfen zur Intertextualität. Broich und Pfister schneiden den Intertextualitätsbegriff auf »bewußte, intendierte und markierte Bezüge zwischen einem Text und vorliegenden Texten oder Textgruppen« (Broich/Pfister, 1985, S. 25) zurück: Textpassagen, in denen der Autor die importierten Fremdtexte nicht als solche kennzeichnet, bleiben nach ihrem Modell zwangsläufig hermetisch. Der Leser muss die zitierten Texte als zitierte erkennen und bemerken, um sie in seine Deutung einbeziehen zu können. Interessant ist, dass beide Wissenschaftler ihren Entwurf als ein Vermittlungsmodell verstehen, das die als unüberbrückbar geltenden Gegensätze zwischen ihrem eigenen strukturalistisch-textanalytischen Ansatz und dem universal-poststrukturalistischen Konzept Kristevas überwinden soll (ebd.).

Das nach wie vor umfangreichste und ausgefeilteste Ordnungssystem möglicher Formen von Intertextualität hat

3 Blooms Kernthese lautet, dass sich der Künstler in Konkurrenzverhältnissen zu Zeitgenossen und Vorläufern befindet, die sein Denken beeinflussen und Spuren im seinem Werk hinterlassen. Dies wird jedoch nicht positiv bewertet, sondern löst Emanzipationsbestrebungen aus, die Bloom in psychoanalytischer Tradition als Kampf zwischen Vater und Sohn deutet.

4 Lachmann (1990) und (1984). Lachmann erkennt Intertextualität als Verfahren der gezielten Sinnkonstitution an, problematisiert aber gleichzeitig die dadurch entstehende Sinnkomplexion, die sich nicht auf einen einfach lesbaren Sinnkern reduzieren lässt.

Gerard Genette mit seinem als Meilenstein einzustufenden Werk *Palimpseste* (1993) vorgelegt. Auch Genette zielt auf ein praktikables Beschreibungssystem, gleichwohl steht er den Ideen des Poststrukturalismus nahe, indem er Intertextualität als Abhängigkeiten von Texten untereinander beschreibt und den Autor dabei weitgehend außen vor lässt. Unter dem Leitbegriff der »Transtextualität«[5] gliedert er Textbezüge »in selbstironischem Spiel mit einem geradezu scholastischen Aufwand an Nomenklatur« (Broich/Pfister, 1985, S. 16). Sein System charakterisiert sich zum einen durch die feinmaschige Terminologie, die er mit zahlreichen Beispielen aus der Weltliteratur illustriert. Zum anderen beschränkt er sich bei der Beschreibung nicht auf Bezüge zwischen Einzeltexten, sondern behandelt auch Bezüge auf Textsysteme wie beispielsweise auf Gattungstypen.

Zukunftsperspektiven der Intertextualitätstheorie

Wie sich gezeigt hat, stehen sich in der Intertextualitätstheorie zwei Grundpositionen gegenüber, die das gleiche Phänomen thematisieren, dieses aber aus gegenläufigen Denkrichtungen angehen. Einige Forscher betrachten beide Positionen als verknüpfbar, für andere, vor allem für Kristeva selbst,[6] sind sie nach wie vor unvereinbar. Die meisten Untersuchungen zur Intertextualität entstehen heute aus ei-

5 Genettes Begriff der Transtextualität umfasst »alles, was ihn [den Text] in eine manifeste oder geheime Beziehung zu anderen Texten bringt« (Genette, 1993, S. 9). Die Transtextualität wird in fünf Unterkategorien unterteilt, auf die Genette sein System aufbaut: Die Intertextualität ist dabei nur eine der Unterkategorien, und Genette definiert sie als »effektive Präsenz eines Textes in einem anderen Text« (ebd., S. 10).

6 Kristeva hat die Vereinnahmung ihres Begriffs »Intertextualität« durch die Vertreter der strukturalistisch geprägten Textinterpretation nie akzeptiert. Sie sah ihr Konzept durch diese Zusammenhänge verfälscht und missbraucht, weil es den Intertextualitätsbegriff ihrer Ansicht nach in die statischen Zusammenhänge zurückstellte, die sie hatte aufbrechen wollen.

nem Interesse am konkreten Textbezug heraus und gehen deshalb von einem pragmatisch ausgerichteten Theorieansatz aus. Kristevas Konzept ist jedoch nach wie vor der Ausgangs- und Reibungspunkt, der bei jeder Untersuchung mitgedacht werden muss. Jonathan Culler hat die Problematik der Behandlung von Intertextualität auf den Punkt gebracht: »Die Möglichkeiten des Begriffs ›Intertextualität‹ sind zwar zweifelsohne vielfältig, [...] aber sie erweist sich als ein Konzept, mit dem sehr schwer zu arbeiten ist, z. B. in Bezug auf den intertextuellen Rahmen, dessen Codes und Konzeptionen, von seiner Beschreibung ganz zu schweigen« (Culler, 1976, S. 1383 f.). Jeder Versuch einer Theoretisierung oder Systematisierung des Phänomens Intertextualität muss also zwangsläufig perspektivisch bleiben.

Neue Impulse für die Intertextualitätstheorie ergeben sich vor allem auf folgenden Gebieten: So scheint zum einen das Phänomen des Hypertextes, der durch die Internet-Technologie aus der Wissenschaftssprache in die tägliche Praxis breiterer Bevölkerungsschichten verschoben wurde, die Theoreme Kristevas, Barthes und Derridas geradezu zu verkörpern. Die Idee des universalen Intertextes, der ›totalen Bibliothek‹ scheint hier verwirklicht.[7] Zum anderen wird die Texttheorie, die mit dem Intertextualitätskonzept verbunden ist, über die Literatur hinaus ausgeweitet, denn auch in der Diskussion um andere Künste wie Film, Photographie oder Architektur ist von deren ›Sprache‹ die Rede. In dieser ihrer jeweiligen Sprache verweisen sie ebenfalls, z. B. mit Zitaten oder Anspielungen, auf ihr eigenes Zeichensystem (Allen, 2000, S. 175). Drittens speist auch die Forschungsrichtung der Intermedialität, die sich unter anderem mit dem Nebeneinander verschiedener Medien (z. B. Text und Bild) in einem Kunstwerk befasst, ihre Theoriebildung in starkem Maße aus der Intertextualität.

7 Allen (2000); vgl. dazu auch Landow (1994).

Intertextualität in Kafkas *Urteil* – einige Vorüberlegungen

Die folgende Einführung in die intertextuelle Interpretation am Beispiel des *Urteils* wird sich, um konkrete Nutzungsmöglichkeiten vorzuführen, des pragmatischen Theorieansatzes bedienen und Beschreibungsbegriffe hauptsächlich aus den Entwürfen von Broich/Pfister und Renate Lachmann entlehnen. Ich greife an dieser Stelle also wieder auf die eingangs gestellten Grundfragen zurück. Zunächst zu den ersten beiden Fragen: Auf welche Texte bezieht sich *Das Urteil* und welche Spuren haben sie hinterlassen? In welcher Form verweist der Text auf seine Prätexte?[8]

Tatsächlich enthält Kafkas Text keinen einzigen expliziten Hinweis auf eine Verarbeitung von Prätexten. So erscheinen z. B. weder Anführungszeichen, die auf wörtliche Zitate aus Prätexten schließen lassen (der Wortlaut des Briefs [11] soll hier nicht unter den Begriff »Prätext« gefasst werden), noch sind Stellen mit offensichtlichem Zitatcharakter zu finden (deren Kennzeichnung beispielsweise durch die Verwendung indirekter Rede möglich wäre), von Autor- oder Titelnennungen ganz zu schweigen. Ob der Leser jedoch Zitate oder Anspielungen als solche erkennt und ob diese ihr Bedeutungspotenzial im individuellen Lese- und Interpretationsvorgang entfalten, hängt zunächst vor allem von zwei Dingen ab: erstens von der Deutlichkeit der Markierungen auf der Textoberfläche und zweitens von ihrer Lokalisierung im Text. Ein »deutlicher Verweis im Titel eines Textes auf den Prätext wird sich unter Umständen als wirkungsvoller erweisen als mehrere im Text versteckte ›markers‹« (Broich/Pfister, 1985, S. 33). Ausgenommen wären hier Anspielungen, die sich z. B. auf so genannte Klassiker oder die Bibel beziehen. (Oder bedürfte

8 Der Begriff des Prätextes ist von Broich/Pfister entlehnt und meint den jeweiligen Bezugstext.

ein Zitat mit dem Wortlaut »To be or not to be« noch einer Markierung?) Kafka jedoch verzichtet im vorliegenden Prosastück auf jede Form der Markierung an der Textoberfläche und damit auch auf das absichtsvolle Spiel mit Textbezügen.

Dennoch existieren Tagebucheinträge, die die Aufmerksamkeit auf Textbeziehungen in der Tiefenstruktur des *Urteils* lenken.[9] Kafka kommentiert dessen Entstehung am 23. September 1912 folgendermaßen:

> Viele während des Schreibens mitgeführte Gefühle: z.B. die Freude, daß ich etwas schönes für Maxens Arcadia haben werde, Gedanken an Freud natürlich, an einer Stelle an Arnold Beer, an einer anderen an Wassermann, an einer (zerschmettern) an Werfels Riesin, natürlich auch an meine ›Die städtische Welt‹. (T 294)[10]

Der erwähnte Roman, *Arnold Beer. Das Schicksal eines Juden*, stammt von Max Brod und erschien 1912 in Berlin. *Das Urteil* soll im Folgenden auf diesen Roman bezogen werden, zumal diese Textbeziehung in der Kafkaforschung als »Beispiel produktiver Lektüreverarbeitung« (Fingerhut, 1979) gilt. Renate Lachmann spricht in einem solchen Fall von einer »latenten Intertextualität«, welche die Oberfläche eines Textes nicht stört, aber dennoch sinnkonstituierend wirkt (Lachmann, 1984, S. 134). Es handelt sich hier außerdem um einen Fall von Intertextualität, der be-

9 Derartige Verweisformen definieren Broich/Pfister als »Markierung in Nebentexten«: »Darüber hinaus können Autoren die intertextuellen Bezüge ihrer Werke natürlich auch in Äußerungen markieren, die nicht im Zusammenhang mit diesen Werken publiziert werden«, vgl. ebd. (1985), S. 35 und 38.

10 »Gedanken« haben bedeutet hier nicht, dass Kafka Texte aufzählt, die er gezielt als Vorlagen oder Quellen benutzt hat, sondern dass er von Assoziationen spricht, mit denen er *Das Urteil* zu anderen Texten in Beziehung setzt.

reits im Grenzgebiet zu jener eingangs erwähnten Quellen- und Einflussforschung angesiedelt werden kann, von der sich die Intertextualitätsforschung abzugrenzen sucht, denn es geht bei Kafka, wie schon gezeigt, nicht um gezielten Einsatz von Fremdtext, sondern um dessen mehr oder weniger bewusste Verarbeitung. Man könnte darin Barthes' Auffassung vom Autor als »Echokammer« entdecken.

Textbeziehungen zwischen *Arnold Beer* und *Das Urteil*

Die intertextuellen Beziehungen zwischen beiden Texten bestehen zunächst vor allem in Analogien auf den Ebenen der Handlung und der Personenkonstellation. Arnold Beer, ein junger jüdischer Intellektueller, dessen Selbstfindungsprozess bzw. Entwicklung vom rastlosen Lebemann zum ernsthaften Journalisten Brod in seinem Roman beschreibt, teilt auffällig viele Merkmale seiner sozialen und familiären Situation mit Georg Bendemann. Die prägnantesten drei möchte ich zum Ausgangspunkt der intertextuellen Analyse machen: Erstens hat Beer, parallel zu Bendemann, ebenfalls einen Jugendfreund, Philipp Eisig, der ins Ausland (hier: nach Amerika) geht. Zweitens lässt sich auch Beer in das Handelsunternehmen seines Vaters einbinden, zunächst willig und ehrgeizig. Als er aber bemerkt, dass es ihm nicht gelingt, »Einfluß zu gewinnen, das Geschäft umzudrehen« (Brod, 1912, S. 52) und sich gegen den Vater zu behaupten (der Beers Neigung zur Kunst im Übrigen als Bummelei abtut, ebd., S. 52), versieht er nur noch Dienst nach Vorschrift und vertreibt sich die Zeit mit Literatur, anstatt sich um die Geschäfte zu kümmern. Drittens, und dies ist der wichtigste Vergleichsaspekt, hat in beiden Texten die Auseinandersetzung mit einem vernachlässigten Ahn existenzielle Folgen für die Hauptfigur. Im Fall Bendemanns ist dies der eigene Vater, im Fall Beers seine Großmutter. Derartige Parallelen lassen sich mit Lachmann als so genannte »Kontiguitätsrelationen«[11] bezeichnen.

Auf welche Weise realisiert nun *Das Urteil* die intertextuellen Spuren des *Arnold Beer*? Welches Funktions- und Bedeutungspotenzial entfalten sie dadurch für eine Interpretation? Das Motiv ›Freund im Ausland‹ wird in den beiden Texten spiegelverkehrt weitergeführt. Beide Freunde verändern sich in der Fremde stark: Philipp Eisig wird »von Grund aus umgeboren« (Brod, 1912, S. 56), und zwar im positiven Sinne, denn er entwickelt sich zum versierten Geschäftsmann und passt auch sein Aussehen und seinen Kleidungsstil dem neuen Status an. Bendemanns Freund hingegen scheint in Russland zu vereinsamen und zu verwahrlosen, seine Geschäfte gehen schlecht:

> So arbeitet er sich in der Fremde nutzlos ab, der fremdartige Vollbart verdeckt nur schlecht das seit den Kinderjahren wohlbekannte Gesicht, dessen gelbe Hautfarbe auf eine sich entwickelnde Krankheit hinzudeuten schien. Wie er erzählte, hatte er keine rechte Verbindung mit der dortigen Kolonie seiner Landsleute, aber auch fast keinen gesellschaftlichen Verkehr mit einheimischen Familien und richtete sich so für ein endgültiges Junggesellentum ein. (7)

Eisig kommt in Brods Roman als gemachter Mann in die Heimat zurück, er hat das erreicht, was Beer nach seines Vaters Willen ebenfalls erreichen soll, aber nicht anstrebt. Bei Kafka bleibt Bendemanns namenloser Freund hingegen

11 »Die Kontiguitätsbeziehung liegt vor, wenn ein konstitutives Element eines fremden Textes (seine thematische, sequenziell-narrative oder stilistische Ebene betreffend) im Phänotext [der Begriff ist hier synonym für Prätext zu verstehen] wiederholt wird, das den Referenztext als ganzen evoziert. Diese pars-pro-toto-Relation sagt allerdings noch nichts über die Art und Weise – parodistisch, affirmierend etc. – der Evokation aus.« (Lachmann, 1984, S. 136).

in Russland, wo er sowohl beruflich als auch persönlich zu versagen scheint.

Indizien für diese gegenläufige Entwicklung der Freund-Figuren sind auch auf der Ebene der wörtlichen Anspielungen zu finden. Bendemanns Freund als auch Beers »Jugendliebe« (Brod, 1912, S. 56) werden ähnlich beschrieben: Der erste ist von »gelbe[r] Hautfarbe« (7), der zweite hat ein »großes, gelbes, dickes Gesicht« (Brod, 1912, S. 23). Die für Krankheit und Angegriffenheit stehende Farbe Gelb charakterisiert Eisig vor seiner Reise ins Ausland, Bendemanns Freund jedoch danach. Die Figur des Philipp Eisig kann demnach als Verkörperung eines materialistisch-bürgerlich ausgerichteten Lebensentwurfs interpretiert werden. Zudem steht er für eine Karriere, die als eine typisch jüdische galt, die aber Beer nicht gelingt. Wie sich zeigt, sind die ersten beiden der oben genannten Vergleichsaspekte, das Verhältnis der Protagonisten einerseits zum Freund im Ausland, andererseits zum Vater in seinem Geschäft, eng verwoben und bei der Interpretation nicht zu trennen, im *Arnold Beer* ebenso wenig wie im *Urteil*. Denn Bendemann hat – im Gegensatz zu Beer – nach dem Tod seiner Mutter zwar gewissen Einfluss im väterlichen Handelsunternehmen eingeräumt bekommen, dennoch ist der Vater wie bei Arnold Beer Machtmensch. Auch diese Handlungsparallele erscheint als Anspielung: »Vielleicht hat ihn der Vater bei Lebzeiten der Mutter dadurch, daß er im Geschäft nur seine Ansicht gelten lassen wollte, an einer wirklichen, eigenen Tätigkeit gehindert« (9). In Brods Roman findet sich eine Stelle mit ähnlichem Wortlaut: »Doch täuschte er sich da nicht in der Voraussicht, daß der Vater in seinem pedantischen Geschäftseifer keinen wichtigen Teil des Betriebs selbst aus der Hand lassen würde« (Brod, 1912, S. 56).[12]

Vor diesem Hintergrund ist jetzt nochmals nach der Rolle des Freundes bei Kafka zu fragen, der sehr viel rätselhaf-

12 Vgl. dazu Binder (1975), S. 127.

ter erscheint als bei Brod, denn Bendemann und seinen Freund verbindet ein sonderbar gestörtes, »besonderes Korrespondenzverhältnis« (10): Bendemann schreibt ihm zwar Briefe, diese aber sind in gewisser Weise verlogen, denn Georg berichtet nur über »bedeutungslose Vorfälle« (9) und spart die einschneidenden Veränderungen in seinem Leben, wie z.B. das expandierende Unternehmen, aus. Von der Verlobung erzählt er einerseits beiläufig und gleichgültig, aber andererseits vehement durch die Wiederholung in »dreimal in ziemlich weit auseinanderliegenden Briefen« (10). Seine Lügen begründet er vor seiner Verlobten mit seinem schlechten Gewissen und dieses mit dem Argument, er wolle den Freund in seiner schlimmen Situation nicht auch noch mit Schilderungen seines Wohlstands kränken. Doch auch auf metaphorischer Ebene stehen Bendemann und sein Freund in einem »Korrespondenzverhältnis«, denn die Informationen, die über den Freund gegeben werden, stehen auffällig diametral zu allem, was wir über Georg wissen (White, 1977, S. 99): Bei Bendemann mehrt sich der Erfolg und verbessert sich die gesellschaftliche Stellung, eine Heirat steht bevor. Der Freund hingegen ist geschäftlich erfolglos, gesellschaftlich isoliert und »richtet sich so für ein endgültiges Junggesellentum ein« (7).

Für die Beantwortung der Frage nach der Funktion des Freundes ist der Auftritt Friedas, der Verlobten Bendemanns, bedeutsam. Als dieser nicht aufhören will, die Verlobung vor dem Freund zu rechtfertigen und sich über dessen Reaktion auf die Heiratsanzeige zu sorgen, weist Frieda ihn zurecht: »Wenn du solche Freunde hast, hättest du dich überhaupt nicht verloben sollen.« »Ja, das ist unser beider Schuld« (10), antwortet Bendemann. Durch die Heirat wird Georg offenbar auf eine zunächst nicht einsehbare Weise schuldig an seinem Freund und muss ihm Rechenschaft ablegen; es entsteht sogar der Eindruck, Georg müsste sich zwischen Freund und Heirat entscheiden. Aber er versucht sich um diese Entscheidung zu drücken, indem er die Verlobung dem Freund zuerst verheimlicht und dann nur beiläufig, in der Hoffnung, es würde diesen nicht weiter interessieren, anzeigt (10). Der Freund wird zu einer Art Gewissen und führt auffälligerweise genau jenes Leben, das Kafka des Öfteren als Voraussetzung seiner dichterischen Produktion skizziert hat: Ehelosigkeit und Alleinsein, wenig Anbindung an den Brotberuf. Offenbar verlangt dieses Leben auch nach Bendemann, hatte der Freund ihn doch schon früher »zur Auswanderung nach Rußland überreden wollen« (9).

Den Kampf zwischen idealer und bürgerlicher Existenz hat Kafka auch selbst in der Beziehung mit Felice Bauer ausgetragen. Die Freundfigur verkörpert also bei Kafka und Brod zunächst gleichermaßen die Alternative zur eigenen Lebensweise, ein Alter ego. Doch Kafka potenziert die Beziehung zum Freund, indem er sie mit quälender Spannung und Schuldhaftigkeit auflädt. Gleichzeitig erscheint der Freund nicht als einheitliche Gestalt, sondern als Beziehungsfunktion in der Verbindung des Sohns zum Vater.[13]

In beiden Texten spielt nun jeweils die Gestalt des vernachlässigten Ahnen als Entscheidungsinstanz eine wichtige Rolle: Eines Tages besucht Arnold Beer seine Großmutter. Sie wohnt in einer ärmlichen Behausung, die Beschreibung der Ahnin ist geprägt von einer Mischung aus »Abscheu und krudem Naturalismus« (Binder, 1975, S. 280 f.). Ähnlich wie bei Kafka die Unterwäsche des Vaters (15) wird ihre Schmutzwäsche beschrieben (vgl. Brod, 1912, S. 125). Auch die Schilderung der Kammer der Verwandten und die Gedanken Beers und Georgs ähneln einander in ihrer »Mischung aus Ekel und Schuldbewußtsein« (Binder, 1975, S. 124). Die Großmutter spielt, ähnlich wie

13 Diese These lässt sich durch Kafkas Tagebucheintrag vom 11. Februar 1913 stützen: »Der Freund ist die Verbindung zwischen Vater und Sohn, ist ihre größte Gemeinsamkeit.« Er steht damit im Gegensatz zur Braut, die vom Vater »leicht vertrieben« wird (T 296 f.). Dazu Binder (1975), S. 124.

Georgs Vater, gerne Komödie vor, stellt sich »arm und almosenwürdig« (Brod, 1912, S. 144).[14] Gleichzeitig verkörpert sie jedoch, auch in diesem Punkt ähnelt sie Kafkas Vaterfigur, die als typisch jüdisch geltende Eigenschaft nutzorientierter Geschäftstüchtigkeit, denn sie war »von Jugend an nur auf Gelderwerb bedacht«, dabei aber immer ein »heißer, eigensinniger Kopf« (ebd., S. 125). Das Anwachsen dieser Gestalt in Beers Augen zu einer Übermutter wird mit ähnlichen Worten erzählt, wie Kafka sie verwendet, wenn er die von einer familiären Instanz zum übermenschlichen Richter über Leben und Tod wachsende Vaterfigur schildert: die Großmutter »zürnt«, bekommt einen »strahlenden Blick« und ein »ironisches Lächeln«, isst plötzlich »mit sicherer Hand« (ebd., S. 136ff.). Vater Bendemann wirft analog »die Decke zurück mit einer Kraft, dass sie einen Augenblick im Fluge sich ganz entfaltete«, er »strahlte vor Einsicht« und spricht »mitleidig« zu Georg (16f.).

Diese Auseinandersetzung mit den Vorfahren ist der Punkt, von dem aus beide Texte endgültig verschiedene Richtungen einschlagen. Denn Beers Abscheu vor der Großmutter wandelt sich im Laufe des Besuchs über Mitleid zu Liebe und Bewunderung für die »arbeitssame, wilde Greisin« (ebd., S. 133).[15] Arnold Beer flüchtet zwar vor der in seinen Augen »zu Riesengröße« anwachsenden Frau aus dem Haus, doch »er hätte für sie sterben mögen, so begeistert war er«, und er fühlt »eine neue Lust, sich ins Leben zu stürzen« (ebd., S. 143). Letztendlich gelingt es ihm durch diese Erfahrung, seine Neigung zu Literarischem und Intellektuellem ernst zu nehmen, zu bündeln und zur Grundlage eines neuen Lebensentwurfs zu machen: Er nabelt sich vom Elternhaus ab und geht nach Berlin. Er führt seinen Entschluss – genau wie Georg Bendemann – sofort aus, nämlich unmittelbar im Anschluss an den Besuch bei

14 Sie wird übrigens ebenfalls mit dem Attribut des gelben Gesichtes beschrieben (Brod, 1912, S. 115).

15 Dazu Binder (1975), S. 281.

der Großmutter. Die Großmutter hat hier also die Aufgabe des Vaters erfüllt, nämlich dem Sohn den Weg zu einer eigenen, ihm gemäßen Lebensweise zu zeigen. Doch erst indem Arnold tiefer in seine eigene Familienvergangenheit eindringt und noch eine Generation hinter seine Eltern zurückgeht, findet er sich selbst und verwirklicht durch die Begegnung mit der zwar materialistisch eingestellten, aber doch hochgeistig und eigensinnig erscheinenden Großmutter eine zweite, dem Judentum ebenfalls als typisch zugeschriebene Eigenschaft: seinen Intellekt.

Georg Bendemann hingegen agiert die Antithese zu Beer aus: Seine Selbstbehauptung gegen das »Schreckbild« (16) des Vaters und damit gegen die Familientradition misslingt. Angesichts des väterlichen Urteils erkennt er »sein bisheriges Leben als Komödie und vollzieht seine Hinrichtung. Statt sich in den Strom des Lebens zu stürzen wie Beer, stürzt er sich in den Fluß und ertrinkt« (Binder, 1975, S. 281).

Das Beziehungsdreieck zwischen Protagonist, Freund und Ahn ist also der Ort, an dem beide Texte die Problematik der Selbstfindung und Emanzipation in der Auseinandersetzung mit der Vätergeneration gestalten. Die Spuren, die Brods Text diesbezüglich bei Kafka hinterlassen hat, befinden sich zwar nicht auf der Textoberfläche und dass sie beabsichtigt oder gelegt worden sind, kann nicht nachgewiesen werden. Dennoch erweisen sie sich als signifikant, weil sie von einer aktiven Beschäftigung Kafkas mit dem Denken und Schreiben Brods zeugen und *Arnold Beer* somit eine intertextuelle Folie für *Das Urteil* bildet. *Das Urteil* könne, wie Hartmut Binder (1975, S. 281) schreibt, »biographisch als Konflikt zwischen Franz und Hermann Kafka, psychoanalytisch als ödipale Strafphantasie, historisch-typologisierend als Kampf zweier Zeitalter, philosophisch als Kampf zweier Prinzipien (Geist-Leben, Bürgertum-Künstlerexistenz)« interpretiert werden. Intertextuell, so ließe sich ergänzen, wäre der Text als literarische Gegenrede zu seinem Prätext (den Kafka dennoch bewundert hat[16]) zu lesen, die mit den Mitteln der versteckten Anspielung und der Modifikation von Erzählelementen wie der Handlung und der Figurenkonstellation arbeitet, die ihre Opposition dabei vor allem zum Ende der Handlung hin zuspitzt und in dieser dramaturgisch exponierten Position umso nachdrücklicher inszeniert.[17] Mit Genette gesprochen läge hier der intertextuelle Bezugstyp der »Umwertung«[18] vor.

Die intertextuellen Beziehungen zwischen den Texten von Brod und Kafka erschöpfen sich also keineswegs in bloßen Motivanleihen, wie es zu Beginn hätte scheinen können. Auffällig ist dieses Ergebnis nicht zuletzt vor dem Hintergrund der Kontroversen der Freunde Kafka und Brod über die Prager zionistische Bewegung. Während Brod sich dem Zionismus und ihrem Kult um das Ostjudentum anschloss und dies für ihn zur Quelle von Selbstverständnis und Selbstbewusstsein wurde (vgl. Baioni, 1994, S. 33), war für Kafka offenbar Felice Bauer die einzige lebendige Verbindung zu dieser Gemeinschaft. Mit Juden fühlte er, »still und zufrieden damit, daß er atmen konnte« (T 350), keine Gemeinsamkeit.[19]

16 Kafka schreibt in den Tagebüchern: »Karte an Max, aus Freude über Arnold Beer« (T 277).

17 Fingerhut (1979, S. 282) spricht in diesem Zusammenhang sogar vom Urteil »als einem Anti-Beer«.

18 »Unter Umwertung verstehe ich nicht […] die Umwertung Nietzsches, also die vollständige Umkehrung eines Systems von Werten, […] sondern, umfassender und folglich abgeschwächter, jede Operation axiologischer Art, die dem Wert gilt, der explizit oder implizit einer Handlung oder Reihe von Handlungen zugeschrieben wird.« Genette (1993), S. 464.

19 Vgl. Binder (1979), S. 342.

Literaturhinweise

Primärliteratur

Brod, Max: Arnold Beer. Das Schicksal eines Juden. Berlin-Charlottenburg 1912.

Forschungsliteratur

Allen, Graham: Intertextuality. London 2000.
Baioni, Giuliano: Kafka – Literatur und Judentum. Stuttgart 1994.
Bachtin, Michail M.: Die Ästhetik des Wortes. Hrsg. von Rainer Grübel. Frankfurt a. M. 1979.
Barthes, Roland: Über mich selbst. München 1978.
– Der Tod des Autors. In: Texte zur Theorie der Autorschaft. Hrsg. und komm. von Fotis Jannidis [u.a.] Stuttgart 2000. S. 185–193.
Binder, Hartmut: Kafka-Kommentar zu sämtlichen Erzählungen. München 1975.
– Franz Kafka. Leben und Persönlichkeit. Stuttgart 1979.
Bloom, Harold: The Anxiety of Influence. London 1973.
Broich, Ulrich / Pfister, Manfred (Hrsg.): Intertextualität. Formen, Funktionen, anglistische Fallstudien. Tübingen 1985.
Culler, Jonathan: Presupposition and Intertextuality. In: Modern Language Notes 91 (1976) S. 1380–1396.
Fingerhut, Karlheinz: Ein Beispiel produktiver Lektüreverarbeitung. Max Brods *Arnold Beer* und *Das Urteil.* In: Hartmut Binder: Kafka-Handbuch. Bd. 2: Das Werk und seine Wirkung. Stuttgart 1979. S. 278–282.
Genette, Gerard: Palimpseste. Die Literatur auf zweiter Stufe. Frankfurt a. M. 1993.
Hebel, Udo J. (Hrsg.): Intertextuality, Allusion and Quotation. An International Bibliography of Critical Studies. New York 1989.
Hempfer, Klaus W.: Intertextualität, Systemreferenz und Strukturwandel: Die Pluralisierung des erotischen Diskurses in der italienischen und französischen Renaissance-Lyrik. In: Michael Titzmann (Hrsg.): Modelle des literarischen Strukturwandels. Tübingen 1991. S. 7–43.
Holthuis, Susanne: Intertextualität. Aspekte einer rezeptionsorientierten Konzeption. Tübingen 1993.
Kristeva, Julia: Bachtin, das Wort, der Dialog und der Roman. In:

Jens Ihwe (Hrsg.): Literaturwissenschaft und Linguistik. Bd. 3. Frankfurt a. M. 1972. S. 345–375.

– A quoi servent les intellectuels? [Interview von J.-P. Enthoven.] In: Le nouvel observateur 20.–26. 6. 1977. S. 98–134.

Lachmann, Renate: Ebenen des Intertexutalitätsbegriffs. In: Das Gespräch. Hrsg. von Karlheinz Stierle und Rainer Warning. München 1984. (Poetik und Hermeneutik. 11). S. 133–138.

– Gedächtnis und Literatur. Frankfurt a. M. 1990.

Landow, G. P.: Hypertext Theory. Baltimore 1994.

Müller, Michael (Hrsg.): Franz Kafka: *Das Urteil.* Erläuterungen und Dokumente. Stuttgart 1995.

Pfister, Manfred: Intertextualität. In: Dieter Borchmeyer / Viktor Žmegač (Hrsg.), Moderne Literatur in Grundbegriffen. Frankfurt a. M. 1994. S. 215–218.

Stierle, Karlheinz: Werk und Intertextualität. In: Das Gespräch. Hrsg. von Karlheinz Stierle und Rainer Warning. München 1984. (Poetik und Hermeneutik. 11.) S. 139–150.

White, John J.: Georg Bendemann's Friend in Russia: Symbolic Correspondences. In: Angel Flores (Hrsg.): The Problem of *The Judgement.* Eleven Approaches to Kafka's Story. New York 1977. S. 99–113.

DEKONSTRUKTION

Zeichen-Verschiebungen: vom Brief zum Urteil, von Georg zum Freund. Kafkas *Das Urteil* aus poststrukturalistischer/dekonstruktivistischer Sicht

Von Oliver Jahraus

»Es gibt keinen Sinn« – Brief und Urteil

»Findest Du im *Urteil* irgendeinen Sinn, ich meine irgendeinen geraden, zusammenhängenden, verfolgbaren Sinn? Ich finde ihn nicht und kann auch nichts darin erklären« (F 394). So fragt Kafka seine Briefpartnerin und Verlobte Felice Bauer in einem Brief. Und wenig später konstatiert er lapidar: »Das *Urteil* ist nicht zu erklären« (F 396). Kafka gibt hier sehr zielsicher die Charakteristika dessen an, was man unter Sinn zu verstehen hat: er ist gerade, zusammenhängend, verfolgbar. Sinn ist in sich identisch und widerspruchsfrei (›gerade‹); er weist den Text als ›zusammenhängendes‹ Ganzes, als Werk aus. Und schließlich ist Sinn dasjenige, was einen Text überhaupt verstehbar macht; er ermöglicht erst die Rezeption; deswegen ist Sinn ›verfolgbar‹.

Kafka scheint eine Unterscheidung zwischen geradem und ungeradem Sinn im Sinn zu haben. Indem er behauptet, der Text hätte keinen geraden Sinn, treibt er gerade die Suche nach dem anderen, dem ungeraden Sinn besonders drastisch hervor. Der gerade Sinn wäre das Ergebnis einer hermeneutischen Interpretation.[1] Der ungerade Sinn hingegen ist die Subversion von Sinn, die Abschied nimmt von der hermeneutischen Vorstellung des geraden Sinns.

1 Vgl. den Beitrag von Rolf Selbmann im vorliegenden Band.

Die Negation all dieser positiven Kriterien des Sinns und des Sinnhaften und die Hinwendung zu diesen Phänomenen der Subversion von Sinn durch Sinn umreißt nun in groben Zügen das, worum es der Dekonstruktion – so wie sie insbesondere von Jacques Derrida entwickelt wurde – geht. Dekonstruktion leugnet die Möglichkeit eines solchen Sinns und stellt damit die Möglichkeit des Verstehens überhaupt in Frage. Daher nimmt es nicht Wunder, dass Kafka auch zu einer literarischen Leitfigur der Dekonstruktion wurde; was er im Brief ausspricht, demonstrieren und vollziehen seine Texte: nämlich ihre Nicht-Interpretierbarkeit, die gerade deswegen eine solche »Wut des Verstehens« (Jochen Hörisch) ausgelöst hat.

Diesem Effekt unterliegt auch die Dekonstruktion selbst: Keine Position verhält sich so kritisch zum geraden Sinn wie die Dekonstruktion, aber keine Position ist auch so stark auf den Sinn im Zuge der Subversion des Sinns bezogen. Dekonstruktion versteht sich als eine Praxis, die Subversion des Sinns an den Texten selbst nachzuvollziehen und durchschaubar zu machen. Gerade Kafkas Texte illustrieren diesen Literaturbegriff der Dekonstruktion in der Praxis; sie sind Literatur gewordene Dekonstruktion.[2] Literatur prinzipiell ist nun ein exemplarisches und paradigmatisches Feld, auf dem sich die Dekonstruktion als Prozess nachverfolgen lässt. Hier ganz besonders wird deutlich, dass Dekonstruktion immer die Dekonstruktion des Sinns von Zeichen ist. An der Literatur beschreibt Dekonstruktion vorrangig den Prozess, wie Konstruktion und Destruktion der Sinnkonstitution von Zeichen – man spricht hierbei auch von Signifikation – zusammengehen.

Kafkas Text mag auf den ersten Blick als sinnloser Text erscheinen; und es bedarf eines dekonstruktivistischen Auges, um zu erkennen, dass es in Kafkas Text sehr viel eher

2 Nach wie vor einschlägig ist die Darstellung von Culler (1988); neuer ist die instruktive Einführung von Bossinade (2000).

um die Möglichkeit und Unmöglichkeit von Sinn selbst geht, um Ordnungen und um ihre Transformation und ihre Auflösung. Damit sind insbesondere familiale, erotische und ökonomische Ordnungen gemeint. Es geht um eine Verlobung, die in Gefahr gerät, um die Geschäftsführung des Sohnes, die in Frage gestellt wird, und es geht insbesondere um das Vater-Sohn-Verhältnis, das sich bis zu dem vom Sohn akzeptierten Todesurteil durch den Vater zuspitzt.

Alle diese Ordnungen sind immer auch als Zeichenordnungen zu verstehen; und ihre Auflösung wird immer auch als Zeichenprozess, als Auflösung der Bedeutung von Zeichen, geschildert. Aber mit der Auflösung geht eine Neukonstitution von Sinn einher. Die Signifikation der Zeichen in einem geordneten System ist die Grundlage von Sinn (ein Begriff und das, worauf er sich bezieht, werden eindeutig zugeordnet) und die Voraussetzung von Interpretation und Interpretierbarkeit. Umgekehrt provoziert die Subversion der Signifikation aber gerade Interpretation. Und genau diesem Phänomen gilt das Hauptaugenmerk der Dekonstruktion.

Nicht umsonst wird der Text durch zwei mehr oder weniger deutlich fundierte Äußerungsformen oder -formeln, die auf einer bestimmten Zeichenstruktur basieren, strukturiert: am Anfang steht ein Brief und am Ende ein Urteilsspruch. Und beide sind aufeinander bezogen: Die Situation, die der Brief schildert, wird durch den Urteilsspruch des Vaters auf die schlimmstmögliche Weise wieder aufgehoben. Dieses Urteil hat aber keine Bedeutung an sich. Der Sohn könnte es ignorieren; aber indem er es an sich vollstreckt, verleiht er dem Urteil erst seinen Sinn. Genau dies ist eine Subversion von Sinn, die wiederum Sinn neu herstellt. Indem dem Urteil so Sinn verliehen wird, wird gleichzeitig der Sinn der Gesamtstruktur des Textes subvertiert: Der Sinn des Briefes wird durch den Sinn des Urteils wieder aufgehoben. Der Sinn des Briefes besteht darin, dem Freund von der Verlobung der Hauptfigur zu erzählen.

Der Sinn des Urteils besteht darin, den Sohn zu verurteilen. Nominell wird er zum Tode verurteilt, allerdings außerhalb der juristischen Kodifikation, die durch eine familiäre Machtkonstellation ersetzt wird. Eigentlich wird er aber dazu verurteilt, dem Todesurteil irgendeinen Sinn zu geben.

Innerhalb einer sehr kurzen Zeitspanne – die erzählte Zeit kommt mit der Erzählzeit fast zur Deckung – muss Georg Bendemann den Spannungsbogen von der Verlobung bis hin zum eigenen Tod durchleben. Der Bogen reicht von der Gründung einer neuen Familie bis hin zur Auslöschung der alten. Georg Bendemann ist das Zwischenglied, an dem exemplarisch zwei Alternativen familialer Geschichte durchexerziert werden, nämlich Liebe oder Tod, Erfolg und Scheitern, Machtübernahme oder Machtverlust, und schließlich: Konstruktion und Destruktion.

Kafkas Text entfaltet mit dem Spannungsbogen vom Brief zum Urteil eine Bewegung, in der sich diese Dekonstruktion selbst vollzieht und somit zu einer Rezeptionserfahrung für den Leser wird. So wie sich der Umschlag der Machtverhältnisse vollzieht, so vollzieht sich gleichzeitig die Dekonstruktion des Sinns. So wie der Sohn an Macht verliert, verliert der Leser den Sinn des Textes. Dadurch macht der Text eine autoreflexive Schleife, um die wir uns im Folgenden genauer zu kümmern haben. So wie die Dekonstruktion darauf achtet, wo literarische Texte Zeichen und Sinn konstruieren und destruieren, unterstellt sie diesen Prozess genau dem literarischen Text, dessen sie sich annimmt. Dekonstruktion ist einerseits das Verfahren, an Texten die Konstruktion und Destruktion von Sinn und Zeichen nachzuweisen; und sie ist gleichzeitig jener Prozess selbst, der sich – so die dekonstruktivistische Ansicht – in den Texten selbst abspielt. Die Dekonstruktion des Textes (genitivis objectivus) ist die Dekonstruktion des Textes (genitivus subjectivus), die Dekonstruktion von Text ist die durch den Text. Einmal sind es die Leser, die dekonstruieren, zum anderen sind die Texte selbst dekonstruktiv.

Und genau dadurch wird auch Kafkas Text zu einem dekonstruktiven Text: Man kann an Kafkas Text nachweisen, wie der Text selbst die Zeichenordnung, die er aufbaut und die ihn ausmacht, unterläuft und subvertiert und somit Sinn und Zeichen dekonstruiert. So ist der Sinn des Urteils die Sinnlosigkeit des Briefs. Der letzte Sinn, der diesen Text beschließt und damit erst für die Interpretation und für eine dekonstruktive Lektüre öffnet, ist die Negation von Sinn selbst. Sinn ist also nur noch im Medium seiner Negation zu haben, man könnte sogar sagen: im Medium einer absoluten Negation, nämlich des Todes schlechthin. Brief und Urteil stehen so in einer dekonstruktiven Spannung, die zugleich die Interpretation dekonstruiert. Es nimmt daher nicht wunder, dass das Wort »Urteil« in gleicher Weise auf die Ebene des Textes und auf die Ebene der Interpretation verteilt ist: So wie das Urteil des Vaters im Text jene Sinnde(kon)struktion markiert, die durch den Tod des Sohnes nicht nur offenbar, sondern zudem auch überwunden wird, so wird das *Urteil* Kafkas zu jener Sinnde(kon)struktion, die die Interpretation nicht nur verunmöglicht, sondern auch überwindet.

Das strukturalistische Zeichenmodell und die Dekonstruktion als Methode der Interpretation?

Die Begriffe ›Sinn‹ und ›Zeichen‹ stammen aus unterschiedlichen methodologischen Kontexten und erlauben daher eine doppelt perspektivierte Absetzung der Dekonstruktion von Vorgängerpositionen. Sinn ist ein hermeneutischer Begriff und zugleich eine Fundamentalkategorie. Sinn ist die Voraussetzung von Verstehen und zugleich aber auch das Ergebnis des Verstehens. Wird Verstehen als Verfahren betrieben, kann man von Interpretation sprechen. Mit ihrer Kritik an der Interpretation setzt sich die Dekonstruktion radikal von der Hermeneutik ab. Man muss dabei allerdings beachten, dass die Dekonstruktion die Kategorie des Sinns nicht einfach verbannt oder leugnet, sondern lediglich die Feststellung von Sinn, somit den ›geraden‹ Sinn leugnet. Man darf Dekonstruktion nicht vorschnell mit Destruktion verwechseln (vgl. Gumbrecht, 1988, S. 95).

Dieser Mechanismus ist auf den Zeichenbegriff zurückzuführen. Auf der Basis des Begriffs des Zeichens schließt die Dekonstruktion an den Strukturalismus an und wird deswegen auch ›Poststrukturalismus‹ genannt. Als Sprachregelung schlage ich vor, das zeichentheoretische Fundament der Dekonstruktion und seine Ableitungen ›Poststrukturalismus‹ zu nennen und das Verfahren selbst ›Dekonstruktion‹. Der Poststrukturalismus ist die Radikalisierung des strukturalistischen Zeichenmodells insofern, als er die Signifikation generell in Frage stellt.[3]

Damit ist eine paradoxe Ausgangssituation geschaffen. Will man den Poststrukturalismus erklären, muss man sich der Sprache und ihrer Zeichen bedienen. Der Poststrukturalismus beruht aber auf einer Vorstellung von Sprache und Zeichen, die uns immer wieder vorspiegelt, wir könnten mittels Sprache und Zeichen unsere Welt darstellen, abbilden, repräsentieren, wir könnten Dinge und Sachverhalte sprachlich erklären, obwohl die Sprache genau das nicht zu leisten vermag. Und genau dies bestreitet der Poststrukturalismus.

Das strukturalistische Zeichenmodell wurde von dem Genfer Linguisten Ferdinand de Saussure als Einheit von Bezeichnendem und Bezeichnetem, von Lautbild und Vorstellungsbild, von *Siginifikant* und *Signifikat* definiert. Das wird insbesondere daran deutlich, dass diese ›Herauskristallisation‹ von Signifikanten und Signifikaten mit einem Schlag über die ganze Sprache (*langue*) hinweg erfolgt. Manfred Frank spricht vom »Ins-Mittel-Treten der langue, mit dem Effekt, dass nunmehr in einem Schlag sowohl ein

3 Siehe hierzu Frank (1983).

Signifikant wie ein Signifikat geboren sind« (Frank, 1983, S. 43). Kein Signifikat und kein Signifikant entstehen für sich allein, sondern in wechselseitiger Abhängigkeit; Lautform und Vorstellungsbild werden gleichursprünglich herauskristallisiert.

Die Frage, wie denn ein Signifikat zu einem Signifikanten kommt, kann man eben nicht mit einem Taufakt beantworten, der diese Zuordnung vornimmt, sondern es sind vielmehr all die anderen Signifikanten, genauer: die Differenzen zu allen anderen Signifikanten. Bei Saussure (1967, S. 136 f.) heißt es: »Da die Sprache ein System ist, dessen Glieder sich alle gegenseitig bedingen und in dem Geltung und Wert des einen nur aus dem gleichzeitigen Vorhandensein des andern sich ergeben [...].« Der positive Bezug eines Signifikanten auf ein Signifikat entsteht durch die implizite Negation aller anderen Signifikanten in einem geschlossenen System! Ein Beispiel: Ich kann nur definieren, was der Begriff ›Baum‹ bedeutet, wenn ich weiß, was alles nicht ›Baum‹ bedeutet: Der Taufakt »Dies ist ein Baum« hilft nicht weiter, denn der Begriff wird nur dadurch gefüllt, dass er ›nicht einen Stuhl oder Tisch oder eine Blume ...‹ bezeichnet.

An dieser Stelle setzt nun der französische Philosoph *Jacques Derrida* mit seiner Radikalisierung an und formuliert damit den Grundgedanken des Poststrukturalismus. Es gibt keine positiv gegebene Einheit zwischen Signifikant und Signifikat mehr. Selbst wenn wir alle Differenzen durchlaufen, wir kommen niemals bei einer positiven Einheit an. Derrida lehnt die Idee des geschlossenen Systems der Signifikation ab; doch umgekehrt führt die Offenheit des Systems, das so nicht mehr die einzelne Signifikation garantieren kann, zu einer Verunendlichung der Zeichenstruktur. Streng genommen könnte man mit Derrida sagen: Es gibt gar kein Signifikat. Es gibt nur die Differenzen von Signifikanten in einem offenen System, d.h., es gibt nicht ›Baum‹, sondern nur ›Nicht-Stuhl‹ usw. Ein Signifikant verweist durch Differenz auf den nächsten, differenten Signifikanten, für den aber das Gleiche gilt: eine unendliche Kette von Signifikanten, von Verweisungen, d.h., auch für ›Stuhl‹ gilt: ›Nicht-Tisch‹, aber auch wieder für den ›Tisch‹ ...: ›Nicht-Blume ...‹ usw. Derrida hat dafür ein Kunstwort erfunden, das er *différance* nennt und schreibt (die korrekte Schreibung wäre *différence*). Es bezeichnet die unabschließbare Kette der Differenzen, einen unendlichen Aufschub in der Zeichenstruktur bzw. im Zeichenprozess sowohl in räumlicher als auch zeitlicher Sicht (Derrida, 1988a, S. 35).

Die Sprache ist somit konstitutiv differentiell; ihr konstitutives Prinzip ist die Differenz, nicht die Identität. Das bedeutet: kein einziges sprachlich-semantisches Element, kein Wort, kein Begriff, aber auch kein Thema, keine Figur, keine Geschichte, kein Text ist, was er ist, sondern ist, was er eben gerade nicht ist; immer wird man auf das andere verwiesen, das nicht das ist, von dem man ausgegangen ist. Und wenn man den Ursprung sucht, von dem alle Differenzen ihren Ausgang nehmen, dann wird man – Derrida zufolge – immer ins Leere gehen. Die Kette setzt sich nach vorn und hinten unendlich und uneinholbar fort.

Daraus ergeben sich radikale Konsequenzen für die Interpretationspraxis: Bedeutung ist immer nur als Übergangsmoment in einer nicht abschließbaren und daher unendlichen Verweisungsstruktur zu haben. Wenn wir also in einer Interpretation den Sinn ›aufzuspüren‹ versuchen, werden wir nicht auf den Sinn stoßen, sondern auf eine Spur des Sinns, die zu einer Spur der Spur des Sinns führt, die ihrerseits zu einer ... usw. Aber niemals werden wir auf den Sinn selbst stoßen, die Spur ist unabschließbar.

Für Derrida ist dies ein Effekt von Schrift. Ihm zufolge wurde die Schrift jahrhundertelang als minderwertig gegenüber der Stimme eingeschätzt. Die Stimme sei ursprünglich, und Schrift sei lediglich ein Speichermedium für Stimme und Sinn. Die Stimme sei immer an die Präsenz dessen gebunden, der spricht (Derrida, 1983, S. 26), die Schrift hingegen trete ja nur da auf, wo eine Abwesenheit überbrückt werden muss, und zwar die Abwesenheit der Sprecher und die Abwesenheit dessen, worüber gesprochen wird. In diesem – Derrida würde sagen: metaphysischen – Vorrang der Stimme spiegelt sich der Vorrang der Präsenz wider. Man spricht etwas aus, und in diesem Moment ist auch die Bedeutung dessen, was man ausgesprochen hat, ›präsent‹. *Das gesprochene Wort re-präsentiert seine Bedeutung* und steht im Zentrum der abendländischen Kultur. Diesen Vorrang der Stimme und die Präsenz der Bedeutung in der Stimme nennt Derrida den abendländisch-metaphysischen *Phono-bzw. Logozentrismus* (ebd., S. 25), was nichts anderes besagt, als dass es zu dem Signifikanten ein Signifikat gibt. Den Garanten der Präsenz der Signifikate für die Signifikanten stellte ein transzendentales Signifikat dar, das im Zentrum aller Signifikate steht, z. B. Gott, Vernunft, Subjekt.[4]

Dem setzt der Poststrukturalismus die Idee der »Strukturalität der Struktur« entgegen: Keine Struktur verbindet feststehende Elemente, sondern verweist immer auf andere Strukturen. Gerade weil die Ordnungsmacht eines Signifikats fehlt, kommt es zur Verunendlichung der Zeichenstruktur in einem offenen System unabschließbarer Differenzen: »Die Abwesenheit eines transzendentalen Signifikats erweitert das Feld und das Spiel des Bezeichnens ins Unendliche« (Derrida, 1976, S. 422 und 424).

Aus dieser Konzeption ergeben sich weitreichende Konsequenzen für die literaturwissenschaftliche Interpretation. Zunächst einmal betreffen sie unsere Vorstellung vom Text. So wie jedes Zeichen immer wieder und unendlich auf andere Zeichen verweist, so verweist jeder Einzeltext (das, was wir als Einzeltext identifizieren würden) auf der Basis seiner Zeichenhaftigkeit (denn aus nichts anderem besteht

4 Vgl. Derrida (1976), S. 424, und Derrida (1988b), S. 56, 71.

ja ein Text) immer wieder auf andere Texte. Derrida kann sogar von einem allumfassenden Text – »texte (en) général«[5] – sprechen. Eine Interpretation kann sich nicht als Interpretation über (in dem Wörtchen ›über‹ wird die Hierarchisierung spürbar) einen Text als Objekt äußern. *Es gibt also keine Metasprache zu einer Objektsprache*, weil jede sprachliche Äußerung immer schon in einem Verweisungszusammenhang steht, der es nicht zulässt, dass sich eine solche hierarchische Struktur herauskristallisiert. Interpretation im herkömmlichen hermeneutischen Sinn kann es daher für den Poststrukturalismus nicht geben. Interpretation ist somit auch keine Rekonstruktion mehr, die man noch mit ›richtig‹ oder ›falsch‹ klassifizieren könnte, sondern lediglich eine Demonstration dessen, was der Text ohnehin schon macht: die *Dekonstruktion von Bedeutung*. Die Dekonstruktion wehrt sich dementsprechend vehement dagegen, wenn man sie als Methode oder als System bezeichnete, das feste Regeln, Voraussetzungen und eindeutig bestimmbare Grundlagen kennen würde; vielmehr würde sie sich selbst als Spiel oder Praxis sehen. Dadurch gewinnt die Rolle des Lesers eine besondere Bedeutung: Roland Barthes hat in seinem Buch *Die Lust am Text* (1973) eine anarchische Konzeption des Lesers entworfen, die auf der (poststrukturalistischen) Möglichkeit der Subversion von Sinn beruht. Die Subversion von Sinn macht die Lektüre keineswegs überflüssig, sie erzwingt geradezu eine genaue Lektüre, weil der ›Akt des Lesens‹ zum Ort wird, an dem sich die Dekonstruktion selbst vollzieht (vgl. Culler, 1988, 1. Kapitel).

Der Strukturalismus achtet auf Oppositionsstrukturen, die ein binäres, zweiwertiges Schema vorgeben, durch das so etwas wie eine zeichenbasierte Ordnung entsteht (z.B. der Begriff ›Stuhl‹ und das, was er bezeichnet). Hier liegt

5 Im Deutschen wird dies nur unzureichend wiedergegeben mit »Text im allgemeinen« oder »allgemeiner Text«; siehe Derrida (1988b), S. 93 und 120.

einer der Haupteinsatzpunkte der Dekonstruktion: In besonderer Weise hebt sie auf solche Oppositionen ab, um sie in ihrer zeichenhaften Funktion zu durchschauen und zu unterlaufen. Diese werden zwar rekonstruiert, aber nur zu dem Zweck, sie gleichzeitig zu dekonstruieren. In ihrer eigenen Entfaltung versucht die Dekonstruktion solche Oppositionen auszuhebeln, wie z. B. gerade die zwischen Signifikant und Signifikat, Stimme und Schrift, Zentrum und Peripherie, geschlossen und offen u. v. a. m. Aber auch gerade in der Lektüre von Texten werden solche textuell installierten Oppositionen ausfindig gemacht, um sie ihrer Dekonstruktion zuzuführen.

Zeichen und Oppositionen in Kafkas *Urteil*

Kafkas *Das Urteil* beinhaltet eine Fülle von Strukturen, die in Zeichenordnungen eingebettet sind, die im Laufe des Textes unterwandert und dekonstruiert werden. Zwischen den Polen ›Brief am Anfang‹ und ›Urteil am Schluss‹ entspannt sich als eine durchgängige Achse das Gespräch zwischen Vater und Sohn über den Freund in Russland. In diesem Gespräch, so könnte man sagen, werfen beide die Frage nach der Bedeutung des Freundes auf; er bildet »das Haupt- und Kronrätsel des Textes« (Matt, 1997, S. 267). Damit ist zunächst die soziale Bedeutung gemeint, doch wird diese Frage ins Extrem getrieben, indem sogar die Existenz des Freundes selbst angezweifelt wird. Es ist der Vater, der den Freund zunächst bestätigt, dann in Frage stellt, schließlich leugnet und zuletzt wiederum ihn in einer ganz neuen Bedeutung und gestärkten Position hervor-›ruft‹. Der Status des Freundes mag maßgeblich zur Verunsicherung des Lesers beitragen, weil noch nicht einmal seine Realität und seine Existenz als gesichert gelten, doch was mit dem Freund bzw. mit dieser Bezeichnung passiert, ist im Grunde nichts anderes als das Verweisungsspiel der Signifikation: Wann immer die Rede auf den Freund kommt, so nimmt dieser unspezifische Name immer neue Bedeutungen an, die vorhergehende Bedeutungen widerrufen.

Damit allerdings wird am Begriff ›Freund‹ deutlich, was für das Zeichen selbst gilt. Die Autoreflexivität der Dekonstruktion, die den Text dekonstruktiv liest und ihn damit zugleich als dekonstruktivistischen liest, wird am Namen des Freundes exemplarisch deutlich. Denn der Name des Freundes wird somit selbst zum Paradigma des Namens bzw. des Zeichens. Ob der Name des Freundes überhaupt eine Bedeutung (ein Signifikat) besitzt, wird von den beiden Gesprächspartnern, Vater und Sohn, auf den Referenten, also auf die Person selbst, zurückgeführt. Der Freund ist wie der Referent, den das Zeichen bezeichnet, abwesend. Und gerade deswegen erlaubt er bzw. setzt er überhaupt erst das Gespräch über ihn in Gang. Weil der Referent abwesend ist, kommt es zur Verschiebung des Signifikats.

Was bedeutet der Freund? Zunächst einmal: Fremde, Isolation, Erfolglosigkeit, Ehelosigkeit, Unwissen. Abgesehen von Erfolg- und Ehelosigkeit werden alle Attribute am Ende vom Vater ins Gegenteil verkehrt: Der Freund ist sehr wohl über alles informiert und keineswegs abgeschnitten. Vom Freund wandelt er sich zum Verräter, zum Verbündeten des Vaters gegen den Sohn. Der Freund exemplifiziert so die Subversion seines Sinns; der Freund allein ist praktizierte Dekonstruktion: Der Freund bleibt Freund, weil er nur als solcher überhaupt identifizierbar und adressierbar ist, aber von einem Freundschaftsdienst kann nicht mehr gesprochen werden. Man kann also sagen, das Zeichen des Freundes ist selbst in einem Prozess der Dekonstruktion begriffen (Neumann, 1981, S. 80).

In der Forschungsliteratur ist diese figurale Konstellation wiederholt und verschiedentlich gedeutet worden: biographisch, religiös, existentiell. Aus dekonstruktivistischer Perspektive wird ersichtlich, wie dieses Muster der Interpretation selbst als Zeichenstruktur begriffen werden kann, in dem jeder neue Kontext immer nur als Folie oder direkter: als Signifikat einer vorhergehenden Interpretation dient. Damit wiederholt sich in der Kafka-Interpretation ein Prozess, der schon am Kafka-Text selbst dekonstruktivistisch durchgespielt wurde: die Verschiebung von Zeichen. Dieser Zusammenhang besteht in einer strukturellen Analogie: So wie sich Zeichen im Text verschieben, so verschieben sich die Zeichen für den Text: die Interpretationen. Wenn man nun allerdings den Zusammenhang selbst als signifikant betrachtet, merkt man – und das ist eine typische Gedankenfigur der Dekonstruktion –, dass man aus dieser Zeichenstruktur nicht ausbrechen kann. So gibt es also nicht nur eine Verschiebung auf den beiden Ebenen des Textes und der Interpretation, sondern auch eine vom Text hin zur Interpretation.

Wo also der Text über das Vater-Sohn-Verhältniss mittels des Freundes erzählt, wird diese textinterne Relation durch das Verhältnis von Text und Interpretation texttranszendent gespiegelt. Der Freund signifiziert die Vater-Sohn-Beziehung und unterwirft diese damit selbst einem Zeichenprozess. Was sich also zwischen Vater und Sohn abspielt, ist nichts anderes als das Paradigma eines Zeichenprozesses selbst. Blickt man auf eingeführte Deutungsmuster der Konfliktsituation, wie sie sich zwischen Vater und Sohn entspannt (insbesondere auf die Beschreibungskategorien des Kampfes und der Macht), so lässt sich aus dekonstruktivistischer Perspektive zweierlei zeigen: Der Kampf ist ein Konflikt, der selbst zeichenhaft ausgetragen wird. Und Macht ist die Macht der Signifikation. Wer hat die Macht zu sagen, was der Freund bedeutet, ja, ob es ihn überhaupt gibt? Der Freund ist selbst eine Zeichenstruktur, deren Beherrschung sich zur Machtfrage auf Leben und Tod auswächst. Der Kampf, den Georg mit seinem Vater führt, lässt sich als *différance* beschreiben; und die *différance* wiederum wird durch den Text als Kampf illustriert und somit im familiären Kontext sichtbar gemacht.

Konkret bedeutet dies, dass die Machtposition vom Vater auf den Sohn ursprünglich übergehen konnte, weil sich solche Machtpositionen selbst nur wiederum in einem differentiellen Moment herauskristallisieren und wieder vergehen. Der Text schildert nun, wie diese Machtposition wiederum auf den Vater zurückgeht. Dabei tritt ein interessanter Rezeptionseffekt zutage: Was zunächst als sinnlos erscheint, bekommt gerade seinen Sinn dadurch, dass es als Prozess der Sinnsubversion aufgefasst wird.

Es gibt verschiedenste Signale, die diesen Prozess zusätzlich markieren, z.B. die Körpergröße des Vaters (»›mein Vater ist noch immer ein Riese‹, sagte sich Georg«, 12) oder die Dunkelheit des Zimmers. Bedeutsam in diesem Prozess sind jedoch drei Be(s)tätigungsfelder, auf denen die Figuren agieren: das Geschäft, die Sexualität bzw. die Familiengründung und schließlich das Wissen. Das erfolgreiche Agieren entscheidet letztendlich über die Existenz selbst. Die Fragen lauten: Wer führt mit Erfolg das Geschäft, wer kann eine Frau gewinnen und wer weiß was und kann dieses Wissen weitergeben?

Zunächst scheint Georg in der privilegierten Position. Er hat sich verlobt, wohingegen der Vater seine Frau verloren hat und der Freund nicht in der Lage ist, eine Ehe einzugehen. Er ist es, der entscheidet, ob der Freund von seiner Verlobung erfährt und der Vater von seinem Brief an den Freund. Doch auf allen Feldern wird ihm die Macht wieder entzogen, was auf einen Totalverlust, auf den Verlust der Existenz hinausläuft. Wollte Georg ursprünglich noch für den Vater »eine andere Lebensweise« (14) einführen, verliert er selbst sein Leben. Ökonomie, Sexualität und Wissen stellen somit Zeichenordnungen dar, die dem differentiellen Spiel der Zeichen unterliegen.

Als Beispiel sei das Wissen herausgegriffen, weil es mit seiner epistemologischen Position eine zusätzliche Dimension der Dekonstruktion erhellt. Dass Wissen zeichenvermittelt ist, ist nicht nur unmittelbar einsehbar, sondern wird im Text auch zusätzlich durch den Brief unterstrichen. Im Laufe des Gesprächs mit dem Vater stellt sich heraus, dass der Freund der von Georg ohnehin lange zurückgehaltenen Information gar nicht mehr bedarf, weil er das Wissen schon längst besitzt. Überblickt man diese Umkehrung der Wissensrelation, so kann man sehen, wie im Verlauf des Textes die Bezüge ihre Position tauschen. Der, der angeblich weiß (Georg), wird zum ›Gewußten‹. Nicht er weiß, er ist Gegenstand des Wissens anderer. Überträgt man zudem die Wissensrelation auf die Zeichenrelation, so ließe sich daran exemplifizieren, wie sich die dekonstruktivistische Radikalisierung des Saussureschen Zeichenmodells auf die Signifikant-Signifikat-Struktur selbst auswirkt: Durch die *différance* wird das Signifikat virtualisiert; es ist lediglich ein Effekt des Prozesses, den die *différance* darstellt. Das Signifikat begründet nicht den Signifikanten, sondern umgekehrt: der Signifikant erzeugt das Signifikat im differentiellen Prozess. Indem über den Freund gesprochen wird, gibt es ihn. Hat die Philosophiegeschichte den Begriff des Subjekts vorrangig über ein Wissen über sich selbst definiert, könnte man destruktivistisch sagen, dass das Subjekt nicht weiß, sondern gewusst wird und dass somit das Subjekt nicht selbst die Zeichen, d.h. die Signifikation beherrscht, sondern dieser – im eigentlich Wortsinn des Subjekts (lat. für: das Unterworfene) – unterworfen ist.

Auf den Text rückübertragen kann dieser Komplex auf die Figur Georgs zugespitzt werden. Er verliert seinen Subjektstatus – im wahrsten und schlimmsten Sinn des Wortes – gerade dadurch, dass er die Zeichen (Brief) nicht beherrscht, sondern selbst den Zeichen unterworfen ist. In der dargestellten Welt des Textes wird Georg Bendemann vom *sujet de l'énonciation* (Subjekt der Aussage) zum *sujet de l'énoncé* (Subjekt des Ausgesagten). Geradezu dramatisch augenscheinlich wird dies am Todesurteil fast am Schluss der Erzählung.

Damit scheint nun allerdings ein Element in das differentielle Spiel hineinzukommen, das eben dieses Spiel aufhebt. Denn mit dem Urteil scheint eine Äußerungsform gegeben zu sein, die Bedeutung arretiert und die Signifikation garantiert. Immerhin wird dieses Todesurteil von Georg noch nicht einmal im Ansatz in Frage gestellt. Umso mehr haben sich die Interpreten gefragt, wie denn dieses Urteil und seine Vollstreckung einzuschätzen sei. Im Urteil also ist sowohl Signifikation als auch ihre Subversion gegeben; es bündelt damit das dekonstruktive Verfahren an sich.

Wenn man sich noch einmal die Ebenen von Text und Interpretation ins Gedächtnis ruft, so ließe sich das Urteil, das ja auch den Titel abgibt und somit ohnehin schon beide Ebenen verknüpft, als Einbruchstelle der Verschiebung des Textes in die der Interpretation werten. Dies erklärt sich wiederum aus dem paradoxalen Grund, den ich eben bereits als Rezeptionserfahrung markiert habe. Das Urteil ist endgültig, seine Bedeutung wird eben nicht mehr hinterfragt. Es löst die Interpretation gerade deswegen aus, weil es anscheinend die Endgültigkeit des Sinns markiert. Es evoziert die Idee, dass mit dem Tod das differentielle Spiel des Sinns an ein Ende kommt. Allein auf der Textebene betrachtet, könnte man sagen, dass der Tod in der Tat den Sinn fixiert, aber dies nur im Modus der Negation: Sinn als Sinnnegation (s. o.). Aber eben gerade deswegen setzt an diesem Punkt das differentielle Spiel auf der Interpretationsebene ein. Und dass ein Sohn das Todesurteil seines Vaters an sich vollstreckt, ohne dass dies psychologisch motiviert wäre, ist nun nicht mehr mit dem expressionistischen Motiv des Vater-Sohn-Konflikts zu erklären.

Es ist überhaupt nur über das differentielle Spiel selbst zu erklären, wenn man der dekonstruktivistischen Perspektive folgt. Dann aber ergibt sich eine weitere Analogie zwischen Text und Dekonstruktion. Vergegenwärtigt man sich noch einmal die Relation von Brief und Urteil (s. o.), so gilt es auch, die Mediendifferenz zu beachten: Während der

Brief im Medium der Schrift verfasst ist, wird das Urteil mündlich ausgesprochen. Die Kritik der Dekonstruktion am Logozentrismus, den sie zugleich als Phonozentrismus entlarvt, zielt auf die Vorrangstellung der Stimme gegenüber der Schrift. Nun scheint der Text genau diesem metaphysischen Prinzip zu folgen, demzufolge der schriftliche Brief am Ende obsolet, das mündliche Urteil aber Wirklichkeit wird. Stellt man nunmehr in Rechnung, wie dargestellt, dass gerade mit dem Urteil die Zeichenverschiebung, die es eigentlich zu einem Ende hätte bringen sollen, dass mit dem Urteil die *différance*, das differentielle Spiel der Zeichen, in die Interpretation übergeht, dann kann man wiederum erkennen, dass sich hierin Text und Dekonstruktion wechselseitig erhellen.

Autoreflexivität der dekonstruktivistischen Interpretationspraxis

Man könnte dies nun schon fast als dekonstruktivistisches Interpretationsergebnis festhalten, wenn sich die Dekonstruktion als Interpretationsmethode verstehen ließe. Dies ist aber nicht der Fall. Dekonstruktion hebt sich als Theorie selbst auf. Wo sie über Zeichen spricht, muss sie immer auch in Rechnung stellen, dass sie selbst aus Zeichen besteht. Jede Aussage, die sie über Zeichen und Zeichenordnungen macht, betrifft sie immer auch selbst. Wenn sich nun die Dekonstruktion deswegen nicht als Theorie oder als Methode versteht, sondern als Praxis und Spiel, so hat dies unmittelbare Auswirkungen auf ihren Umgang mit Texten. Die eingangs getroffene Feststellung, dass die dekonstruktivistische Lektüre jeden Text als dekonstruktivistischen (dekonstruierten und dekonstruierenden) Text erscheinen lässt, ist nun darauf zurückzuführen, die Vorgaben der eigenen Zeichenkonzeption auf den Text so zu projizieren, dass im Text wiederum das differentielle Spiel der Zeichen offenbar wird. Damit ist ein Muster von Autoreflexivität vorgegeben, das für die Dekonstruktion typisch ist. Jeder Text wird so als Dekonstruktion seiner selbst gelesen.

Es nimmt nicht wunder, dass Kafka selbst in seinen Äußerungen zum Urteil ein solches autoreflexives Spiel inszeniert hat. Geht es im Text um die Konstitution der Familie, hat Kafka den Schreibprozess selbst als Geburtsphantasie ausgestaltet, durch die er seine Autorschaft zur Vaterrolle umstilisieren konnte.[6] Peter von Matt hat mit Blick auf diese Geburtsmetaphorisierung diese Autoreflexivität als gedoppelte Initiation entfaltet: »Und hier nun spätestens muß von der Korrespondenz gesprochen werden, die zwischen dem Initiationsspiel in der Erzählung und der Initiationserfahrung des Autors beim Schreiben der Erzählung selbst besteht« (Matt, 1997, S. 279). Würde die biographische Lesart gerade auf Kafkas hochproblematische Rolle als Sohn abheben, wie sie im Text verschriftlicht wurde, so könnte man hierbei sehen, dass die Voraussetzung für die literarische Verarbeitung gerade darin bestand, dass Kafka selbst die Vaterrolle übernimmt. Um den Machtkampf mit dem biologischen und sozialen Vater darstellen zu können, muss er selbst zum literarischen Vater werden. Auch hier wird eine Strukturanalogie geschaffen, die sich wiederum mit anderen Analogien vergleichen lässt. Auf der texttranszendenten Ebene wiederholt sich, was im Text gestaltet wird. Peter von Matt nennt dies eine »reziproke Struktur von Textgenese und Textgeschehen« (ebd., S. 282). Und Gerhard Neumann (1981, S. 80) geht daher, auch mit Blick auf diesen Entstehungskontext, davon aus, dass nicht nur Georg Bendemann gegen seinen Vater argumentiert, sondern dass auch »der ganze Text des *Urteils* als Argument Kafkas im Kampf gegen die Vaterautorität« zu lesen ist. Nur weil, so Gerhard Neumann, Georg Bendemann zum *sujet de*

6 Vgl. Binder (1982), S. 123–152; Neumann (1981), S. 80.

l'énoncé (Subjekt des Ausgesagten) wird, kann Kafka sich als *sujet de l'énonciation* (Subjekt der Aussage) etablieren.

Dekonstruktion versucht nun, diese Strukturanalogie zwischen Text- und Dekonstruktionsebene so weit zu radikalisieren, dass sich beide Ebenen wechselseitig angleichen und – wie gesagt – erhellen. Prägnant gesagt: Im Falle der Dekonstruktion werden Text und Interpretation ununterscheidbar. Die besondere Brisanz erhält diese Struktur dadurch, dass dieser Titel eine Äußerungsform markiert, die im Text selbst getan wird und die unmittelbar mit der Interpretationsproblematik verbunden ist. Der Signifikant des Textes (Titel) ist zugleich sein Signifikat (Inhalt). Das Urteil ist zunächst eine judikatorische Äußerungsform, die im philosophischen Kontext (insbesondere bei Kant) zur allgemeinen assertorischen, d. h. behauptenden Äußerungsform erweitert wird, wenn ein Urteil über einen Sachverhalt gefällt wird. Dass das Urteil wie der Gesetzestext interpretationsbedürftig ist, begründet die Entstehung einer juristischen Hermeneutik. Vor diesem Hintergrund sind Derridas Überlegungen unter dem Titel *Préjuges* (1992) zu verstehen. Er bezieht sich damit auf einen anderen Kafka-Titel, nämlich *Vor dem Gesetz*, der insofern aus demselben juristisch-hermeneutischen Kontext stammt, und entwickelt seine Überlegungen aus derselben Autoreflexivität zwischen Titel und Text. So wie Titel und Text *Vor dem Gesetz* eine hermeneutisch prekäre Situation benennt, so auch das *Urteil*. In dieser Situation ist das Individuum einem Gesetz bzw. einem Urteil unterworfen, das nicht in seiner Verfügbarkeit steht. An Georg Bendemann wird demonstriert, wie der Versuch, sich die Zeichen zu unterwerfen, zur Unterwerfung unter die Zeichen führt. Auch das Urteil reiht sich in eine Signifikantenstruktur ohne Signifikat(e) ein; seine Kraft und seine Bedeutung erhält es eben nicht durch einen Sinn, sondern sein Sinn besteht eben in der Verschiebung, im Aufschub von Sinn. Diesem Gesetz unterworfen zu sein bedeutet, über Sinn nicht zu verfügen.

Der literarische Text erzählt so von seiner eigenen Interpretation, womit zugleich die eigene Uninterpretierbarkeit herausgestellt wird. Aber sie wird so im Text herausgestellt, dass der Text insgesamt Interpretierbarkeit vollzieht, uninterpretierbar wird. Die Dekonstruktion praktiziert also die Uninterpretierbarkeit des Textes, indem sie am Text oder auch nur anlässlich des Textes das differentielle Spiel der Zeichen inszeniert. Wo der Text von der Subversion des Sinns erzählt, vollzieht er die Subversion des Sinns. Georg Bendemann wird so zum Repräsentanten des Lesers: Was ihm im Text widerfährt, erfährt der Leser des Textes bei der Rezeption. Beide werden einem negativen Urteil unterworfen, das die *différance* an ihnen vollstreckt.

Zugegebenermaßen: In letzter Konsequenz wird jede dekonstruktivistische Interpretation zu demselben Ergebnis führen: Texte lassen sich dekonstruieren und sind daher dekonstruktiv. Und wenn man die Dekonstruktion nur weit und radikal genug betreibt, wird man letztlich nichts mehr Positives über einen Text aussagen können. Dennoch hat auch die Dekonstruktion ihren eigenen Zweck: Sie erlaubt uns einen Blick hinter die Bedeutungskulissen eines Textes. Wo Sinn eine Qualität ist, mit der wir wie selbstverständlich umgehen, kann die Dekonstruktion die Problematik von Sinn offen legen. Das wird insbesondere dort interessant, wo Texte versuchen, uns ihren ›geraden‹ Sinn und ihre auf diesem Sinn beruhenden Ordnungen ›unterzujubeln‹.

Dekonstruktion ist daher auch ein Hilfsmittel, Ideologien und Machtverhältnisse zu entlarven, insoweit sie Sinnordnungen darstellen, die als solche nicht spürbar sind, weil sie selbstverständlich geworden sind. Nicht zuletzt resultiert daraus auch eine politische Implikation der Dekonstruktion.

Literaturhinweise

Abraham, Ulf: Der verhörte Held. Verhöre, Urteile und die Rede von Recht und Schuld im Werk Franz Kafkas. München 1985.

Anz, Thomas: Franz Kafka. 2., durchges. Aufl. München 1992.

Barthes, Roland: Die Lust am Text. Frankfurt a. M. 1973.

– S/Z. Frankfurt a. M. 1987.

Binder, Hartmut: Kafka-Kommentar zu sämtlichen Erzählungen. München 1982.

Bogdal, Klaus-Michael: Problematisierungen der Hermeneutik im Zeichen des Poststrukturalismus. In: Heinz Ludwig Arnold / Heinrich Detering (Hrsg.): Grundzüge der Literaturwissenschaft. München 1996. S. 137–156.

Bollnow, Otto Friedrich: Was heißt, einen Schriftsteller besser verstehen, als er sich selber verstanden hat? In: O. F. B.: Das Verstehen. Drei Aufsätze zur Theorie der Geisteswissenschaften. Mainz 1949. S. 7–33.

Bossinade, Johanna: Poststrukturalistische Literaturtheorie. Stuttgart/Weimar 2000.

Brenner, Peter J.: Das Problem der Interpretation. Eine Einführung in die Grundlagen der Literaturwissenschaft. Tübingen 1998.

Culler, Jonathan: Dekonstruktion. Derrida und die poststrukturalistische Literaturtheorie. Reinbek 1988.

Dahlerup, Phil: Dekonstruktion. Die Literaturtheorie der 1990er. Berlin / New York 1998.

Derrida, Jacques: Die Struktur, das Zeichen und das Spiel im Diskurs der Wissenschaften vom Menschen. In: J. D.: Die Schrift und die Differenz. Frankfurt a. M. 1976. S. 422–442.

– Grammatologie. Frankfurt/M. 1983.

– Die différance. In: J. D.: Randgänge der Philosophie. Hrsg. von Peter Engelmann. Wien 1988. S. 29–52. [Zit. als 1988a.]

– Positionen. Gespräche mit Henri Ronse, Julia Kristeva, Jean-Louis Houdebine, Guy Scarpetta. Hrsg. von Peter Engelmann. Wien 1988. [Zit. als 1988b.]

– Préjuges. Vor dem Gesetz. Hrsg. von Peter Engelmann. Wien 1992.

Dietz, Ludwig: Franz Kafka. 2. Aufl. Stuttgart/Weimar 1990.

Flores, Angel (Hrsg.): The Kafka Debate. New Perspectives for our Time. New York 1977.

Foucault, Michel: Die Ordnung der Dinge. Eine Archäologie der Humanwissenschaften. Frankfurt a. M. 1974.

Frank, Manfred: Was ist Neostrukturalismus? Frankfurt a. M. 1983.

– Was ist ein literarischer Text. In: M. F.: Das Sagbare und das Unsagbare. Studien zur deutsch-französischen Hermeneutik und Texttheorie. Erw. Neuausg. Frankfurt a. M. 1989. S. 121–195.

Gadamer, Hans-Georg: Wahrheit und Methode. Grundzüge einer philosophischen Hermeneutik. 6. Aufl. Tübingen 1990.

Gumbrecht, Hans Ulrich: Who is afraid of Deconstruction? In: Jürgen Fohrmann / Harro Müller (Hrsg.): Diskurstheorien der Literaturwissenschaft. Frankfurt a. M. 1988. S. 95–113.

Heintz, Günter (Hrsg.): Zu Franz Kafka. Stuttgart 1979.

Hörisch, Jochen: Die Wut des Verstehens. Zur Kritik der Hermeneutik. Frankfurt a. M. 1988.

Jauß, Hans Robert: Paradigmawechsel in der Literaturwissenschaft. In: Linguistische Berichte 3 (1969) S. 44–56.

Matt, Peter von: Verkommene Söhne, mißratene Töchter. Familiendesaster in der Literatur. München 1997.

Münker, Stefan / Roesler, Alexander: Poststrukturalismus. Stuttgart/Weimar 2000.

Neumann, Gerhard: Frank Kafka. *Das Urteil.* Text, Materialien, Kommentar. München/Wien 1981.

Posner, Roland: Semiotik diesseits und jenseits des Strukturalismus: Zum Verhältnis von Moderne und Postmoderne, Strukturalismus und Poststrukturalismus. In: Zeitschrift für Semiotik 15 (1993) H. 3–4. S. 211–233.

Pross, Caroline / Wildgruber, Gerald: Dekonstruktion. In: Heinz Ludwig Arnold / Heinrich Detering (Hrsg.): Grundzüge der Literaturwissenschaft. München 1996. S. 409–429.

Rusterholz, Peter: Über die (Un-)Interpretierbarkeit literarischer Texte. In Zeitschrift für Semiotik 15 (1993) H. 3–4. S. 305–317.

Saussure, Ferdinand de: Grundfragen der allgemeinen Sprachwissenschaft. Hrsg. von Charles Bally und Albert Sechehye. 2. Aufl. Berlin 1967.

Schlingmann, Carsten: Franz Kafka. Stuttgart 1996.

Sokel, Walter H.: Franz Kafka – Tragik und Ironie. München 1964.

Die Autoren der Beiträge

Thomas Anz

Geboren 1948. Studium der Neueren deutschen Literaturwissenschaft, Linguistik und Soziologie in München. Professor für Neuere deutsche Literatur an der Universität Marburg.

Publikationen: Literatur der Existenz. Literarische Psychopathographie und ihre soziale Bedeutung im Frühexpressionismus. 1977. – Gesund oder krank? Medizin, Moral und Ästhetik in der deutschen Gegenwartsliteratur. 1989. – Franz Kafka. 1989. – Literatur und Lust. Glück und Unglück beim Lesen. 1998. – Literatur des Expressionismus. 2002. – (Hrsg.) Phantasien über den Wahnsinn. Expressionistische Texte. 1980. – (Hrsg.) »Es geht nicht um Christa Wolf«. Der Literaturstreit im vereinten Deutschland. 1991. – (Hrsg.) Erich Kästner: Trojanische Esel. Theater, Hörspiel, Film. 1998. – (Hrsg.) Psychoanalyse und moderne Literatur. Kooperation und Konkurrenz. 1999. – (Mithrsg.) Die Dichter und der Krieg. Deutsche Lyrik 1914–1918. 1982. – (Mithrsg.) Expressionismus. Manifeste und Dokumente zur deutschen Literatur 1910-1920. 1982. – (Mithrsg.) Die Modernität des Expressionismus. 1994. – (Hrsg.) literaturkritik.de. Rezensionsforum für Literatur und für Kulturwissenschaft. 1999ff. [Online-Zeitschrift.]

Lothar Bluhm

Geboren 1958. Studium der Germanistik, Geschichte, Philosophie und Erziehungswissenschaften in Wuppertal. Dr. phil. habil. Professor für Germanische Philologie an der Universität Oulu (Finnland).

Publikationen: Das Tagebuch zum Dritten Reich. 1991. – (Mithrsg.) Interferenzen. Studien zum Verhältnis von Literatur und Geschichte. 1992. – (Mithrsg.) Der Brief in Klassik und Romantik. 1993. – Grimm-Philologie. 1995. – (Mithrsg.) Metapher und Modell. 1996. – Die Brüder Grimm und der Beginn der Deutschen Philologie. 1997. – (Mithrsg.) »Redensarten des Volks, auf die ich immer horche«. Neue Ausg. 1997. – (Mithrsg.) Romantik und Volksliteratur. 1999. – (Hrsg.) Spurensuche. Begegnungen mit einer vergessenen Klassik der Moderne. 2000. – (Mithrsg.) »weil ich finde ...«. Gesammelte Aufsätze zu Thomas Mann. Wirkendes Wort. Sonderband. 2001. – (Mithrsg.) »daß gepfleget werde der feste Buchstab«. Festschrift für Heinz Rölleke. 2001. – Aufsätze zur Literatur des 18. bis 20. Jahrhunderts. – (Mithrsg.) Else Lasker-Schüler-Jahrbuch zur Klassischen Moderne.

Oliver Jahraus

Geboren 1964. Studium der Germanistik, Linguistik und Philosophie in München. Dr. phil. Wiss. Assistent am Lehrstuhl für Neuere deutsche Literaturwissenschaft der Otto-Friedrich-Universität Bamberg. Dort auch Privatdozent seit 2001.

Publikationen: Die Wiederholung als werkkonstitutives Prinzip im Œuvre Thomas Bernhards. 1991. – Das ›monomanische‹ Werk. Eine strukturale Werkanalyse des Œuvres von Thomas Bernhard. 1992. – (Zs. mit Benjamin Marius) Systemtheorie und Dekonstruktion. Die Supertheorien Niklas Luhmanns und Jacques Derridas im Vergleich. 1997. – Die Aktion des Wiener Aktionismus. Subversion der Kultur und Dispositionierung des Bewußtseins. 2000. – Theorieschleife. Systemtheorie, Dekonstruktion, Medientheorie. 2001. – (Mithrsg.) Das Problempotential der Nachkriegsavantgarden. Grenzgänge in Literatur, Kunst und Medien. 2000. –

(Mithrsg.) Interpretation, Beobachtung, Kommunikation. Avancierte Literatur und Kunst im Rahmen von Konstruktivismus, Dekonstruktion und Systemtheorie. 1999. – (Mithrsg.) Beobachtungen des Unbeobachtbaren. Konzepte radikaler Theoriebildung in den Geisteswissenschaften. 2000. – (Mithrsg.) Lyrik Lesen. Eine Bamberger Anthologie. 2000. – (Mithrsg.) Bewußtsein – Kommunikation – Zeichen. Wechselwirkungen zwischen Luhmannscher Systemtheorie und Peircescher Zeichentheorie. 2001. – (Hrsg.) Niklas Luhmann: Aufsätze und Reden. 2001. – (Reihenmithrsg.): Problempotential der Nachkriegsavantgarden. – (Reihenmithrsg.): Schrift und Bild in Bewegung. – Aufsätze zur Literatur des 19. und 20. Jahrhunderts, zur Literatur- und Medientheorie und literaturwissenschaftlichen Methodologie.

Christine Kanz

Geboren 1965. Berufsausbildung zur Buchhändlerin. Studium der Germanistik, Kunstgeschichte, Theaterwissenschaft, Kommunikationswissenschaft mit dem Schwerpunkt Journalistik in Erlangen und Bamberg. 1995–97 Kollegiatin des Münchner Graduiertenkollegs »Geschlechterdifferenz und Literatur«. Dr. phil. Wiss. Assistentin am Institut für Germanistik der Universität Bern (Schweiz).

Publikationen: (Hrsg.) Gegenwelten. Zur Geschlechterdifferenz in den Kulturwissenschaften. 1997. – Angst und Geschlechterdifferenzen. Ingeborg Bachmanns *Todesarten*-Projekt in Kontexten der Gegenwartsliteratur. 1999. – (Mithrsg.) Psychoanalyse in der modernen Literatur. Kooperation und Konkurrenz. 1999. (Zs. mit Wolfgang Beutin u. a.) Deutsche Literaturgeschichte. Von den Anfängen bis zur Gegenwart. 6., verb. und erw. Aufl. 2001. – Aufsätze zur Literatur des ausgehenden 19. und des 20. Jahrhunderts, insbesondere zu Fragen der Genderforschung und der Psychoanalytischen Literaturwissenschaft.

STEFAN NEUHAUS

Geboren 1965. Studium der Germanistik, Journalistik/Kommunikationswissenschaft und Politikwissenschaft in Bamberg und Leeds (GB). Dr. phil. Wiss. Assistent am Lehrstuhl für Neuere deutsche Literaturwissenschaft der Otto-Friedrich-Universität Bamberg. 1999 Visiting Assistant Professor an der University of the South (USA). Seit 2001 Privatdozent an der Universität Bamberg.

Publikationen: Freiheit, Ungleichheit, Selbstsucht? Fontane und Großbritannien. 1996. – (Hrsg.) Schöne Aussicht auf Gefahr. Vier Germanisten interpretieren Guntram Vespers Text. 1997. – Fontane-ABC. 1998. – (Mitarb.) Erich Kästner: Trojanische Esel. Theater, Hörspiel, Film (Werke 5). 1998. – (Mithrsg.) Ernst Toller und die Weimarer Republik. Ein Autor im Spannungsfeld von Literatur und Politik. 1999. – Das verschwiegene Werk. Erich Kästners Mitarbeit an Theaterstücken unter Pseudonym. 2000. – (Mithrsg.) Lyrik lesen! Eine Bamberger Anthologie. 2000. – Revision des literarischen Kanons. 2002. – Literatur und nationale Einheit in Deutschland. 2002. – Aufsätze zur Literatur des 18., 19. und 20. Jahrhunderts. – (Mithrsg.) Schriften der Ernst-Toller-Gesellschaft.

CLAUS-MICHAEL ORT

Geboren 1956. Studium der Neueren deutschen Literatur, Soziologie und Neueren Geschichte in München. Dr. phil. habil. Privatdozent und Oberassistent am Institut für Neuere deutsche Literatur und Medien der Christian-Albrechts-Universität Kiel.

Publikationen: (Mitautor) Konzept eines struktural-funktionalen Theoriemodells für eine Sozialgeschichte der Literatur. In: Zur theoretischen Grundlegung einer Sozialgeschichte der Literatur. Ein struktural-funktionaler Entwurf.

Hrsg. von R. v. Heydebrand, D. Pfau und J. Schönert. 1988. – Zeichen und Zeit. Probleme des literarischen Realismus. 1998. – Medienwechsel und Selbstreferenz. Christian Weise und die literarische Epistemologie des späten 17. Jahrhunderts. 2003. – (Mithrsg.) Phantastische Wirklichkeiten – realistische Imaginationen. Weltentwürfe in Literatur und Medien. 2002. – Aufsätze zur Literatur vom 17. bis zum 20. Jahrhundert, zur Sozialgeschichte der Literatur und zur literaturwissenschaftlichen Methodologie und Theorie.

Nina Ort

Geboren 1966. Studium der Germanistik, Linguistik und Komparatistik in München. Dr. phil. Wiss. Angestellte am Institut für Deutsche Philologie der Ludwig-Maximilians-Universität München. Zur Zeit Habilitationsstipendiatin.

Publikationen: Objektkonstitution als Zeichenprozeß. Jacques Lacans Psychosemiologie und Systemtheorie. 1998. – (Mithrsg.) Die Struktur medialer Revolutionen. Festschrift für Georg Jäger. 2000. – (Mithrsg.) Beobachtungen des Unbeobachtbaren. Konzepte radikaler Theoriebildung in den Geisteswissenschaften. 2000. – (Mithrsg.) Bewußtsein – Kommunikation – Zeichen. Wechselwirkungen zwischen Luhmannscher Systemtheorie und Peircescher Zeichentheorie. 2001. – (Mithrsg.) IASL online. http://iasl.uni-muenchen.de. – Aufsätze zur Zeichentheorie und literaturwissenschaftlichen Methodologie.

Susanne Schedel

Geboren 1973. Studium der Germanistik, Geschichte, Kommunikationswissenschaft und Theaterwissenschaft in Bamberg und Antwerpen. Seit 1999 Doktorandin und

Lehrbeauftragte am Lehrstuhl für Neuere deutsche Literaturwissenschaft der Otto-Friedrich-Universität Bamberg. *Publikationen:* Aufsätze zur Gegenwartsliteratur und zur Literatur des 20. Jahrhunderts. – Schattenräume. Erzählungen. 2000.

Michael Scheffel

Geboren 1958. Studium der Germanistik, Romanistik und Kunstgeschichte in Tübingen, Tours und Göttingen. Professor für Neuere Deutsche Literaturgeschichte und Allgemeine Literaturwissenschaft an der Bergischen Universität Wuppertal. Vertretungs- und Gastprofessuren u.a. in Birmingham, Coimbra, Frankfurt a.M., Pécs und Szeged.

Publikationen: (Hrsg. u. Übers.): Honoré de Balzac: Eugénie Grandet. 1987. – Magischer Realismus. Die Geschichte eines Begriffes und ein Versuch seiner Bestimmung. 1990. – (Hrsg. und Übers.): Honoré de Balzac: Das Chagrinleder. 1991. – Formen selbstreflexiven Erzählens. Eine Typologie und sechs exemplarische Analysen. 1997. – (Hrsg.) Arthur Schnitzler. 1998. – (Zs. mit Matias Martinez) Einführung in die Erzähltheorie. 1999ff. – (Hrsg.) Erschriebene Natur. Internationale Perspektiven auf Texte des 18. Jahrhunderts. 2001. – (Hrsg.) Arthur Schnitzler: Reigen. 2002. – (Hrsg.) Arthur Schnitzler: Liebelei. 2002. – Aufsätze zur Literatur des 18. bis 20. Jahrhunderts und zu Fragen der Literaturtheorie.

Rolf Selbmann

Geboren 1951. Studium der Germanistik, Geschichte und Kunstgeschichte in München, Gymnasiallehrer in München, Dr. phil. habil., apl. Professor für Neuere deutsche Literaturwissenschaft an der Otto-Friedrich-Universität Bamberg.

Publikationen: Theater im Roman. Studien zum Strukturwandel des deutschen Bildungsromans. 1981. – Dichterberuf im bürgerlichen Zeitalter. Joseph Viktor von Scheffel und seine Literatur. 1982. – Der deutsche Bildungsroman. 1984. 2. Aufl. 1994. – (Hrsg.) Zur Geschichte des deutschen Bildungsromans. 1988. – Dichterdenkmäler in Deutschland. Literaturgeschichte in Erz und Stein. 1988. – Friedrich Rückert und sein Denkmal. Eine Sozialgeschichte des Dichterkults im 19. Jahrhundert. 1989. – »Dichterberuf«. Zum Selbstverständnis des Schriftstellers von der Aufklärung bis zur Gegenwart. 1994. – Vom Jesuitenkolleg zum humanistischen Gymnasium. Zur Geschichte des Deutschunterrichts in Bayern zwischen Gegenreformation und Gegenwart. 2. Aufl. 1996. – Die Simulation der Wirklichkeit. Die Lyrik des Realismus. 1999. – Gottfried Keller. Romane und Erzählungen. 2001. – Aufsätze zur Literatur-, Bildungs-, Sozial- und Gattungsgeschichte vom 18. Jahrhundert bis zur Gegenwart. – (Mithrsg.) Schriften der Ernst-Toller-Gesellschaft.

Inhalt

I *Der Text*

Franz Kafka: Das Urteil 7

II *Modellinterpretationen*

Einleitung
Die Methodologie der Literaturwissenschaft und die Kafka-Interpretation
Von Oliver Jahraus / Stefan Neuhaus 23

Siglenverzeichnis 35

Hermeneutik
Kafka als Hermeneutiker. *Das Urteil* im Zirkel der Interpretation
Von Rolf Selbmann 36

Strukturalismus
Das Urteil – Eine Erzählung ohne »geraden, zusammenhängenden, verfolgbaren Sinn«?
Von Michael Scheffel 59

Rezeptionsästhetik
Im Namen des Lesers. Kafkas *Das Urteil* aus rezeptionsästhetischer Sicht
Von Stefan Neuhaus 78

Sozialgeschichte der Literatur
Sozialgeschichte der Literatur und die Probleme textbezogener Literatursoziologie – anlässlich von Kafkas *Das Urteil*
Von Claus-Michael Ort 101

PSYCHOANALYTISCHE LITERATURINTERPRETATION
Praktiken und Probleme psychoanalytischer Literaturinterpretation – am Beispiel von Kafkas Erzählung *Das Urteil*
Von Thomas Anz 126

GENDER STUDIES
Differente Männlichkeiten. Kafkas *Das Urteil* aus gendertheoretischer Perspektive
Von Christine Kanz 152

DISKURSANALYSE
»ein Sohn nach meinem Herzen«. Kafkas *Das Urteil* im Diskursfeld der zeitgenössischen Goethe-Nachfolge
Von Lothar Bluhm. 176

SYSTEMTHEORIE
Zum Gelingen und Scheitern von Kommunikation. Kafkas *Urteil* aus systemtheoretischer Perspektive
Von Nina Ort 197

INTERTEXTUALITÄT
Literatur ist Zitat – »Korrespondenzverhältnisse« in Kafkas *Das Urteil*
Von Susanne Schedel 220

DEKONSTRUKTION
Zeichen-Verschiebungen: vom Brief zum Urteil, von Georg zum Freund. Kafkas *Das Urteil* aus poststrukturalistischer/dekonstruktivistischer Sicht
Von Oliver Jahraus 241

Die Autoren der Beiträge 263